教育视域中的青年与青年研究：理论与实践

李洁 著

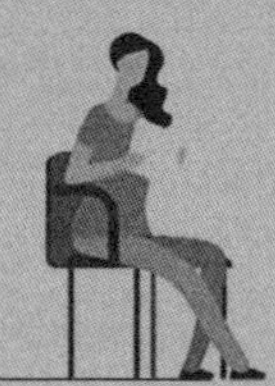

上海三联书店

目　录

下篇 实践篇

绪　论

一、研究背景

（一）青年研究的学科化趋势

“我是谁”之类的问题，自人类进化完成以来就一直困扰着人类，对青年的认识和研究的发展就是人类为求解这道难题所作出的努力之一。青年研究的兴起和发展不仅与“随着生产力的发展，人们的青年观念发生变化，青年在社会事务中的作用越来越重要，同时青年在参与社会的过程所产生的各种矛盾冲突”有关，而且还与“青年在参与社会的过程中自身文化的发展和各学科领域对青年的关注”有关。① 纵观这一有意识地探索过程，它先后经历了前学科认识、单学科研究、对策性研究等阶段，最后终于在20世纪80年代进入学科化阶段，正式创立了这门从整体上对青年作研究的学科——青年学。② 前学科认识阶段，从原始社会没有“儿童”和“青年”观念的存在，发展到传习仪式、童话和神话故事中存在的青年原型；单学科研究阶段，即由霍尔（Hall，1904）的《青年期》开启的真正科学意义上的青年研究和米勒（Miller，1928）的《萨摩亚人的成年》开创的与传

① 国家教委思想政治工作司组编：《青年学概论》，高等教育出版社会1992年出版，第3页。

② 万美容：《青年学概论》，中国人民大学出版社2016年版，第2页。

统决裂的现代意义上的青年观念。对策研究阶段，则是20世纪60年代以后全球兴起的以青年问题为研究对象，以寻求解决青年问题的对策为目的的青年研究。学科建设阶段，则以罗马尼亚青年研究中心研究员F·马赫列尔于1982年出版的学术专著《青年问题与青年学》为标志，被公认为第一部青年学著作，是青年学正式建立的标志。

我国的青年学学科建设起步是在1978年改革开放以后，而我国青年学学科正式诞生的标志则是1985年，中国青年政治学院著名青年研究专家黄志坚教授牵头着手编写《青年学》教材。这是我国第一本具有重要影响的《青年学》著作，经过三年创作期，于1988年1月由中国青年出版社正式出版。总的来说，改革开放以来的三十多年，我国青年研究也走过了学科化准备阶段（80年代初）、学科化热潮阶段（80年代中后期）、学科化转进阶段（90年代以后）三个时期。① 可以说，我国青年研究的学科化道路越走越远，越走越宽，尤其是在九十年代以后，涌现了一批探寻青年研究学科化问题的学者和成果。例如，方巍的《关于青年研究学科化的思考》(2007)；陆玉林的《我国青年研究的学科化问题及其超越》(2009)；高建中《中国青年研究学科化进程三十年》(2009)；康年《问题研究向学科化研究的转向》(2010)；孟利艳和高中建的《青年研究学科化的范式困境及其范式革命》(2010)；沈杰的《青年研究学科化的思考》(2012)；黄志坚的《青年研究学科建设的进程与展望》(2014)；何绍辉《论青年研究的学科化》(2016)等。顺应青年研究学科化趋势，探索青年学分支学科领域（如教育学、文化学或法学）的相关问题亦应成为当下青年研究的重要组成部分。

（二）回归现实的青年及其教育范式

"青年是在经济和政治的现代化进程中，随着社会与文化的变革出现的……青年与否主要不取决于生理和年龄之类的生物性因素，而是取决于思想和精神等观念性因素，以及是否参与政治革命等社会性因素。② 由于青年的观念是在近代才形成的，因此，青年教育的范式形成的时间也不长。而且，青年教育的范

① 高中建：《中国青年研究学科化进程三十年》，《中国青年研究》2009年第5期。

② 陆玉林：《论青年的意义构成》，人大复印资料《青少年导刊》2011年第2期。

式主要受青年观念的制约，然后才是教育观念的影响。所以，有关青年教育范式的内涵应是不同青年观念下的教育范式。青年教育的对象是作为主体的青少年，而教育的最终目的则与不同时期社会对青年的成长任务要求密切相关。因此，对青年教育本质属性的认识，受青年观念的制约。这意味着不同的青年观视野下，青年教育范式的内涵是不同的，这也意味着青年教育范式的转变。

1. 近代封建社会：没有“青年”的时代

古往今来，在从生到死的人生历程中，对“青年”的感受与追求逐渐地形成为一种思想，到了近代社会更发展成为一种意识形态，一种“新人”的价值意识。在中、日等国家，青年在封建社会意味着受过启蒙教育、对人生充满希望、勇气及雄心壮志。但相对而言，从1894年甲午战争中就可以看出，清王朝的衰落并不仅仅是北洋舰队在海战中的失利或割地赔款，并不仅是政治和军车上的原因，鉴于两国年青人对历史使命感上的差距，胜负在战争爆发之前就已经被历史预定了。中国的年青人还停留在“年轻人”的认识层面，而日本的年青人中的一部分人已经过渡到了“青年”的思想阶段（吴端，2011）。① 总体上而言，近代的青年观念属于哲学范畴，还没有与现实的年青人合为一体，成为一种历史现象。也就是说，在中国近代封建社会，具有历史现实意义的青年的思想或观念尚未形成，因而也无法谈论青年教育及青年教育的范式。

2. 19世纪末到20世纪初：培养“新青年”的育人范式

由于创立民族国家与近代政治的需要，从日本到中国、朝鲜、东南亚等地，年轻人开始被要求成为“青年”，要求有“社会心”，成为一种有政治倾向的社会主体。此时理想的“青年”与现实的年青人终于合为一体，成为一种现实的历史现象。大众媒体不仅提供并普及了“青年”符号，并且将一直处于社会边缘状态的年青人提高到理想化的新人的崇高位置，向拥有“青年”称号的年轻人保证一定会有淘淘灿烂的明天。在中国“青年”的真正觉醒要到五四运动前夕，1915年9月《新青年》方才诞生，而五四运动则正式标志着中国的“青年”开始走上历史的舞台。

---

① 吴端，《近代“青年”观念的形成与展开——以近代日本青年主义发展的过程为例》，《当代青年研究》2011第11期。

在这个时期，青年教育共同体的构成主要由当时留学回归、立志救国救民的一批中国最优秀的进步知识青年担任，如鲁迅、胡适、刘半农、钱玄同、周作人、沈尹默等。作为青年教育共同体，他们的教育信念是塑造一批“爱国、进步”、讲“民主、科学”，具有反封建主义与反帝国主义革命精神，并崇尚马克思主义的有思想的“新青年”。而反映他们教育范式转换的标志是《新青年》刊物，这也是中国文化史上一本具有里程碑意义的杂志，是旧中国时代最早的一份思想启蒙刊物，也是中国最早介绍社会主义和共产主义思想的刊物。《新青年》宣传民主与科学，提倡新文学反对旧文学，提倡白话文反对文言文。受到1917年俄国十月革命的影响，《新青年》在后期开始宣传马克思主义以及马克思主义哲学。许多高级共产党员都受到过《新青年》的影响。即使时至今日，当今的许多青年依然从中汲取营养，获得力量。

3. 20世纪60年代以来：塑造具有“理想自我”的青年教育范式

青年是近代化的产物。近代政治的特征是通过战争与革命确立国民国家，没有民族战争与阶级革命，就没有“青年”。在近代化的初期，国家需要重新分配领土、国界，社会需要重新分配财产与权力，因此需要一个全新的和既得利益集团没有关系的，具有公共性的政治群体，这就是青年的诞生。反之，一个处于停滞状态的社会不需要青年的解体机制，因此也不存在青年现象。所以，到了20世纪60年代，诸多有关青年的理论里对青年所拥有的先进性、先驱性的论述明显逐渐减少，主要关照的是青年的自我发展与建构。而对教育行业及发展心理学影响最大的论述便是埃里克森的自我同一性理论（在其《童年期与社会》与《同一性（青少年与危机）》（1968）中均有详细论述）。该理论为家长与老师们解开了青春期发展之迷，它倡导家长或老师对于青春期的叛逆千万不能粗暴地遏制，也不能任由孩子们信马由缰地乱闯。明智的做法应当是在鼓励同时加以引导，让孩子既探索自身意义，又避免受到外界伤害。该时期的青年教育共同体是由家长、教师及青年工作者构成，他们的共同信念是帮助青年成为自我和谐、人格健全的人，他们的教育范式从简单粗暴地遏制转向了鼓励引导。

4. 20世纪90年代以来：帮助“边缘群体”成长的青年教育范式

20世纪中国青年运动在相当长的时期内，表现为以单一的政治运动模式为主，只是在最后的近二十年才出现向青年文化运动转型的迹象和趋势。80年代初开始的改革开放使中国的社会生活和整体面貌发生了根本性的变化,“文化热”的兴起和大批青年的热情参与,标志着中国新型青年文化运动的开端。中国青年运动从单一的政治模式向多元文化取向的转型,符合现代社会发展的必然要求。从目前状况和未来一段时间的发展趋向看,我国青年的文化心理和价值取向,主要还是在如何提高自身的科学文化素质方面。[①] 总的来说,此时期的“青年”成为了一种客体现象,青年从变革的主体回到现实生活中,成为有待教育、有待成长、有待管理、有待帮助的边缘群体。或者说,现代“青年”是边缘化的年轻人与成人社会的相互关系的枢纽。青年作为社会的一种共同体,有着区别于其他共同体的传统、历史和文化。作为崇高精神的一部分,“悲愤慷慨”的情怀是青年运动的感情基础,是青年运动中流行、集会、宣传中忧国忧民的动力源泉。政治青年都是慷慨激烈之士,忧国忧民的情怀能够得到广大民众的同情,进而保证了青年运动政治实践的合理性与合法性。因此,在这一时期,青年教育共同体的构成有教育学家、心理学家、青年学家以及党政工团的青年工作者等。他们的共同信念是:帮助青年全面发展,形成健全的人格,成为社会主义的“四有”新人以及社会主义建设的接班人;引导他们团结在党的周围,成为中国先进文化的拥护者、发扬者与创造者。他们教育范式转换为与青年平等对话,通过民主的教育方式,充分激发他们的个性发展,帮助他们改变边缘的文化状态,成长为现实社会的主体。

综上可见,青年观念及青年教育范式的变化必然会带来其它一系列相关的变化,比如教育视域中青年的本质及其研究的范式转变等。因此,探索这一系列变化背后的真象与意义,便成为了一件非常有价值的工作。

二、研究目的

(一) 个人目的

思想政治教育专业领域中,青年学虽是一门新兴而边缘的学科,但却是非常重要而有意义的学问。然而,在研究生课程的教学中,笔者发现学生对有关青

---

① 田杰:《回顾与展望:中国青年运动八十年》,《中国青年研究》2002 年第 2 期。

年、青年研究及青年学的理念掌握十分匮乏,而对教育视域中的青年与青年研究更是一无所知,这种情形对于他们进行独立的学术思考与专业的研究实践非常不利,因此,便萌发了想要为他们撰写一本能够丰富相关知识并指导他们从事相关研究的阅读文本的动机。所以,着手本研究的目的首先来自于个人的需要。

(二) 学术目的

纵观青年研究的历史,无论其是否形成了独立性的学科,有不同学科的加盟是其始终保持创造性活力的现实基础。从当前青年研究的现状来看,教育学在青年学学科体系建构方面的力量明显不足。因此,从教育视域来探讨青年与青年研究的相关理论问题,并尝试相关领域的研究实践,能够丰富青年研究成果,为青年学学科体系建设作贡献,具有较高的理论价值,因而这也是本研究的学术追求目标。同时,这一目标的实现,也能够为青年的教育与培养工作提供理论指导,具有较高的应用价值。

三、文献综述

(一) 研究现状

科学的青年研究始于 20 世纪初,从 60 年代后期到 80 年代这二十年是在发展期。国际社会做了很多工作:1970 年 8 月,国际社会协会召开第七届世界社会学大会,德国著名社会学家 R·科尼格牵头建议了青年与变革小组,专门研究青年问题;1972 年 12 月,联合国教科文组织在巴黎召开了"青年、教育、参与、流动性"的学术讨论会,与会各国代表都主张在国际社会学协会下设一个青年问题研究会;1974 年 8 月,第八届国际社会学大会在加拿大的多伦多如开,会设"青年问题"讨论小组,与会各国代表就青年的有关问题作了专题讨论;1975 年 5 月,经国际社会学协会执委会批准,青年社会学研究委员会正式成立,列为第 34 委员会,自该委员会成立以来,国际学术界关心青年的人士和有关青年研究的学术活动越来越多;1984 年联合国将 1985 年定为"国际青年年",将青年研究推向高峰。在这些青年工作的推动下,这一时期也涌现了不少研究成果:苏联和东欧国家的研究人员合作出版的《当代世界青年问题》(英文版论文集);国际社会学协会青年社会学研究委员会发表的《青年与社会的结合》(1984)、《福利社会的青年》(1984)、《民主青年参与社会之观念》(1984—1985)、《欧洲青年——从上学到就业》(1987)、《欧洲青年研究》(1988);德国青年研究所出版的《父母与子女的关系》;日本关于11国青年的调查报告;欧洲10国调查研究报告;国际社会学杂志发表了两名美国学者R.布朗加特和M.布朗加特的《80年代的青年问题与政治》研究报告;中国青少年研究所编写了《改革与青年观念变革》;马赫列尔的《青年与青年本质》等。与这种研究状况相适应,各种研究组织也出现:联合国教科文组织成立了青年研究小组;美、日、苏联、南斯拉夫、罗马尼亚先后成立了官方或民间研究组织,尤其是国际社会协会青年社会学研究委员会、保加利亚青年研究所等机构起了组织、前导的作用。

我国一直也很重视青年研究,"五四"时期创办了《新青年》杂志;建国后,共青团中央、各级教育行政部门、大学院校、相关学会、协会都对青年进行了大量研究工作,出版了许多青年研究专著和《中国青年》等刊物。党的十一届三中全会以后,更进一步把青年作为专门对象来研究,1988年出版的《青年学概论》更成为我国青年学学科正式建立的标志。下面将以2011年人大复印资料转载的论文为样本,对我国20世纪90年代末至今的青年研究的主要领域及观点进行归纳,主要包括青年本质研究、青年现象研究和青年研究的方法论三个方面。

1. 青年本质研究

自青年研究在我国兴起之始,青年本质研究一直是热衷于青年研究的学者们为之努力的领域,2011年人大复印资料转载的论文主要涉及青年的产生、概念、观念等课题。

(1) 青年的产生

从人类社会产生到工业革命和法国大革命这一漫长的历史时期中,人类社会也没有明确的青年意识和反映这种意识的青年概念,青年只是物理上存在而非观念上的存在。从欧洲和中国的历史来看,青年只是在经济和政治的现代化过程中,随着社会和文化的变革而出现的,因此,"青年"与否,主要不取决于生理和年龄之类的生物性因素,而是取决于思想和精神等观念性因素,以及是否参与政治革命等社会性因素。(陆玉林,第2期)

（2）青年的概念

“儿童”、“青少年”、“青年”及“年轻人”是彼此关联又有年龄差异的概念。国际上普遍认定10—19岁为青少年，15—24岁为青年，10—24岁为年轻人，不满18周岁的为儿童。在中国，从政治权利来看，年满18岁是告别未成年人、享有政治权利的法定成年年龄；从受教育的情况，18—22岁的人已完成了中学教育，成为处于大学阶段的成年人；从就业来看，16岁是合法就业的成年年龄；从法定结婚年龄和合法性生活来看，男性为22岁，女性为20周岁，然而当今由于营养及生活水平等条件的提高，男女性成熟均龄约在14岁左右，这表明当代年轻人性成熟与合法过性生活之间的时间差越来越大，这又不可避免地会引发许多性与生殖健康问题，而且不同年龄界限的青年所掌握的婚姻及性生活知识及对待它的态度和行为又是有差异的。所以，只有厘清“青少年”、“青年”和“年轻人”等相关概念，才能据此制定科学正确的青年政策和干预措施。（胡玉坤等，第11期）

（3）青年的观念

古往今来，在从生到死的人生历程中，对“青年”的感受与追求逐渐地形成为一种思想，到了近代社会更发展成为一种意识形态，一种“新人”的价值意识，与“青年”的观念合并为“新青年”的时代理想。在中、日等国家，青年在封建社会意味着受过启蒙教育、对人生充满希望、勇气及雄心壮志；19世纪末到20世纪初，由于创立民族国家的需要，从日本到中国、朝鲜、东南亚等地，年轻人开始被要求成为“青年”，要求有“社会心”，成为一种有政治倾向的社会主体；20世纪60年代世界青年运动之后，青年学理论里对青年所拥有的先进性、先驱性的论述明显逐渐减少；20世纪90年代以后，青年就成为一种客体现象，青年从变革的主体回到现实生活中，成为有待教育、有待成长、有待管理、有待帮助的边缘群体。总之，青年作为完成人类解放和自由的理念，并不是一种单纯的形而上学，而是与经济、政治、社会、法律等现存制度和秩序有着相互依存、循环往复的现实关联。（吴端，第3期）

2. 青年现象研究

2011年人大复印资料转载论文主要对青年的生活世界、青年的文化与社会现象及青年的政策与干预政策等青年现象进行了考察与分析。

(1) 青年的生活世界

生活世界是青年回归现实生活所创造的青年现象,主要有以下三个层次。

一是对青年的日常生活世界的考察,即对其衣食住行、休闲健康等日常生活状态的研究。如青年的居住状况和居住理想研究(闵学勤,第4期;休希斯,第4期;风笑天,第5期);农村和城市青少年的娱乐研究(王丽娟,第1期);青少年手机依赖状况和功能偏好研究(徐晓等,第11期);青年的玩商研究(董海军,第7期);大学生的网络生活研究(调研组,第4期);青少年网络成瘾研究(刘勤学等,第10期);青少年的医疗自主权研究(李杰,第8期)。

二是对青年的社会生活世界的考察,即对其参政、婚姻、就业、学习、交往等社会生活状态的研究。如城市"蚁族"的公民权研究(朱磊等,第1期);青年的政治参与与心理研究(龚志伟,第12期);青年农民工的"闪婚"现象(许荣漫,第2期);青年白领家庭的代际冲突研究(李超海,第12期);青年的婚恋观或心态研究(李婷,第8期,薛亚利,第12期);"穷二代"大学生的职业发展研究(豆小红等,第7期);农民工的生活与工作状况研究(李伟等,第11期);青少年对传统节日的认知研究(刘永明,第9期);青少年欺凌行为研究(黄成荣,第3期);青少年亲社会行为研究(张庆鹏,第11期);青少年暴力犯罪研究(杨菲菲等,第11期);青少年性行为研究(师艳荣,第10期)。

三是对青年的精神生活世界的考察,即对其理想信念、思想道德、心理与能力发展等精神生活状态的研究。如青年的价值观、政治价值观研究(陈玉君,第1期;课题组,第2期);农村青年的公民意识研究(贾菁菁,第4期);青年的未来观研究(华桦,第5期);青少年生命态度研究(刘晓红,第11期);青少年道德情感研究(卢家楣等,第3期);农民工的生存心态研究(关颖,第7期);留守初中生的孤独感研究(钟兴泉等,第1期);未成年人健全人格研究(王旭丽,第3期);蚁族的社会不公平感研究(廉思等,第9期);青少年自杀研究(李庆伟,第2期);心理压力与适应研究(胡宏伟等,第10期);民营企业家子女的心理问题研究(刘剑虹等,第6期);青少年的复原力研究(刘斌忠,第8期);团干部的核心胜任力研究(马灿等,第7期);大学生领导力研究(翁红艳,第7期)。

(2) 青年的文化与社会现象

青年的文化与社会现象是青年与社会、文化互动的结果。很多学者都对此进行了关注。

首先，对青年文化的研究：有对青年文化深层次结构即一定的价值观念和社会心理的考察，如《非诚勿扰》走红的社会心理研究、青年接受社会思潮的研究、青年核心价值观的文化研究、90后的现代性与自我认同（杨红，第8期；刘波等，第2期；徐九仙，第6期；钟晓华，第2期）；有对青年文化表层次结构即一定的物质文化、制度文化与精神文化的分析，如青年意见领袖研究（梁莹，第12期）；有的从文化视角对青年的生活世界进行探讨，如文化堕距与青年职业女性角色冲突研究（杨雪云，第8期）；有的从文化视角对青年社会现象的研究，如儿童虐待的文化研究、道德教育的文化研究（俞宁等，第6期；董海霞，第4期）；有的从文化传播与交融的角度对青年现象研究，如青年传播马克思主义的机制与跨文化研究（冯志明等，第12期）；有的基于主流文化与亚文化的分类，对青年亚文化进行研究（韩健伟，第6期；方亭，第5期；马中红，第10期）。

其次，对青年社会现象的研究：即对青年与经济、政治、法律、教育、科技、人口等社会要素产生密切联系的现象探讨。如青年人的贫困与社会公正研究（邹诗鹏，第4期）；“孩奴”炒作现象的研究（徐安琪，第1期）；青年的社会认同与社会建设参与研究（高中建，第4期、第12期）；青年的网络政治与意愿表达（胡南忠，第9期）；大学生村官的身份建构与认同（郑庆杰，第1期）；城市流动青少年犯罪研究（金小红，第9期）；拐卖儿童罪探析（高晓莹，第2期）；街头少年的社会互动研究（韩晓燕，第7期）；都市“草食男”现象的研究（李洁，第5期）；青少年性教育研究（史密斯弗马等，第6期；潘绥铭，第11期）；青少年社会教育研究（张岷，第5期）；青少年网络社区研究（李文革，第4期）；独生子女研究（王小璐等，第12期）；流动儿童问题研究（周晓等，第9期）；留守儿童问题研究（江立华，第8期）；无地青年农民研究（何绍辉，第3期）。

(3) 青年的政策与干预措施

依据青年的生活世界及青年与文化、社会互动的状态，学者们展开了对青年的政策与干预措施的探讨。

一是探讨青年日常生活服务政策与干预措施，内容涉及家庭理财、社会福利、职业发展、网络使用安全等。如城市家庭理财教育问题及对策研究（洪明，第2期）；儿童福利政策与法治研究（裘晓兰，第11期；成海军，第11期）；青少年服务阵地建设模式研究(李忠,第 2 期);青少年生涯辅导研究(赵莹生,第 11 期);青少年网络使用安全保护研究(韩景芳,第 3 期);青少年“脱瘾工作”研究(刘宏森,第 3 期)。

二是探讨青年精神生活服务政策与干预措施,内容涉及社会责任感、健康幸福感、心理咨询、思想道德教育、网络素养等。例如,青少年社会责任感培养(陆士桢,第 1 期);促进青少年健康幸福感的政策研究(张树辉,第 7 期);灾后青少年心理咨询研究(隋双戈等,第 3 期);大学生思想政治教育载体研究(田维义等,第 5 期);青少年道德赋能行动研究(苏娜,第 7 期);提升大学生网络素养的方法研究(贝静红,第 5 期)。

三是探讨青年的社会、文化生活服务政策与干预措施,内容涉及就业问题、社会政策、权利保护、教育发展、人才培养、文化生活、青年工作等。如青年就业政策及创业扶持研究(林燕,第 1 期;曾燕波,第 6 期;王淑玉,第 2 期;孙军等,第 6 期;谷丽萍等,第 12 期);儿童社会政策研究(杨雄,第 4 期);青少年权利保护研究(郑素华,第 5 期、第 9 期;孙抱弘,第 12 期);美国弱势群体教育计划启示(张水玲,第 7 期);青年人力资本与培养策略研究(倪邦文,第 10 期;邹宇春,第 5 期);青年志愿组织管理机制研究(乌兰图雅,第 2 期);乡村文化与留守儿童研究(江立华,第 12 期);共青团与青年工作(刘俊彦,第 1 期;陆士桢,第 9 期;童潇,第 9 期;鲁可荣等,第 10 期)。

3. 青年研究的研究

“青年研究”的研究实质为方法论的问题,主要包括学科建设和研究方法两个方面。

(1) 学科建设

青年研究是否应当或能否成为一门具有相对独立性的学科,形成有一定自主性的专业空间,这是自我国的青年研究进入社会科学研究领域以来备受研究者关注的问题。有学者通过对青年研究三十年的回顾对青年研究学科化进行了展望。他认为目前的青年研究主要集中在青年群体研究、青年思想道德修养与教育研究、青年与社会的互动研究与共青团研究四个方面,这些研究成果显示了青年研究正从问题研究向学科化研究转向的特点,所以当前青年研究有两个努力方向,即一要有问题意识,二要加强学术规范。(康年等,第 1 期)

（2）研究方法

文化学、教育学、社会学、心理学、政治学、哲学、伦理学等多学科视野的加盟仍然是青年研究的主流趋势，不过也出现了一种新的趋势即研究者依托自身学科基础来探索青年研究的逻辑与手段，这将进一步推动青年研究方法论体系的形成。如有研究者立足于社会学视角考察了儿童社会学的研究范式及中国经验。他认为国际上经历了社会化研究范式、社会建构研究范式与权利论研究范式三种儿童社会学研究范式，并逐渐形成了儿童与社会化、儿童与社会阶层化、儿童与性别建构、儿童与主体经验、儿童与家庭、儿童游戏与社会建构以及在全球化背景下作为社会问题的儿童等一些独特的研究领域和议题。而中国由于起步晚、专业研究人员不足等条件限制，儿童社会学研究的发展基础非常薄弱且处于边缘化地位，所以中国的儿童社会学研究要实现跨越式发展，必须完成两个迫切任务，一是成立儿童社会学学术共同体，并将儿童社会学的学术交流制度化，二是国家对儿童社会学研究要给予政策支持，特别是在各种研究项目的申请和审批上要给予项目倾斜。（胡全柱等，第 10 期）

（二）研究趋势

总体而言，进入 21 世纪以后，青年研究的未来发展有如下趋势呈现：

1. 继续加强青年学元理论研究

元研究，即以某一理论或科学自身为研究对象的研究。“元”来自于外文中“meta—”，意思是“在……之后”，“超越……”等含义，具体可分为两层含义：一层含义指的是这种逻辑形式的超验、思辨的性质……它探讨的是超经验的世界本体的终极原理。另一层含义是指这种新的更高一级的逻辑形式，将以一种批判的态度来审视原来学科的性质、结构和其它种种表现。① 元研究往往是一门理论或学科走向独立、专业的基础，因此，青年学向学科化发展就必须加强青年学元理论研究。

依据元研究的概念，有关青年本质、学科建设及方法论的探讨就属于青年学元理论研究的范畴，而恰恰由于这些元理论研究的薄弱，青年学到目前依然还没

---

① 唐荣：《元教育学》，人民教育出版社 2002 版，第 13—14 页。

有被普遍接受的核心理论与方法，因此我国的学术建制中也没有青年学科。伴随如今转型期社会变革急剧而巨大的现实，青年学学科游离的状态已很难回应当代青年的发展需求和成长困惑，所以，未来的青年研究必须以批判的态度继续加强青年学元理论研究，即“建立比较融贯多学科成果的理论系统，运用规范而科学的方法，探讨青年研究学科化及研究路径选择问题”。

此外，青年学学科建设中有很重要的另一块内容是交叉学科群或分支学科群的形成，如青年社会学、青年教育学、青年心理学、青年犯罪学、青年文化学等，因此，研究者首先从各自学科背景与学术兴趣出发而展开的交叉学科元理论研究（如青年社会学研究范式、青年教育学研究范式、青年心理学研究范式等）对于同构青年学学科的整体图景也非常重要。

2. 青年现象仍是青年研究的逻辑起点

青年现象是人在有限的生命过程中努力超越自我、完成自我的一种存在，主要包括青年的生活世界及其与社会、文化互动的状态。从青年现象中可以认识“青年”作为经济的、政治的、美的、宗教等上层建筑和经济基础的生产物的本质，阐释“青年”在人类史与世界史上的历程。这应该是当代青年研究的基础与意义之所在，换言之，青年现象仍是青年研究的逻辑起点，它是提炼青年理论、制定青年政策的依据和前提。

由于青年的价值观念、生活方式、行为模式以及面临的问题和应对的办法，在当代中国已经多样化、多元化了，所以，青年群体分化或群体之间异质性的增强也已成为当代的特征之一，因此，有关青年现象的论述就不能不关注分化、差异和不平等。① 也就是说，在青年现象的具体研究中，研究者首先要学会区分各种不同的青年群体。如按年龄分，有未成年人和青年成人；按性别分，有男青年、女青年、跨性别青年（包括易装易性者、同性恋、双性人、间性和雌雄同体）；按健康情况分，有身心健康青年、残智障青年和患心理疾病的青年；按婚育状况分，有已婚族、离异族、丧偶族、丁克族、独身贵族、剩男剩女等；按文化程度分，有低学历青年和高学历青年；按经济状况分，有穷二代和富二代；按国别分，中国青年和外国青年；按出生地分，有农村青年和城市青年；按政治权力分，有民二代和官二

---

① 陆玉林：《论青年的意义构成》，人大复印资料《青少年导刊》2011 年第 2 期。

代；按政治身份分，有党员、民主党派和群众；按法律地位分，有守法青年和犯罪青年；按家庭同辈成员分，有独生子女和非独生子女；按家庭长辈成员分，有单亲家庭子女、非单亲家庭子女、隔代抚养的子女；按以职业状况为基础，结合组织资源、经济资源和文化资源的占有状况分，有国家与社会管理者、经理人员、私营企业主、专业技术人员、办事人员、个体工商户、商业服务业员工、产业工人、农业劳动者和城乡无业失业半失业者等。

另外，在这些青年群体中，研究者还要特别关注相对弱势和特殊的群体，比如处于边缘或弱势地位的青年群体：未成年人、女性、跨性别青年、身心不健康青年、低学历青年、穷二代、农村青年、民二代、犯罪青年、失学无业青年等，还有典型特征的青年群体："独生子女"、"草食男与肉食女"、宅男宅女、"三高"女性、丁克族、独身贵族、剩男剩女、富二代、官二代、"楼宇"青年、青年意见领袖、IT 青年、青年男幼师或护工等。

3. 加快建构青年学学术共同体的步伐

任何学科的学术研究都需要一个可以交流、发展的平台即学术共同体，只有依托这个平台形成了自己的话语权体系，自身才能获得更强劲的发展前景。因此，建构青年学学术共同体在未来的青年研究中显得非常重要。具体而言：首先，要吸收社会科学领域具有学术水平的研究者参与。从青年研究队伍的发展历史来看，我国青少年研究的学术起点较低，最初主要来自共青团系统，而作为科研阵地的高校中关注青少年研究的也往往是从事学生德育工作的教师或行政人员，到后来才有社会科学领域的教师或研究人员参与(见表 3)。因此，今后的研究队伍还要吸收更多有较高学术水平的青年研究人才的加盟，以改变目前经验性研究较为普遍而理论性研究欠缺的局面。

其次，要吸引不同学科背景和不同文化背景的研究者的加盟。随着改革开放的深入发展以及对青年认识的不断深化，单学科的研究已难于全面认识新时代的青年，难以解释新时代出现的种种青年现象，对青年群体中的突发事件或问题难于应对，所以单学科向多学科、跨学科发展是必然的趋势(从 2011 年人大复印资料转载论文的作者来源来看，日本、韩国、印度、英国等国家的学者也加入了青年研究的队伍)。因此，建构由不同学科背景和不同文化背景的研究者组成的学术共同体，能够很好地将青年理论研究与为青年服务的实践行动结合起来。

四、核心概念

(一) 青年

有关青年概念许多学者都进行了研究。在不同的情境中有不同的定义(见绪论文献综述)。在本书理论探索篇中,青年并非指具象的个体或群体,而是指具有"新人"特征的社会主体及其代表的思想观念;而在专题实践篇中,青年则在不同的场景指代不同类的青年个体或群体,如大学生、70/80/90后、草食男、楼宇青年、青少年罪犯、官二代等,研究的目的便是探寻这种不同类的青年个体或群体的生存境遇及其所代表的思想观念。

(二) 青年研究

青年研究(research of youth)泛指以青年为对象的多学科理论研究活动。现代意义上的青年研究发端于20世纪初期的美国,代表人物是心理学家G. S.霍尔。他在1904年发表的《青年的心理和他们与心理学、人类学、社会学、性、犯罪、宗教和教育的关系》一书,开启了后人对青年进行多学科综合研究的思路,也引起了青年研究究竟以哪一学科为"母学"的理论纷争。主要四种研究模式:

心理学模式。它是最早介入青年研究的一种理论观点。其理论基点集中在青年的个性心理发生、发展过程。心理学派的主要贡献在于它采用实证的方法对青年的认识、情感、意志进行定量化的分析,就此而言,可以称为微观的青年研究。

社会心理模式。介于社会学、心理学之间。兴起于20世纪40、50年代。其理论基点集中在研究社会、环境、群体、人际关系对青年个性心理形成的制约作用。它运用经验研究与理论研究相结合的方法,从青年自身之外的宏观世界揭示青年这一特殊生命阶段的心理属性是由社会决定的。

文化人类学模式。它的理论基点是把青年视为文化载体、文化的体现者,研究青年在文化的继承和创新中的意义、作用。强调"代沟"论和三种文化模式论,即后喻文化、前喻文化、并存文化。其理论特色是突出青年在后工业社会中的文化主导地位。

社会学模式。它是青年研究中起步早、涉及广、发展快的学科。其理论基点在社会与青年的互动关系，研究的基本问题是青年的社会化以及社会对青年发展的责任和认同程度。

而本书是尝试在上述四种模式的基础之上，开创一种新的青年研究模式，即教育学模式。

上篇

理论篇

一、教育视域中青年研究的目的

（一）教育研究的目的

教育研究是教育科学研究的简称，是指人们运用科学的方法探求教育事物本质和性质，摸索和总结其教育规律，取得科学结论，解决教育问题，促进教育事业发展的研究活动过程。教育研究的最终目标就是促进教育的发展，促进社会的发展。

具体而言，教育研究是以教育科学理论为基础，以教育领域中发生的现象为对象，以探索教育规律为目的地创造性的认识活动。简言之，是用教育理论去研究教育现象，探索新的未知规律，以发现新情况，总结新经验，为实施素质教育，深化教育改革服务。

教育研究的国际通用的内涵是指用科学的方法来评估教育的各个方面，包括但不局限于：学生学习、教学方法、教师培训和课堂动态。教育研究者有个共识，教育研究应该是严格的系统的研究，但是对于具体尺度存在广泛争议。在教育研究中，包含了多个学科不同程度的交叉。这些学科包括：心理学，社会学，人类学和哲学。这些学科交叉为研究方法提供了很多可能性。教育研究的发现应该在特定的情境中解释，可能不适合其他的时间、空间。

(二) 青年研究的目的

青年研究(research of youth)泛指以青年为对象的多学科理论研究活动。以青年为对象,是否即以青年为目的?乍一看,这显然不是一个对等的问题。但假如有人认为两者是对等的,青年既是对象又是目的(比如"青年研究是以青年为本的研究"的论述),那么,这个以青年为本的目的又是什么?在回答这个问题之前,先来弄清"以青年为本"的内涵:以青年为本,是指青年的在场或出场,即研究者只提供平台,展示青年自身,而非研究者的意愿或主观臆断。换言之,青年在场或出场,应是他们本来的样子,这个样子到底是好还是坏,是黑还是白,不能加入研究者的主观判断。但是,研究这事真的不能有研究者的主观判断吗?让我们再来看一看研究的定义,它是指"利用有计划与有系统的资料收集、分析和解释的方法,获得解决问题的过程;它是主动和系统方式的过程,是为了发现、解释或校正事实、事件、行为、理论,或把这样事实、法则或理论作出实际应用"。显然,研究一定是发挥主观能动性的过程,这就与前面的非研究者的意愿或主观判断有冲突了。为了化解这一冲突,笔者认为,研究者提供平台,展示青年自身,是客观的不加主观臆断的,但在展示之后,研究者开始主动寻求这一展示背后的无法直观获得的原因、依据或是意义时,则一定是要加入主观判断的,只不过这种判断不是研究者的天马行空的意愿偏好或臆断,而是依据展示的客观事实或现象,通过发现、推理、解释进行自带逻辑的主观价值判断。

有学者认为,现代青年研究的问题假设与结论观点有两种倾向,即问题导向和未来导向。其中,问题导向关注的是现实中青年引发的社会问题和青年面临的问题以及社会整合,而未来导向更关注青年的过渡、身份和角色的变化、社会位置的获得和社会作用的发挥。① 其中,问题导向更为明显,这是因为,"我国的青年研究纳入社会科学就是因为当时强烈的社会需要,要求对青年中的社会问题及如何教育引导做出回答,这种情况,至今都没有实质性变化,研究社会关注的青年问题和青年关心的社会问题仍是青年研究的重点所

① 陆玉林:《论青年的意义构成》,载《中国青年政治学院学报》,2011 年第 1 期。

在,全世界都是如此”。[①] 这些青年问题包括青年的就业问题、婚恋家庭问题、教育问题、吸毒犯罪问题等。[②] 倘若,我们把这种导向看作一种目的的话,简单而言,青年研究就是以研究青年的现实问题或未来发展为目的的研究,而且在实际操作中,研究者常常看到的或是最关注的就是青年所谓的问题? 显然,理想是美好的,现实是骨干的。以青年为本的研究似乎在这里变成了一个美好愿景,青年的在场或出场难道都是问题吗? 青年生而为谁,青年的问题真的是问题,难道不是危机或特色? 这些问题之所以成为问题的标准是什么,它从何而来? 这都是值得我们深入反思的问题。

所以,就青年研究的目的之说,笔者认为青年诞生之初就是以“新人”的形象而立足于世,“新人”的未来发展才是研究者从事青年研究的终极目的,而问题也好,危机也罢,其解决与应对均是为了青年未来最终的发展。

(三) 青年教育研究的目的

正如前所述,教育研究的目的是以探索教育规律为目的,而青年研究的目的是以探索青年的未来发展为目的。那么融合教育研究与青年研究的视域,教育视域中的青年研究,可以简称为青年教育研究,它是以探索促进青年未来发展的教育规律为目的的研究。亦就是说青年成为了教育研究的修饰语、限定词,即探索的所有教育规律都是与青年的成长发展相关的规律,而非青年的群体则被排除在外。然而,在不同的研究场景中,对青年群体的界定是不一样的,比如,本书实践篇的专题研究中,大学生群体普遍都是年龄在 17—24 岁之间未参加工作的未成年人,但在现实生活中,有许多 16—24 岁之间的青年已参加了工作,成为了承担了家庭和社会责任的成人。所以,青年教育研究是以促进青年未来发展的教育规律为目的的研究,这里的青年——可以是未成年人,所以教育具有未来性(把身心尚未成熟的未成年人培养成为一定社会需要的人),其教育规律可以归属于普通教育学(Pedagogy)领域;[③]这里的青年——也可以是成年人,所以教育

---

① 陆玉林:《青年研究:学科逻辑与问题意识》,载《当代青年研究》2007(5):1—7 页。

② 国家教委思想政治工作司组编:《青年学概论》,高等教育出版社会 1992 年出版,第 2 页。

③ 李洁:《老年教育理论的反思与重构——基于西方现代老龄化理论视野》,《开放教育研究》2015 年第 3 期。

具有现实性（具有独立人格的成年人的学习意向与其承担的社会角色及其发展任务是紧密相关的，并且是以解决职业生活、家庭生活、社会生活中的实际问题为中心①），其教育规律则归属于成人教育学（Andragogy）领域。而上文所表述的教育研究的目的则是普通教育学中的陈述，可见，青年教育研究的目的的内涵要大于普通教育学，因为，它纳入了成人教育研究目的的内涵。

二、教育视域中青年研究的对象

（一）教育研究的对象

关于教育学的研究对象，有各种各样的观点，有人认为是“教育现象”，有人认为是“教育事实”，有人认为是“教育规律”，有人认为是上述三者中的两项或三项，还有人笼统地认为是“教育”或“人”。这些观点大多模糊不清，似是而非。教育学的研究对象应是以“教育事实”为基础，在教育价值观引导下形成的“教育问题”，其目的在于探索和揭示教育活动的规律性联系，以服务于教育实践。教育问题的提出标志着教育学的萌芽；教育问题的发展是推动教育学发展的内在动力；教育问题的转换表明教育学研究传统和范式的变革；对同一问题的不同回答就形成了不同的教育思想或教育观念及其派别。

总之，教育学是以教育事实、教育问题为研究对象，归纳总结人类教育活动的科学理论与实践，探索解决教育活动产生、发展过程中遇到的实际教育问题，从而揭示出一般教育规律的一门社会科学。

（二）青年研究的对象

青年研究是以青年为对象的研究，还是以青年现象为对象的研究？这在青年研究的理论探索中还属于一个备有争议的话题。目前国内外的几种主要观点是：本质说（青年研究的对象是青年的本质，即应首先回答“青年是怎样的人”的基本问题）；培养教育说（如何根据青年的特点，对青年进行教育尤其是思想道德

---

① Knowles，M. S.（1980）. The Modern Practice of Adult Education：From Pedagogy to Andragogy（2nd ed.）. New York：Cambridge Books：351，47.

教育的综合性、应用性研究)；行为说(研究青年的社会行为问题)；过程—规律说(研究青年发生发展的过程及其规律)；整体说(对青年作整体研究，即以青年的本质，以及青年的发生发展过程为研究对象)。① "整体说"似乎融合了本质说和过程—规律说的观点；培养教育说和行为说则各有侧重，前者侧重青年的行为，后者侧重青年的思想道德；而"青年现象说"则更象是整体说、培养教育说和行为说的融合。由此看来，青年研究以青年和青年现象为研究对象的说法，则能将上述五种观点全部包容进去。虽然，青年和青年现象看似是两个研究对象，但青年与青年现象其实是不可分的矛盾统一体，后者是由青年所产生，没有青年，后者就无法依存。也就是说，青年与青年现象实际上亦是一个问题的两个方面，即本质与现象。

学科的研究对象是指该学科所要去反映、认识和探索其规律的客观存在的特定领域。因此，基于前面的阐释，青年研究可以简单地描述为是以青年和青年现象为对象的研究，即本质—现象说。青年本质的范围可以是概念或观念；青年现象的范围可以是上述社会行为、培养教育行、发生发展过程与规律等。

(三) 青年教育研究的对象

上文分别对教育研究和青年研究的对象进行了阐述，青年教育研究对象的概念相当于用"青年"这个限定词缩小了教育研究对象的范围。如是，教育视域中青年研究的对象，恰如上文所提到的青年研究对象的"培养教育说"，即青年学首先要研究和回答的基本问题是"青年应当成为怎样的人"以及"怎样教育青年成为这样的人"。② 不过，该培养教育说对这个基本问题的进一步解释是即如何根据青年的特点，对青年进行教育——尤其是思想道德教育的综合性、应用性研究。可见，青年学中青年研究对象的"培养教育说"对于"青年应当成为怎样的人"的回答是希望青年首先成为思想端正、道德高尚的人，而对于"怎样教育青年成为这样的人"的回答是依据青年的特点，尤其是其思想

① 万美容:《青年学概论》，中国人民大学出版社 2016 年版，第 9 页。

② 同上。

道德发展的特点。

显然，教育视域中的青年研究对象，即青年教育研究的对象，所包括的内涵要远大于青年研究的对象，它对于“青年应当成为怎样的人”的回答应当是德智体美劳全面发展的人；而对于“怎样教育青年成为这样的人”的回答是依据青年的特点，包括其在日常生活、社会生活和精神生活等各方面的生活状态。显然，青年教育研究的对象所包括的内涵也要远大于教育研究的对象，因为教育研究的对象仅限于以“教育事实”为基础，在教育价值观引导下形成的“教育问题”，其目的在于探索和揭示教育活动的规律性联系，以服务于教育实践。

简单地说，教育研究的对象主要关注的是教育学习场域所发生的教育事实或现象；青年研究的对象主要关注的是青年思想道德领域的发展现象；而青年教育研究的对象主要关注的是青年的“生活世界”中的教育现象。然而，何谓青年的生活世界？将在下一章进行阐述。

三、教育视域中青年研究的内容

（一）教育研究的内容

教育学的研究内容包括：1. 形成教育的一系列概念。概念是一门学科的基本元素，教育学的重要任务之一，就是要从纷繁复杂的教育事实中抽象、提取和加工出教育活动中那些质的规定性，从而形成教育学科的若干基本概念揭示教育的基本规律。规律是事物内在的本质的和必然的联系，教育学的研究任务之一，就是通过研究教育活动和教育事业，揭示教育存在的客观规律，认识教育科学的发展规律。比如教育的目的、本质、功能、过程、对象、方法等基本概念或规律。2. 阐明教育的诸多问题。问题是研究的核心，一切研究都是围绕问题进行的。教育科学研究的任务之一，就是阐明教育的诸多问题，换言之就是探询和发现教育问题、分析和解释教育问题，应答和解决教育问题。例如，教师与学生、教育制度、课程、课堂教学、学校教育与学生生活、班级管理与班主任工作、教师的教育、学生评价、教育改革与发展等问题。3. 建立教育学的理论体系。逻辑体系是事物发展过程的本质在人们头脑中的反映，是客观事物在理论思维中的再现形式。教育科学研究的任务之一，就是完成教育理论体系的建构，追求教育学的科学化。教育理论是通过一系列教育概念、教育判断或命题，借助一定的推理形式构成的关于教育问题的系统性的陈述。

教育学的理论体系从结构层次上分五层。第一层次是教育的统一规律；第二层次是教育的基本规律；第三层次是教学原则；第四层次是教学方法；第五层次是教学的实践。由教学的实践高度抽象概括出第一层次，然后按理论逻辑关系推导出第二、第三、第四层次。这五个层次是相互联系、相互作用的关系，是有本质的逻辑关联的性质。其中，第一层次教育的统一规律就是教育教学的三个主要因素：教科书、教师、学生。他们自成体系彼此独立，而又形成相互联系相互作用，彼此制约的关系。这个关系又相互作用彼此促进而又相互转化的螺旋递升的规律。即教科书与教师、教师与学生、学生与教科书这三个关系的相互作用彼此制约又相互转化的螺旋递升的统一规律。第二层次教育的基本规律是统一规律在教学过程中三个不同阶段上的具体体现：在活化阶段的体现是活化规律，在转化阶段的体现是转化规律，在消化阶段上的体现是消化规律。第三层次教育教学的原则是指上述三个阶段中的规律，即：活化阶段——直观性原则、理论联系实际的原则、循序渐进的原则、因材施教原则等统称教书原则。转化阶段——教育原则、层次原则、启发原则、反馈调整原则、生理心理原则等统称教学原则。消化阶段——自我教育原则、一学二问原则、复习巩固原则、预先学习原则、交流探讨原则等统称学习原则。第四层次教育教学方法是三个阶段上的教书原则、教学原则、学习原则在不同的特殊条件下的灵活运用的具体方式：教书法即教法；教学生学习的方法即教学法；学生自己学习书本的方法即学法。这是教学方法在三个阶段上的不同的统称，具体相应的方法丰富多彩变化无穷。第五层次是教学实践也是每一位教师的教学艺术实践。是每一位教师灵活运用教学理论教学原则的方法于教学实际的艺术实践。

（二）青年研究的内容

由于对青年研究的对象的问题存在不同看法，所以反映在青年研究的内容体系在结构上也会有所不同。青年学家 F. 马赫列尔在其《青年问题与青年学》中涉及的研究内容包括：绪论（青年学的历史、青年学的前提、青年学的对象）；范型（青年的发生、青年的结构、青年发展动态）。① 在国内，有关青年研究的内容体系大致有以下七种看法：1. 青年学是青年相关学科的集合，因此，青年研究的内容体系应由青年心理学、青年社会学、青年美学、青年教育学、青年生理学、青年伦理学、青年人才学、青年人口学、青年管理学、青年行为学、青年史学、青年未来学等各分支学科领域构成。2. 青年学应以青年心理学为基本线索，分个体部分和群体部分。其中，个体部分包括青年期的自我意识的演化，学习心理与智力开发，创造心理、情绪、情感和情操，性心理与爱情心理，个性和气质的塑造，青年期心理挫折和精神健康等内容。青年群体部分包括青年的人际关系与测量、家庭与社交、非正式群体、闲暇时间、青年运动、青年工作者等内容。3. 青年学是社会学的一个分支，其体系应以青年社会化过程为基本线索。青年研究的是人的青年期与不同时代、社会的青年个体和群体，既要研究青年个体和群体的问题，也要研究青年社会问题和青年工作对策及其所牵涉的广泛社会背景。4. 从青年文化这个总体上去研究青年。青年研究的内容分为三个部分：个性文化层面（即个性社会化过程以及个人成长规律，青年在微观层次上个人世界观的形成，青年成材规律以及青年心理特征等个人意识、行为倾向和特点）；群体文化层（主要研究青年的群体生活及其发展规律，青年工作、青年各种非正式群体和小群体及其青年团体的社会作用，青年集体意识等群体意识和行为规律）；青年社会文化层面（主要包括宏观层次上青年的各种社会思潮，青年社会心理、青年社会性的思维方式、生活方式及其各种异常行为等各种社会性现象及其本质规律）。5. 青年研究的内容体系应包括两大部分：基础理论和应用理论。前者肆包括青年层次的调查分析、对微观变化规律的研究、对宏观变化规律的研究、未来研究、青年运动史研究等内容；后者包括教育内容和方法的研究、青少年保护研究、对青年培养的研究、共青团工作的研究、政策研究等内容。6. 青年研究的内容体系应包括五个部分：基础理论研究、青年的培养教育（包括成长规律研究）、青年的地位和作用、共青团工作研究、青年的预测研究等。7. 青年研究的内容体系包括以下三个方面：一是以青年本质问题为核心的青年本体论方面的内容（青年的本质）；二是青年个体发生、发展过程及其规律方面的内容（青年的身心发展、社会化、学习

---

① ［罗］F. 马赫列尔著：《青年问题和青年学》，社会科学文献出版社 1986 年版。

与成才、职业发展、恋爱婚姻、生活方式)；三是青年群体发生、发展的过程与规律方面的内容(青年群体、青年文化、社会思潮与青年发展)。①

上述七种不同观点各有侧重，第一种是分支学科融合论；第二种以青年心理学为主要内容；第三种以青年社会学为主要内容；第四种以青年文化学为主要内容；第五种和第六种以理论与对策为重点；第七种则以青年为主要内容。这种侧重点不同的观点反映了不同的研究者有不同的研究取向，对青年学学科建设和青年学研究内容体系的丰富无疑都具有积极作用。但是青年学的研究，不应该也不可能是对与青年有关的所有范畴的研究，也不应该是以某个学科(青年心理学、青年社会学或青年文化学)的范畴为主的研究，而应该是根据基本的研究对象来确定学科研究范围，建构起科学的学科体系，能够指导不同背景研究者从事青年相关的研究活动。

(三) 青年教育研究的内容

与青年研究的内容体系相似的是，青年教育研究首先亦有以青年与青年教育的本质问题为核心的本体论方面的内容；其次还有要青年教育研究的研究，即学科建设和方法论方面的内容。这两个方面共同构成了青年教育学学科建设的理论基础。此外，还应有青年教育领域的实践应用研究。目前，教育领域正在兴起回归青年的生活世界的理念。该理念倡导青年现象是青年教育研究的对象或逻辑起点。因此，青年教育研究的实践内容体系主要包括三方面：

一是青年的生活世界。生活世界，站在实践哲学的高度，是指人的全部生活领域，而站在文化哲学的高度，它是指人的日常生活的方方面面。基于此，生活世界的研究也可有实践和文化两种方式。实践研究包括如下三个层次：一是青年的日常生活世界，即青年的衣食住行、休闲健康等日常生活状态；二是青年的社会生活世界，即青年的参政、婚姻、就业、学习、交往等社会生活状态；三是青年的精神生活世界，即青年的理想信念、思想道德、心理与能力发展等精神生活状态。其次，文化研究是将青年的生活世界视为青年与社会文化互动的结果，依据文化的本质结构，生活世界的文化研究包括如下两个层次：青年生活世界的内在

---

① 万美容:《青年学概论》，中国人民大学出版社 2016 年版，第 10—11 页。

深层次结构（即青年的思维方式、价值观念和行为心理）；青年生活世界的外显文化表征（即青年与经济、政治、法律、教育、科技、人口等社会文化要素之间互动而形成的相应的物质文化、制度文化和精神文化等文化产物）。

二是青年的文化与社会现象。首先，对青年文化的研究包括对青年文化的深层次结构（即一定的价值观念和社会心理的考察）和表层次结构（即一定的物质文化、制度文化与精神文化）的分析。其次，对青年社会现象的研究包括对青年与经济、政治、法律、教育、科技、人口等社会要素产生密切联系的现象探讨。

三是青年的政策与干预措施。即依据青年的生活世界及青年与文化、社会互动的状态，展开对青年的政策与干预措施的探讨。包括三方面：首先，探索青年日常生活服务政策与干预措施，内容涉及家庭理财、社会福利、职业发展、网络使用安全等。其次，探讨青年精神生活服务政策与干预措施，内容涉及社会责任感、健康幸福感、心理咨询、思想道德教育、网络素养等。再次，探讨青年的社会、文化生活服务政策与干预措施，内容涉及就业问题、社会政策、权利保护、教育发展、人才培养、文化生活、青年工作等。

教育研究的内容体系局限于在教育教学场域内建构，青年研究的内容体系则扩展到了青年的生活世界；青年教育研究的内容体系构架与青年研究的内容体系相似，并且包含了青年研究的内容体系，同时也因为教育研究视域的加盟而扩容，即在青年研究的实践中更注重教育理论原则的运用，而在青年研究的理论建构中包含了教育的原理与理念。

四、教育视域中青年研究的方法

无论是教育研究，还是青年研究，抑或是青年教育研究，它们都属于社会科学研究领域，因此，社会科学研究领域常用的两类研究方法——思辨方法与实证方法，同样亦适用于青年教育研究。

（一）思辨方法

思辨方法，可理解为逻辑研究，主要的方法大概有演绎法、归纳法和类比法。

演绎法或称演绎推理（Deductive Reasoning），就是从一般性的前提出发，按照一定的规则，通过推导即“演绎”，得出具体陈述或个别结论的过程。演绎推理的逻辑形式对于理性的重要意义在于，它对人的思维保持严密性、一贯性有着不可替代的校正作用。先验论证就属于演绎法的一种。我们所熟悉的公理论证、三段式论证也都可以归在演绎法的范畴内，这几种方法间的区别，无非是所选择的前提和规则间的区别。

归纳法或称归纳推理（Inductive reasoning），是在认识事物过程中所使用的思维方法，有时也叫做归纳逻辑，是指人们以一系列经验事物或知识素材为依据，寻找出其服从的基本规律或共同规律，并假设同类事物中的其他事物也服从这些规律，从而将这些规律作为预测同类事物的其他事物的基本原理的一种认知方法。简单而言，就是根据一类事物的部分对象具有某种性质，推出这类事物的所有对象都具有这种性质的推理，简称归纳。归纳是从特殊到一般的过程，它属于合情推理。

类比法（Method of analogy），也叫“比较类推法”，是指由一类事物所具有的某种属性，可以推测与其类似的事物也应具有这种属性的推理方法。其结论必须由实验来检验，类比对象间共有的属性越多，则类比结论的可靠性越大。类比是将一类事物的某些相同方面进行比较，以另一事物的正确或谬误证明这一事物的正确或谬误。

（二）实证方法

实证方法有狭义和广义之分。狭义的是指利用统计和计量分析方法，对经济活动中的数据信息进行数量分析，考察影响经济活动的各有关因素的相互影响及其影响方式的研究方法。本研究所指的实证方法是广义上的，泛指所有经验型研究方法，社会科学研究中最常用的调查研究法和实地研究法等。

调查研究法或称调查研究（survey research），是实证研究中经常使用的一种研究方式，指一种采用自填问卷或访谈调查等方法，通过对被调查者的观点、态度和行为等方面系统地收集信息与进行分析，来认识社会现象及其规律的社会科学研究方式。尽管调查研究的起源可以追溯到公元前古埃及和古中国以征兵和课税为目的的人口统计调查，但较系统的调查是从近代开始发展的。早期的调查多以行政统计调查为主，如法国人柯尔柏主持的 1664 年法国社会概况普查、1665年的法国制造业调查和不定期的人口状况调查。18世纪初期到末期，随着人口统计学的建立和国家行政管理的完善，欧洲各国的行政统计调查制度化、规范化。英国和法国都于1801年开始了全国性的人口普查，法国还在当年建立了国家统计局，英国规定每十年普查一次。19世纪开始至20世纪初，调查所关注的对象逐步扩展到社会生活、社会问题领域中来，如人们的社会生活条件、生活状况、犯罪调查、贫民调查、监狱调查、工业调查、城市调查、家计调查等，其主要目的是社会改良服务。这一时期是调查飞速发展时期，出现了大批著名的调查，如布思(Charles Booth)从1886年开始，通过对英国伦敦市民生活和社会概况进行18年的深入调查，形成了17卷《伦敦居民的生活和劳动》，该报告成为英国政府1908年颁布的《老年抚恤金条例》的重要依据；德国的恩格尔(C. L. En)所做的家计调查，在比较了黎伯莱和凯特勒的研究之后提出了著名的"恩格尔定律"，直到今天我们仍沿用"恩格尔系数"来称量一个家庭的生活水准。1897年，法国社会学家涂尔干的调查性成果《自杀论》出版，标志着社会学研究进入实证化阶段，他创立了社会调查研究的实证程序，即研究假设——经验检验——理论结论，把调查与社会学理论结合起来，成为学术性调查研究的开端。20世纪以后，尤其是从二三十年代开始，由于政治、经济的需要，一方面，调查研究所涉及的领域进一步扩大，在原有的基础上渗透到民意调查、市场调查、研究性调查等领域；同时，新的调查方法和技术运用到实际调查中，一些专职调查机构应运而生。最著名的是乔治·盖洛普1935年创办的"盖洛普民意测验所"，该机构只调查了3000人，就准确地预测出1936年罗斯福在总统大选中获取胜利，由此名声大振。20世纪40年代到70年代是调查研究的数量化方法发展最为迅速的时期，这些技术和方法来源于社会学、统计学、人类学、心理学、经济学、政治学、人口学等多个学科，多学科的共同努力，使得调查研究的程序更加标准化，调查方法更加规范化。如今，调查研究在抽样、测量、问卷设计、量表制作以及统计分析、计算机应用等技术上，都朝着越来越科学化、精密化的方向发展。

实地研究法(field study)，在社会科学研究中是一种既老且新的方法，也是质的研究中最为重要的研究方法，是指不带有理论假设而直接深入到社会生活中，采用观察、访问等方法去收集纂本信息或原始资料，然后依靠研究者本人的理解和抽象概括从第一手资料中得出一般性结论的方法。实地研究法是处于方法论和具体的方法技术之间的一种基本研究方式，它规定了资料的类型，既包括收集资料的途径和方法，又包括分析资料的手段和技术。早期的实地研究多用于文化人类学领域，称为田野工作或实地参与观察法，是文化人类学最具特色的研究法。它与民族志研究或民族志（ethnography）一起构成人类学家收集资料的有效方式。例如，英国人类学家马林诺夫斯基就曾于1914—1921年在西太平洋的新几内亚和突布兰群岛，运用参与观察法调查该岛屿的土著文化。

近年来，社会科学领域还兴起了一股倡导混合研究方法的清流，即将调查研究与实地研究结合起来使用的方法。下表4－1是学者对教育研究方法的具体分类。

表4－1　教育研究方法分类

<table>
<tr><td>思辨研究</td><td colspan="3">通过言辞辩论对事物性质进行探讨，包括文献综述、概念分析、理论研究等</td></tr>
<tr><td rowspan="10">实证研究</td><td rowspan="8">质性研究</td><td>案例研究</td><td>以特定的事件为观察对象并提出参考性或咨询性意见的研究</td></tr>
<tr><td>叙事研究</td><td>通过故事叙述的形式来揭示研究对象的内在世界</td></tr>
<tr><td>历史研究</td><td>对具有标志性意义的重大历史事实进行逻辑分析，揭示历史发展规律，寻找历史对今天的启示</td></tr>
<tr><td>行动研究</td><td>研究重点不在于描述事实，而在于制定行动方案，改善行动</td></tr>
<tr><td>民族志研究</td><td>强调实地考察，进行田野研究，解释研究对象独特的理解世界的方式和生活方式</td></tr>
<tr><td>文本分析</td><td>以搜集到的文本资料为对象，对其进行比较、分析、综合，从而提炼出更深刻、全面的见解</td></tr>
<tr><td>话语分析</td><td>对话语的有关维度进行综合性的描述，包括语言使用、信念传递、社会情境中的互动等，也包括批判性话语分析</td></tr>
<tr><td>其他质性研究</td><td>不属于上述7类的其他质性研究</td></tr>
<tr><td>定量研究</td><td colspan="2">定量研究包括采用描述性统计分析、方差分析、回归分析、时间序列分析、生存函数分析等方法的研究，也包括采用分层线性模型（HLM）、数据包络分析（DEA）、社会网络分析等高级统计分析方法的研究</td></tr>
<tr><td>混合研究</td><td colspan="2">既采用质性研究方法，又采用定量研究方法的研究</td></tr>
</table>

就混合方法而言，风笑天曾指出有三种情况：第一种是研究者在定量研究的过程中使用了定性研究的某些具体方法和技术；第二种是在定量研究中，研究者的确使用了定性研究的某种具体方式和方法，以帮助自己对定量研究中统计分析的结果进行理解和解释，即主辅式；第三种，对研究总问题的不同方面，或对研究的中心问题的不同子问题分别使用定性研究和定量研究来进行探讨；或对一个大的研究项目中的不同主题，分别使用定性研究和定量研究的方式展开研究，并用不同方式研究的结果分别回答中心问题的不同方面，回答总问题的不同部分，并最终一起完成回答研究中心问题或总问题的任务。他认为，无论是定性研究方式，还是定量研究方式，或者是二者结合的方式，选择的标准都只有一个，这就是回答研究的问题的合适性，即应该选择和采用最为合适的研究方式，来达到研究的目标和最好的研究效果。① 而盛智明也认为，从研究设计的角度来看，研究方式的选择也是一种权衡，研究者需要不同的研究目标之间，在不同类型的观测值之间，以及在用来进行描述性推论和因果推论的不同工具之间进行权衡。②

总体上看，国外教育研究以实证研究为主，思辨研究为辅，国内教育研究仍然以思辨研究为主，实证研究为辅。国外发表的质性研究论文采用案例研究、文本分析方法的比例较高，而国内发表的质性研究论文则采用案例研究、历史研究、文本分析和行动研究的比较较高。③ 所以，积极推进教育实证研究，并发展不同类型的实证研究以及促进实证研究数据资料收集方法多元化，是未来教育研究应努力的方向。

五、教育视域中青年研究的伦理

伦理一般是指一系列指导行为的观念，是从概念角度上对道德现象的哲学思考，它不仅包含着对人与人、人与社会和人与自然之间关系处理中的行为规

---

① 风笑天：《定性研究与定量研究的差别及其结合》，江苏行政学院学报，2017(3)。

② 盛智明：《超越定量与定性研究法之争》，公共行政评论，2015(4)。

③ 陆根书等：《中外教育研究方法比较——基于国内外九种教育研究期刊的实证分析》，高等教育研究，2016(10)。

范，而且也深刻地蕴含着依照一定原则来规范行为的深刻道理。从伦理的内涵来看，伦理研究应至少包含两个层次，一是指导某种行为的原则（道理），二是指导某种行为的具体规范。而这似乎又决定了伦理问题必然是一个跨学科讨论的和富有争议的主题，比如第一层次的原则（道理）可能需要哲学家来完成，因为他们经常探讨一些抽象的伦理概念，如生命价值、善良（正当）、公正（公平）、诚实、自由等；①而第二层次的行为规划则可能需要社会学家和心理学家来完成，因为通常关注的是他们研究经验中的一些极端案例和研究"陋行"，如研究资助、研究的私密性、欺骗性及材料的公开性等问题。② 在此情境之下，作为热衷于青年研究的爱好者，我们可能会更加期望哲学家、社会学家和心理学共同参与探讨青年研究的伦理问题。倘若我们有试图构建青年伦理学（青年学与伦理学的交叉学科）的野心，那么这两个层次的综合研究可能才刚刚回应了青年伦理学学科体系建构中的方法论问题——"为何且如何道德地从事青年研究"，即所谓青年研究伦理——它有如职业道德，是研究者专业精神与专业态度的重要表征，如缺乏研究伦理的规范，研究的结果可能会危害青年学术的发展，也可能影响青年工作实践。然而，作为一门新兴学科，青年伦理学除了应有自己的方法论作为基础，属于自己的理论体系架构也必不可少。因此，对"研究青年的何种伦理"的回应也是另一个方面的重要思考，即所谓青年伦理研究——指从理论上探讨作为个体的人的道德发展的内在规律及时代特点，使青年掌握自我道德发展的知识，从而培养高尚的道德品质，这不仅是理论发展的需要，也是现实生活的需要。③

从已有研究来看，目前的成果主要集中于考察青年日常生活中的道德伦理现象（如家庭婚姻伦理、电子阅读与信息技术伦理、消费伦理、自杀伦理、"秀"伦理、交往伦理、职业伦理、试婚伦理、性伦理等）并探讨其规律性。这在龚群看来，即首先对青年及其道德现象进行事实性描述，然后以规范伦理学所阐述的道德原则与规范准则将"事实"引导到"应当"的范围中。④ 根本而言，这些研究主要

---

① （美）雅克．蒂洛，基思．克拉斯曼：《伦理学与生活》，程立显等译，世界图书出版公司，2008：147—154页。

② （英）罗伯特．G．伯吉斯：《教育研究伦理学》，卜玉华等译，北京大学出版社，2012：2页。

③ 韦如：《青年伦理学》，载《道德与文明》1988(5)：40—41页。

④ 龚群：《青年伦理学概要》，载《青年论坛》，1989(8)：61页。

是为青年伦理学的理论体系建构提供了丰富的素材，而并未涉及或进一步探讨研究者在研究过程中所面临的伦理选择问题，即为何且如何道德地研究的方法论问题。因此，本节将突破已有研究的局限，立足于青年伦理学学科体系架构的两个基本条件（方法论和理论体系），从青年研究的伦理原则（为何要道德地研究）、青年研究的行为规则（如何道德地研究）和青年伦理之研究之维（研究何种伦理）这三个部分来一一呈现有关思索。

（一）伦理原则：为何要道德地研究

生命价值、善良（正当）、公正（公平）、诚实和自由是哲学普遍探讨的伦理概念或原则，之所以会选择这五个原则，除了民主平等思想的影响之外，还因为人们的设身处地、换位思考——“你想要人家怎样待你，你就要怎样待人”，即《圣经》中流行的“为人准则”（或曰黄金律，亦即康德的“可逆性标准”）。然而，这些原则是否可以完全或部分移植于青年研究尚无直接依据，但一个可以尝试的解释路径或许能够帮助我们澄清某些疑问，即实际境遇或背景分析法——从青年学的发展规律切入，立足于青年学本身的需求或立场来探讨这个问题。

由于青年学是一个以多学科、跨学科为基础（涉及哲学、文化学、心理学、社会学、人类学、教育学、医疗卫生等领域）的新兴学科，因而青年研究本身也属于社会研究范畴，其目的是为了解某些青年现象“为何是这样，如何对待它”。这必然也会涉及两个基本伦理问题，一是该怎样收集、分析和报告资料，即如何进行高质量的调查，关系到研究的严谨性和可信度；二是研究者该如何对待研究对象，即如何进行合乎道义的研究，关系到人与人之间的关系。每个社会学科围绕这两个问题都有各自的伦理准则和指导方针（或曰学科规范），但是它们的学科规范都会立足于某些道德原则，①比如最为普遍的是尊重个人（自由）、善行（善良）、公正（公平）等，因此，这些道德原则同时也构成了青年研究的基本伦理规范。

---

① Kitchener K. S. & Kitchener R. P. Social Science Research Ethics：Historical and philosophical issues. 0inMertens，D. M. & P. E. Ginsburge (ed.). The handbook of social research ethics(London：Sage)，2008：5—15.

尊重个人，是指个人享有自主权，即行动的自由和选择的自由。在大多以人为对象的科学研究中，尊重个人意味着研究对象自愿参与研究项目并对研究项目有一定的了解。也就是说，研究者必须将参与研究的对象作为一个有自主权的人来对待，即使由于年龄、智力、健康等原因，并非所有参与者都有自主的能力，比如青少年、老年人、残智障人士等群体就应该格外地受到尊重与保护。

善行，本意是指慷慨的捐献；使人免受折磨、惩罚或痛苦的仁慈行为。而美国 1979 年出台的《贝尔蒙报告》(BELMONT)中表述为："对待他人是否道德不仅在于尊重他的决定及保护他免遭伤害，还在于尽力确保他的健康"。也就是说以人为对象的科学研究应当尽量增加它的利他性，减少它的潜在危害。这种利他性可以理解为在无伤害的前提下保证"为最多数人创造最大量的幸福"，即功利主义者所崇尚的至高无上的道德原则。

公正，是指对所有参与研究项目的人一视同仁、平等对待，包括在选择研究的对象时、在研究的过程中和在研究成果的运用时都要坚持公平、正义。不公正往往来源于社会上固有的经济地位、种族、性别和文化等偏见，尤其是对少数民族、经济地位地下的、病弱的、被隔离的精神病者或囚犯等群体的歧视。例如，美国政府 1932 年资助的塔斯克基梅毒实验在持续四十余年的连续研究中，对黑人进行梅毒试验、检验却不给予治疗，令许多黑人及其家属无端遭受梅毒的折磨。这一实验因此成为了美国医学伦理史上一个巨大污点。同时，假如一项研究能够创造出积极的效益，那么这个效益应该由参与研究的所有人来共享，而不仅仅是少数人占有。比如，通过对农村留守儿童的研究，研究者总结出了可以大大促进留守儿童心理健康的某种方法，然而这一方法却只被广泛地运用到了城市留守儿童身上。这意味着农村留守儿童承担了研究失败的风险，而城市留守儿童却独享研究所带来的效益，这便是最大的不公平。

（二）行为规则：如何道德地研究

在社会科学中，任何以"人"为对象的社会调查都需要将前述尊重个人、善行和公正等基本道德原则贯彻到研究实践之中，这是因为研究伦理的讨论如果仅停留在道德层次上的认识和提倡，一方面很容易造成"泛泛而谈"，缺乏可操作性,另一方面会倾向于“约束”研究者以避免对被研究者造成伤害。[①] 也就是有关人类行为的任何思考,“探索规则”至少是一个重要的伦理维度。[②] 青年研究是以青年为本的研究,研究者从事青年研究亦应以基本道德原则为根据,在具体研究情形中,综合不同的原则和考虑来选择“比较正确”的行为规则,如知情同意、隐私保护、利益开放等。

知情同意是对尊重个人这一基本伦理原则的具体运用,也就是强调个人在知情的基础上,通过行使自主权决定自己是否同意参加某项研究。具体包括三个方面:一是信息,是指研究者将研究的基本信息告知研究的参与者,包括项目名称、研究目的、研究方法、研究过程等。然而,并不是在任何情况之下都要将所有信息公开。因为有时候信息完全公开反而不利于科研的进行,而不完全公开反而有利于达到科研的目标,所以,在对实验对象没有隐藏的危险下,可以适当让对象了解研究的性质与结果。比如,当研究对象是青年成人时,其强烈要求了解研究的性质与结果的权利就应当得到保障,但是依据笔者在《在职青年职业生涯持续发展研究》中的调查经验,[③]有时在质性研究中,过于正式的知情同意书的签署反而会增加研究对象的紧张与顾虑,并触发他们的心理防御机制(换位思考,向来对于签字留下笔迹都是比较谨慎的),进而可能会阻碍研究的顺利进展。在这种情况之下,依据研究者与研究对象之间信任关系的基础(研究对象往往是双方相识的熟人介绍而来的陌生人),非正式口头相告反而是最佳选择。而当研究对象是心智发展尚未成熟的青少年时,由于他们自主决定是否同意参与研究项目的能力相对欠缺,因此,相关研究信息是否告知、告知多少及怎样告知等都是值得研究者思考的问题。比如,笔者以教师的身份在《大学生人生态度现状与转化研究》的访谈调查中,就采取了事先暂不告知大学生具体的研究目的,而是在访谈结束后以询问大学生对此次访谈的感受并允许大学生向笔者提出任何疑问的方式让其获得相关信息,与此同时,这也是一种寓教于生活情境中的策略,其目的也是贯彻善行原则,能够让大学生从中受益,即令大学生从积极参与到自

---

① 黄盈盈、潘绥铭:《中国社会调查中的研究伦理:方法论层次的反思》,载《中国社会科学》2009(2):149—160页。

② 理查德·普林:《教育研究的哲学》,北京师范大学出版社,2008:134、147页。

③ 李洁:《生活与体验:在职青年职业持续发展研究》,上海人民出版社,2013:51页。

我反思中获得对人生问题的更深刻的理解，从而促进其心智的成长与成熟。

二是理解，由于参与者的理解能力或研究者的信息表达等因素的影响，参与者对信息的理解并不是一帆风顺的，所以研究者必须了解参与者的理解水平，采取恰当的方式传递研究信息。尤其是当研究对象是青少年时，由于其智力、经验等尚不成熟导致其理解力欠缺，因而研究者也无法达到信息传递的目的。在这种情况下，是否寻求代表青少年利益的监护人来帮助决策，也是研究者必须考虑的问题。若青少年本人不管出于何种原因不愿意参与研究，研究者也必须尊重青少年的选择。比如，笔者在《大学生人生态度现状与转化研究》的调查过程中就遇到大三、大四的学生以学习忙、实习找工作等理由婉拒参与或半途退出调查的真实情况。这就涉及到知情同意的第三方面——自愿。不仅包括自愿决定是否参与研究，也包括自愿决定是否退出已参加的研究项目。研究者绝不允许利用诱骗、恐吓等外部的手段或压力来达成自己的目的，否则也就是严重违背道德伦理。尤其是像笔者一样以教师的身份作为研究者或者其他研究者通过老师以未成年学生为研究对象时，学生出于对老师的敬畏或对拒绝之后可能的不利后果的担忧，很可能违心地选择接受被研究。在这种情况之下，研究者或作为研究者的老师应当寻求一种更为恰当的方式，让学生在完全自愿之情况下参与研究项目。依据笔者的经验，一般学生都会接受老师提出的调查邀约，在正式访谈调查之前老师可以通过“没关系”、“放心”等语言来打消学生的疑虑，学生出于对良好师生关系的信任会完全自愿地参与研究。

隐私保护则主要体现了善行原则的具体运用，以消除研究对被研究者可能造成的潜在伤害。最基本的保护方式是匿名与保密。匿名是指参与研究的对象的身份只能为研究者本人或指定的研究成员所知晓，或者是完全隐匿，最安全的办法则是将参与者的姓名、所在学校或工作单位等私人信息隐匿。比如，发放问卷时采取无记名方式，访谈资料处理时以代码替代私人信息等。保密则是指研究成果在任何情形下面世，研究者都不应泄露“谁说了什么，做了什么”，包括既不能暴露参与者的姓名、所在学校或工作单位等等私人信息，也不能让公众根据成果中的线索做出合理的推断，追溯到参与者的身份。倘若在研究过程中，研究者采用录音、摄像等形式获取资料，那么，保密还涉及到对音影资料的特殊处理与保存措施。录音、摄像等手段通常作为研究的一部分而存在，虽然并不需要单独地提交个人同意书，但在整个项目的知情同意书中至少应该注明，或者在口头告知中获得研究对象的同意。总而言之，“隐私保护关系到研究者与参与者之间的信任，而研究者与参与者之间的信任又关系到研究质量的高低，关系到参与者是否愿意按要求行事，是否愿意坚持到研究结束，是否愿意做出准确的回答”。① 此外，当研究者面对的被研究者是缺乏自我保护能力的未成年青少年时，保护他们隐私的行为规则不仅是研究者应尽的道德责任，也是研究者应履行的法律义务。

利益开放主要体现了公正的道德原则，是指研究成果的出版和发表应遵守的规则——“研究者有义务向资助机构和更多公众汇报研究成果……报告研究成果的义务与发表研究成果的权利是相伴相生的……研究者有署名发表研究成果的权利。发表研究成果的权利对于任何研究活动的长久有效性、研究者的可信度……和开放社会的利益来说，都是必需的”。② 这一行为规则既是对政府或其他社会机构对于研究的方向、研究的内容和研究成果的传播的高度控制的挑战，也是对不同社会地位、种族、性别和文化的人群拥有共享社会文明成果的权利的保障。作为社会中地位低于掌权的长者阶级的青年群体，利益开放对于他们能平等地发出自己的声音、获得信息与权利具有相当大的民主价值。当然，除了社会民主责任的这一要求之外，若受调查的青年对象主动要求研究者向其公开研究成果，研究者应当有优先配合义务。这是因为他们为该研究成果不仅付出了辛勤的劳动，也承担了潜在的风险。比如，在笔者所调查的在职青年和大学生中，有人会主动表达以后能知晓最后研究成果的意愿，他们主要是想通过了解研究成果以促进自己的职业发展或是人生发展，当然，或许他们还有监督研究者以避免隐私泄露的自我保护目的。面对这种情况，不管被研究者是何种意图，研究者都应积极配合。而且，对被研究者的优先配合义务也体现了善行原则的利他性，即在做到对被研究者无伤害的前提之下，能够让其充分享受研究成果所带来的效益，简言之就是受益。

---

① Kitchener K. S. & Kitchener R. P. Social Science Research Ethics: Historical and philosophical issues. 0inMertens, D. M. & P. E. Ginsburge (ed.). The handbook of social research ethics(London: Sage), 2008: 5—15.

② 理查德·普林：《教育研究的哲学》，北京师范大学出版社，2008：134、147 页。

综上而言，依据笔者的研究经验，在不同的研究情形或某个研究阶段中，当研究者选择知情同意、隐私保护和利益开放等某个具体的行为规则时，所秉承的伦理原则是不同的，有时甚至会遵循多个原则。这更进一步地说明尊重个人、善行和公平这三条伦理原则在青年研究实践中往往是被综合运用并考量的，同时，这也充分体现了实际境遇或背景分析法在其中的灵活运用。

(三) 伦理之维：研究何种伦理

青年伦理研究的理论体系建构应该以青年及青年研究的本质特点为基础，如果离开了这个基础，那这个理论体系就犹如失去了根基的高楼大厦。因此，依据青年及青年研究的本质特点，青年伦理研究至少应包括如下三个研究维度。

其一，道德伦理之维。道德伦理之所以在青年伦理研究中处于首位重要的原因有两个：一是青年研究首要关注的研究"场域"便是青年的精神世界，而精神世界包括心理(认知、情感、意志)、认识(思维)、伦理(道德)和精神(审美、信念、信仰、理想)这四个层面的九大领域，①其中，道德伦理是非常重要的领域之一；二是青年作为青年研究的对象，一般而言，其体质—生理的发展先于心理发展，并创造了心理发展的条件(认识的、情感的和意志的)，同样，心理发展先于道德和社会发展，并创造了道德和社会发展的条件，②也就是说，青年的道德发展要远远落后于青年的心理和生理发展。可见，在关注青年精神世界时，尤其要重视青年的道德问题与发展，唯有如此才能促进青年的身心发展平衡。因此，青年伦理研究将道德伦理置于首位维度不仅是符合青年研究规律的，亦是符合青年发展规律的。

其二，代际伦理之维。在青年研究中，非正式领地是意欲关照青年精神世界的研究者不得不选择的重要研究"场域"之一，它是"青年与掌握社会权力的长者之间互动关系的产物"。③ 本质上，非正式领地的存在其实就是代际之间互动的结果。因此，代际伦理理应是青年伦理研究的又一重要之维。一般意

---

① 李洁：《青年研究"场域"的选择维度》，载《中国青年政治学院学报》2013(3)：1—5页。

② [罗]F. 马赫列尔著：《青年问题和青年学》，社会科学文献出版社，1986：180页。

③ 李洁：《青年研究"场域"的选择维度》，载《中国青年政治学院学报》2013(3)：1—5页。

义上的代际伦理研究，是以建构和谐的代际伦理关系、合理的代际道德规范和有效的伦理道德代际传承和整合机制为目标的，它主要关涉两个视域：即由现实存在着的“在场各代”之间的伦理关系所构成的代际伦理和由“在场各代与尚未出场的人类后代”之间的伦理关系所构成的代际伦理。① 然而，在以青年为本的青年研究中，则主要关涉现实存在着的“在场各代”之间的伦理关系这一视域。这是因为“我国的青年研究纳入社会科学就是因为当时强烈的社会需要，要求对青年中的社会问题及如何教育引导做出回答，这种情况，至今都没有实质性变化，研究社会关注的青年问题和青年关心的社会问题仍是青年研究的重点所在，全世界都是如此”。② 自然，“尚未出场的人类后代”则未被纳入青年研究的视域。而对于“在场各代”之间的伦理关系，研究者则应具体关注家庭、学校、职场和社区等场域中的代际伦理。因为，在这些场域中，成年人（父母、老师、老板、社会管理者等）总是按他们自己认可的“原则”来制定他们的“行为规范”，而青年人则有我行我素的“自我规范”，因而，代与代之间对对方的伦理评价存在着差异，有时甚至恰恰相反。而且，在对个人与社会（集体、民族、国家等）、权利与义务、物质与精神、个性与共性、现代与传统、全球化与民族化等的关系上，青年人可能偏好于选择前者，而成年人则可能更倾向于选择后者或强调前后者的统一。青年人与成年人的上述选择在某些时候或某个时期甚至会表现出严重的意见分歧和观念冲突，也就是道德价值观在代际之间的差异与冲突。③ 正因为这些差异与冲突的存在，青年总是被社会中掌权的成年人冠以“非主流、非正式”的称谓，因此，青年伦理研究就是要关注家庭、学校、职场和社区等场域内的代际差异与冲突，解决青年的道德发展问题，建构和谐的代际伦理关系。

其三，网络伦理之维。网络技术是现代社会文明飞跃性进步的一个标志，它给人们带来无数美好的同时也引发了一系列的网络伦理问题，比如人际情感疏远、道德冷漠、网民隐私受到侵犯、网络安全受到威胁等。这些问题的产

① 廖小平：《论代际伦理及其关涉视域和基本原则》，载《复旦学报（社会科学版）》2004(2)：101—107页。

② 陆玉林：《青年研究：学科逻辑与问题意识》，载《当代青年研究》2007(5)：1—7页。

③ 廖小平：《伦理的代际之维》，湖南师范大学学位论文，2003：88—100页。

生既与网络技术及其运行的不完善有关，也与网络中人性的异化有关系；既有网络伦理自身的理论根源，也有网络运行的外部根源（如法律制约）。① 网络伦理研究就是要针对这些问题产生的根源，寻找解决和控制网络伦理问题的思路与办法。在青年研究中，网络伦理研究之所以成为重要的维度之一，与青年占据网络社会的主体地位的现实分不开。根据中国互联网络信息中心（CNNIC）发布的《第 34 次中国互联网络发展状况统计报告》显示，截至 2014 年 6 月，我国网民规模达 6.32 亿，手机网民规模达 5.27 亿，占总网民数的 83.4%。从年龄看，网民中 20—29 岁占比 30.7%，在整体网民中占比最大；其次是 10—19 岁，为 24.5%，然后是 30—39 岁，为 23.4%。从学历看，网民中初中学历占比 36.1%，为最高；其次为高中/中专/技校学历占比 31.1%。从职业看，学生是上网主体，占比 25.1%；个体户/自由职业者构成网民第二大群体，占比 21.4%；公司普通职员和无业/下岗/失业人员分列第三、第四，占比 11.4%和 10.2%。从个人月收入看，月收入为 2001—3000 元和 3001—5000 元的上网群体规模最大，在总体网民中占比分别为 18.4%和 18.9%；500 元以下及无收入占比为 22.5%。② 可见，青年人不仅在过去创造了网络，而且现在还主宰着网络。因此，据数据可以推测，青年就是导致网络伦理问题的主体，因为，网民的低龄化、低学历化、低收入化和职业不稳定化给整个虚拟社会乃至现实社会带来了极为不和谐的因素：首先，人的自然属性即本能特性在社会生活中是要受到法律或者道德的制约的，而现实规律是青年的道德发展天然滞后于身心发展，这必然成为了网络失范现象的客观原因；其次，作为现实社会的缩影，虚拟社会独特的高度隐匿性令青年网民获得了可以超越现实社会规范、进行自由交往与自我呈现的舞台，但同时也给予了他们恣意放纵自我、释放在现实社会中被压抑的欲望与情感的机会，而这又构成了网络失范现象的主观原因。因此可以说，网络伦理问题在一定程度上就是现实社会中青年的道德发展问题在虚拟社会中的反映与延伸。显然，鉴于互联网对人类生活的巨大影响，如

---

① 凌小萍等：《论网络伦理问题产生的根源》，载《南宁职业技术学院学报》2003(1)：42—48 页。

② 第 34 次 CNNIC 报告[EB/OL]. http://www.199it.com/archives/257572.html，2015-3-6.

何建立一套科学的网络伦理规范来引导和约束青年的思想与行为，令青年合理、善意地使用网络技术并发挥其正面效能而不是利用其发生危害，已经成为一个摆在世人尤其是社会掌权的成年阶级面前的严峻问题。因此，青年伦理研究对于网络伦理的探索有不可推卸的责任。

六、教育视域中青年研究的场域

场域(field)是法国社会学家布迪厄的空间隐喻术语，作为一个相对独立的结构化空间它联接着宏观社会与微观个体。场域不是一个实体存在，而是一个在各个个人之间、群体之间想象上的领域。虽是想象上的领域，场域也是有边界的，因为在每个特殊场域内都有其从属的行动者。那么，青年到底在何种特殊场域内行动或者说从属于哪个特殊场域？作为从事青年研究的学者应如何解答该问题，从而为研究选择最为精准的场域？在当下青年研究逐渐走向学科化的过程中，对上述方法论问题的探究显得尤为迫切。虽然青年研究的方法论体系构建目前仍处于主要从其他成熟的强势学科泊来的初级阶段，但在由不同学科与文化背景的学者组成的青年研究学术共同体中已普遍达成了一个共识：青年研究须以青年为本。以青年为本，是指青年的在场或出场，即研究者只提供平台，展示青年自身，而非研究者的意愿或主观判断。那么，青年在哪里行动，研究者应如何寻找平台去展示青年自身？即青年研究“场域”的选择问题便自然地成为研究者当前不得不思考的问题。基此，本文主要提出以下三个维度来回应该问题。

（一）精神世界

之所以精神世界之维居于首位，缘于“青年与其说是一种生物现象，不如说是一种社会创造物”。① 既为社会创造物，便是凝结了人类智慧、思想与精神的文明产物。而在青年成为文明产物之前，人类社会并没有明确的青年意识以及反映该意识的青年概念，青年只是物理的存在而非观念的存在。从欧洲和中国的近现代史分析看，青年是在经济和政治的现代化进程中，随着社会与文化的变

① 陆玉林：《论青年的意义构成》，载《中国青年政治学院学报》，2011 年第 1 期。

革出现的，因此，青年与否主要不取决于生理和年龄之类的生物性因素，而是取决于思想和精神等观念性因素，以及是否参与政治革命等社会性因素。① 所以，青年研究理应选择青年精神世界为首要研究场域。

然而，何为精神世界？学者张健曾基于国情将精神世界解构为：心理层面，具体分为认知、情感、意志三个领域；认识层面，具体表现为思维领域；伦理层面，具体表现为道德领域；精神层面，具体分为审美、信念、信仰、理想四个领域。据此，选择精神世界作为研究场域，即立足于上述四个层面的九个领域关怀与理解青年。然而，虽然现有理论成果原则上可被研究者直接运用于新的研究，但若研究者急于以“吃现成”的方式解决新的现象、问题与困惑，其研究道路必然是越来越窄、行而不远。所以，走进青年精神世界探究青年课题，需要研究者具备创新意识，勇敢地突破既有理论成果和思维定势的限制，并以一种巧妙而全新的视角来解决，即：回归到具体的每一项青年研究的独特语境中，对每一项研究意欲展示的青年精神世界做出较为恰当的界定与分析。比如，目前教育学领域正兴起以“回归人的生活世界”为逻辑起点，最终实现“走进其精神家园”的研究理念，当该理念与青年研究视域融合，则开辟了“以青年为本：聚焦青年群体——回归青年生活：绽现生存境遇——给予青年关怀：挖掘学习诉求——满足青年诉求：提供学习支持——促进青年发展：以青年为本的教育研究”的研究路径。② 因此，若在教育学背景下用访谈等质性研究方法展开青年研究，那么对青年精神世界的内涵把握便离不开“生活故事、学习”等关键词，因为这些词构成了此类研究的特殊语境。

首先，生活故事本身就是受访者意识活动或精神世界活动的产物，反之，精神世界又以生活故事为具体表现形式；生活故事涉及的所有语言信息和具体词汇，虽然看似具有客观性质，但实质却属于精神世界的主观范畴。只不过在研究者眼中，生活故事是一种处于原始或毛坯状态的精神世界，它的内里将闪耀何种珍贵的光芒则需要研究者围绕自己的研究目的去打磨、去捕捉、去发现。

其次，学习的实质是意义观点的转变，继而会产生一种相对稳定的行为变化。意义观点是人们对周围世界的基本假设、预期与期待，或理解为一种社会风

---

① 陆玉林：《论青年的意义构成》，载《中国青年政治学院学报》，2011 年第 1 期。

② 李洁：《青年研究路径的教育学探寻》，载《青少年导刊》，2012 年第 9 期。

俗与文化习惯。它被分为认知(对知识与技能的获得及使用的基本假设与预期,即学习目的)、社会语言(对社会规范、角色规则、文化背景及语言密码的基本假设与预期)和个体心理(对自我概念、需求、特性、人格特征等的基本假设与预期)三种类型,通常隐藏于人们心理结构深处,一般不易上升到意识层面被人所觉察。可见,学习本身就具有精神世界的特质。

此外,任何探究精神世界的研究都不能忽略其来自哲学层面的基本内涵,即精神世界可表现为“与物质世界相对应、意识活动的过程与结果、主观性、感觉、知觉、注意、记忆、意志、思维、情感、心理活动”等具体的概念与词语。因而,在生活故事中挖掘这些具有主观性、个性化的概念与词语并解读其与生活故事之间的关系脉络,这本身就是在向读者还原并呈现其心理结构深处所构筑的精神世界。

生活故事、学习等只是教育学背景下某类青年研究的特殊语境,由此推断,其他学科背景下的青年研究也必然有其他特殊语境。从而,青年精神世界的内涵与表征在如此多样化的特殊语境下也必定纷繁复杂、五彩斑斓。总之,观念或精神既是青年产生之本真,亦是青年未来发展之归宿,青年研究必须首选并坚守精神世界这一场域。

(二) 非正式领地

领地意识是指生物在一块区域长期生活,认为此处是它领地,不允许其他生物侵犯的意识。人的领地意识与动物不同,除了占有物权,更在精神、心理上有所划分,而精神领域的领地意识正是互动关系的产物。人与人之间没有绝对的占有和给予,而是通过不断调整距离远近、领地大小以适应环境和他人,最终为自己实现物质、精神利益的最大化。非正式领地就是青年与掌握社会权力的长者在互动中赢得的属于自己的那一片天空。

现代社会,学校、家庭、职场和社区是公认的人类活动的四大正式领地。于青年,为了争取领地以满足自己的各种需求,他们在正式领地中与教师、家长、企业领导和社区管理者互动博弈,从而开辟出属于自己的非正式领地,在自己的领地里,他们尽情地学习、娱乐、工作、交友,甚至恶作剧、违法犯罪;于教师、家长、企业领导和社区管理者,为了将传统意识形态传递给青年,他们用社会的需求、规范和道德约束并塑造青年,同时又适度开放正式领地,接纳与包容青年的非正式领地,与之和谐共进;于研究者,为真正理解和关怀青年群体及其精神世界,并为教师、家长、企业领导和社区管理者们提供科学依据以开展切实有效的青年社会工作，则必须走进非正式领地去了解青年言行及其背后的所思、所想、所需。

例如，当社会学家想要探究青少年犯罪态度与行为模式的根源与本质时，就要进入他们的非正式领地去了解这些青少年是如何被这些态度和行为模式同化的过程。这种分析对预防青年犯罪和青年教育都非常重要，因为它能揭露青少年思维逻辑中的犯罪基因。社会学家发现，“街角”通常是展开青少年犯罪问题研究的重要非正式领地之一。这是因为，“由于家庭生活缺少吸引力及其他有效的、健康的娱乐方式，这就不可避免地令大多青少年从很小的时候就开始在街头玩闹以虚度时光。在很多情形下，这种玩闹一直持续到深夜，遇到节假日便整日地持续。除了在他们自己的街区玩耍之外，也可能延伸到整个社区玩耍，包括楼顶、闲置房屋、公园、河边及各类商业娱乐机构。这些大量的、自愿或被迫在街边玩耍的青少年创造了一个强烈、持续和无处不在的社会互动情境，最终形成了一个属于青少年的社区——街角。街角作为一种社区，并没有一个清晰地边界或外形，但却是青少年思想、态度和活动的集合，尽管受当地成人世界的强烈影响，它仍独立于成人的正式领地并年复一年地持续发展。街角作为一种非正式领地，它有可能代表了最强大的社会道德力量，以社会感染（对话、相互激励、共同参与活动等）的非正式教育形式在当地青少年行为模式与个性品质的发展中发挥着重要作用。但同时，由于各种因素的进入，街角也是不断变化、无序、复杂的社会合成体，显现出不发达和无组织的特征，因此其中的违法犯罪活动也异常活跃，这又极大可能地培养了当地青少年的犯罪品质。如在街角很容易滋生青少年帮派等非正式组织，帮派青少年通过非正式团体接触，经常变得习惯于激动与兴奋，由此习得了典型的个性心理特征，如攻击性和独立性，这常令其成为成人正式领地中难以受控的问题青年；同时也习得了一些犯罪技巧并建立了一套生活哲学，如愤世嫉俗、藐视法律和权威；而俱乐部、游戏机室、舞厅、游泳室、电影院等也常成为帮派青少年的聚集地，各种青少年犯罪活动常在那里发生。”①

① Frederic M. Thrasher：Social Backgrounds and Informal Education，Journal of Educational Sociology，Vol. 7，No. 8，Social Backgrounds and Informal Education（Apr.，1934），pp. 470—484.

当然，不同学科对非正式领地的界定也是不同的。如在教育学中，教育模式通常分为正规、非正规和非正式三种类型，其中，正规教育是指从小学到大学的制度化的、计划性的、层级性的教育体系，即学校教育；非正规教育是指正规教育系统以外，为特定人群（成人和未成年人）提供的特殊的、有组织的、系统的教育活动；非正式教育则是指个体从日常经历及生活环境中获得并积累知识、技能、态度与顿悟的终身过程。① 基此，教育学背景下的正式领地通常是指学校场域，而非正式领地则指学校之外的家庭、职场和社区。众所周知，学校教育的终极目的是培养符合社会发展的人才，也就是说学生在校的学习生活最终还是为校外的社会生活而提前准备或提供支持。因而，一方面，于未成年青年，尽管成人意识形态控制下的学校正式领地的生活占据了他们绝大部分时间，但是探究他们在校外非正式领地的学习生活仍然非常重要，这是因为教育者常常会发现"课堂上花费大量时间和精力帮助青少年构建的社会道德与行为规范的认知系统会很快在非正式领地（电影院、游戏室、公园等）被轻易地打破"。因此，在美国，电影之类被认为是一个最强有力的教育力量，因为它构成了一种非正式教育和社会感染的资源。"美国电影院平均每周观众大约为八千万，其中，超过 1/3 的观众在 21 岁以下，大约有两千万或每周观众总数的 17%是低于 14 周岁的小孩。这些青少年学习了大量来自电影的事实或他们信以为真的事实，并主动地将从电影中所获得的东西（言谈举止、衣着、活动、性取向及态度行为等）带到学校、家庭、职场、社区等生活场域，这一现象早已被证实非常明显。当不同社会背景下的青少年的行为与个性特征被电影以不同的方式影响着，这已表明他们的社会态度因为看电影而发生了变化，而且这些变化是累积的并倾向永久的"。② 另一方面，于成年青年，他们学习生活的重心因成年后踏入社会而转移到了家庭、职场、社区等非正式领地，而此刻的

---

① Thomas J, La Belle: Formal, Nonformal and Informal Education: A Holistic Perspective on Lifelong Learning, International Review of Education, Vol. 28, No. 2, Formal, Nonformal and Informal Structures of Learning (1982), pp. 159—175.

② Frederic M. Thrasher : Social Backgrounds and Informal Education, Journal of Educational Sociology, Vol. 7, No. 8, Social Backgrounds and Informal Education (Apr., 1934), pp. 470—484.

正规学校教育则变成了辅助他们在非正式领地更好学习生活的有益补充，因此，进入非正式领地关注成年青年的生存境遇与学习诉求并提供相应的学习支持则理应成为教育研究者的必然选择。此外，即便是在学校教育的正式领地中，也存在各种非正式领地，如班会、社团、课外活动、非正式群体等，这些也应是教育研究者特别关注的场域。

总之，非正式领地是青年在与掌握社会权力的长者的互动博弈之中所获取的生存场域，它通常与正式领地相对，总是因反对传统和权威而逆于长者的意愿而存在，虽然并非主流场域，但却常常与先进、激进、新鲜、革命等词语紧密相联，从而对社会的稳定与发展产生重要而深远的影响。有学者指出，现代社会的青年研究在问题选择和理论假设以及结论和观点上都表现出两种倾向，即问题导向和未来导向。问题导向关注的是现实中青年引发的社会问题和青年面临的问题以及社会整合，而未来导向更关注青年的过渡、身份和角色的变化、社会位置的获得和社会作用的发挥。① 可见，无论是何种导向的青年研究，都可能在青年的非正式领地得到最真切的答案。

（三）虚拟社会

人类社会的发展，在一定意义上说，是在不断信息化的过程中前进的，因为每一次信息革命的发生都不同程度地引起社会生产手段的改进以及社会生活方式与思维方式的新变化。从整个人类文明发展史来看，以信息载体的变化为标志，迄今已产生了五次信息革命。第一次是语言的使用，令人类的神经系统和大脑得到极大约开发和延伸，为人类交流信息奠定了基础；第二次是文字的使用，文字是语言的表达，它的发明为信息传输提供了信号，使信息的传递能够超越时空的限制，将信息传输推向了一个崭新的阶段；第三次是活字印刷的问世，它为信息传输开辟了更加广泛的空间范围，出现了报刊形式的现代大众通讯；第四次是电话、广播、电视的使用，进一步扩大和加快了信息的传播，使信息传输产生质的飞跃；第五次又分三个阶段：第一阶段是电子计算机的研制成功，解决了信息处理问题，第二阶段是网络经济的出现，解决了信息传输问题，第三阶段的突破

---

① 陆玉林：《论青年的意义构成》，载《中国青年政治学院学报》，2011 年第 1 期。

口被认为是人工智能，用机器代替人脑。显然，正是第五次计算机与互联网的出现，令人类社会的结构发生了颠覆性的变化。有学者将信息时代由于网络发展而形成的一种全新的生活空间称之为“第三自然”，即不同于现实社会（包括纯粹的自然界和人类社会）的“虚拟社会”。

归根结底，语言、文字、活字印刷、电话、广播、电视、计算机、网络及人工智能等信息载体都是人类社会的创造物，而且在这些文明产物的创造活动中发挥巨大的贡献作用的是青年人。如美国企业家贝尔于 1876 年发明世界第一部电话时年仅 29 岁；意大利人工程师马可尼于 1895 年发明无线电广播时年仅 21 岁；英国人贝尔德于 1924 年发明世界第一台电视时年仅为 36 岁；美国工程师埃克特于 1946 年发明世界第一台电子计算机时年仅 27 岁，而且，与他一起合作的莫奇利当时也不过 39 岁，虽然他们合作发明的这台计算机很快就被淘汰了，但是却引起了一场变革，这场变革以以往所有技术变革都无法相比的速度，使世界变得不可复制，并催生了虚拟社会。

据悉，世界范围内，网民年龄大体集中在 20 岁—35 岁之间。这表明互联网现在仍是青年人的世界，也就是说，自虚拟社会出现后，它便迅速演变为青年行动的主要场域。这是因为虚拟社会与生俱来的特征能够为青年的个性发展提供优质的土壤（如下表）。

虚拟社会的特征①	青年的个性发展
虚拟社会是一种表象存在，而不是一种物质存在，即它存在于人类的意识中，在虚拟社会里，人的身心是相分离的，它具有高度的隐匿性。	青年身处现实社会，必然会受到传统和权威的诸多约束，但在虚拟社会中，他们的心却可以摆脱这一束缚，在这一高度隐匿的场域中弛骋纵横。
虚拟社会是一个无国家边界，全球统一的社会，人们以其兴趣、爱好为导向，从而形成不同的网上生活空间性。	现实社会的时空有限性会阻碍志趣相同的青年的结盟，而在虚拟社会里，青年能够打破这一限制，很快地找到属于自己的同伴圈。

① 高志敏等：《成人教育社会学》，石家庄：河北教育出版社 2006 年版，第 278 页。

（续表）

虚拟社会的特征①	青年的个性发展
虚拟社会是一个权力分散的社会。	现实社会的权力资源往往相对集中于社会群体中高于青年群体的长者，而在虚拟社会中，这种权力资源则被分散到网络空间中任何具有话语权的青年或青年群体手中，因而青年在虚拟社会中能够拥有更多情绪宣泄、诉求表达等权力。
虚拟社会是多元的自由社会，不同语言、不同文化、不同国家、不同民族的人都可以自由的生活、交往、发表自己的见解。	青年有崇尚民主、平等、自由、和平与追求新奇、创造、共享、参与的个性特征，这些在现实生活不能获得的个性发展，都可以在虚拟社会中通过文本符号获得最大限度地释放与发展。

可见，青年在虚拟社会中可不受性别、外貌、学历、地域、职业等限制，重新选择自己的社会身份和物理身份，通过网络技术实现人际互动与自我呈现；且虚拟社会的身体不在场和匿名特征使得青年网民获得了一个可以超越现实社会规范、从而自由进行交往与自我呈现的舞台。正如 S. 特克所言："对于后现代生活中特有的自我建构与再建构，虚拟网络已成为一座重要的社会实验室。我们透过网路的虚拟实境可以进行自我塑造与自我创造。"显然，虚拟社会的崛起，使青年获得了一个能够更加充分、方便地展现多重自我的途径。无论是刻意营造或自然流露的自我呈现，还是真实自我的转移、理想自我的呈现或呈现自我在现实中缺乏的一面，它都能更加全面、立体、真实地映射青年的精神世界。因而，虚拟社会能够且应当成为青年研究"场域"的选择之维。总之，存在于人类意识中的虚拟社会，是青年与现实社会的互动中创造的属于自己的非正式领地，它为青年精神世界的构筑与展示提供了一个独一无二、完美无比的平台。

综上所述，精神世界、非正式领地和虚拟社会这三个维度中，精神世界是青年研究"场域"选择的核心维度，非正式领地与虚拟社会是其延伸维度；而选择非

---

① 高志敏等：《成人教育社会学》，石家庄：河北教育出版社 2006 年版，第 278 页。

正式领地和虚拟社会作为研究场域,其终极目标是为了更好地观照青年的精神世界。

七、教育视域中青年研究的路径

路径(path)在不同的领域有不同的含义。在网络中,路径指的是从起点到重点的全程路由;在日常生活中指的是道路;而在研究中,笔者认为,它可以指研究者在进行一项研究时,其研究思维向前不断演进的一种内在理路。教育视域中的青年研究应遵循"以青年为本:聚焦青年群体——回归青年生活:绽现生存境遇——给予青年关怀:挖掘学习诉求——满足青年诉求:提供学习支持——促进青年发展:以青年为本的教育研究"的青年研究路径,以期弥补传统青年研究中教育学学科力量不足的缺憾,并可为青年学学科、方法和理论的内在标准的建构提供一种适切的借鉴范式。

(一)以青年为本:聚焦青年群体

早在20世纪20年代,美国教育学家杜威就对教育的目标作了精辟描述,即"教育的起点是社会要求,终点是人的发展"。作为民主主义教育的先驱,他的理念奠定了近百年来世界教育发展"以人为本"的基调。随着传统教育忽略受教育者的主体性向现代教育以学习者为中心的转变,教育关注个体生命存在的特殊性已成为教育实践活动的普遍原则。因此,教育学视野中的青年研究也应关注个体生命存在的特殊性,而此时的个体即"青年"。

以青年为本的研究意味着青年的在场或出场,即研究者只是提供平台,展示的是青年自身,而非研究者的意愿或主观判断。在许多青年研究学者眼里,"青年"既指人生的一个特殊阶段,又指社会群体中低于"掌握社会权力的长者"的青年群体。① 因此,以青年为本的教育学研究应首先聚焦青年群体,提供一个让其展示生命特征的平台。在教育研究中,聚焦青年群体应把握两点:

一要认识到现实社会中青年构成的多元性。青年是一个具有复杂生命特征

① [罗]F. 马赫列尔著:《青年问题和青年学》,社会科学文献出版社1986年版,第21页。

的集合体，从年龄、性别、国别、出生地、健康情况、婚育状况、经济水平、文化程度、政治身份、从事职业、法律地位、家庭角色等维度可解构为不同群体。依据教育个别化与个性发展，只有区别对待不同群体，才是真正的以青年为本。

二要特别关注相对弱势和特殊的青年群体。从上述任一维度看，都有相对弱势的群体存在，如未成年人、女性、抑郁者、低学历者、穷二代、农村青年、民二代、犯罪青年、失学无业青年等。同样也有相对特殊的群体存在，如草食男与肉食女、丁克族、剩男剩女、富二代、官二代、独生子女、楼宇青年等。依据教育公平和充权理论，为实现社会的公平正义，促进人的全面发展，应特别关怀弱势和特殊的青年群体。

（二）回归青年生活：绽现其生存境遇

20 世纪 60、70 年代，面对科学技术革命与社会经济发展向教育提出的挑战，人们开始反思教育的本质问题。以联合国教科文组织国际教育委员会历经一年调研而写成的《学会生存——教育世界的今天与明天》为标志，当代教育思想开始向终身教育、终身学习与学习型社会三大理念转型，因此，从人的生存视角理解教育本质也形成一股思潮，即认为教育应时刻关注人的生存状态、生活方式，并帮助人重建新的生活信念或生存方式，它“使得教育产生了非同寻常的意义，打破了教育的‘生活世界殖民化’状态，教育的‘生活世界殖民化’表现为学校生活的理性化和生活的体制化，并坚持把‘实现教育向生活世界的回归’，转向于‘人的现实生活’，指向人的生命意义”。① 自此，生活世界作为研究的理论基础在教育学中逐渐占据重要位置。基此，以青年为本的教育学研究也应以“回归青年的生活世界，绽现其生存境遇”为逻辑起点。依据教育研究实践，应遵循如下经验：

一要关注青年生活世界的各种因素及其交互作用。生活世界是立体的三维空间，在这个空间里，青年为家庭、学校、企业、社区，以及社会的政治、经济、文化、教育、科技、法律等环境因素由内而外地浸润着。随着时空变换，青年与这些因素间的关系也变化着，而这变化的动态过程正是需要深入探究的“意义点”。

---

① 李小鲁：《教育本质新探》，载《现代哲学》2007 年第 5 期。

此刻，教育研究者常借用他学科理念与技术来探究，如小生境论、场论等，当这些理念与技术被移植到教育学中，便被冠之以“情境法”的称谓。

二要全方位绽现青年的生存境遇。生活世界是三维立体的，生存境遇也必然是全方位的，而绝不仅是传统教育下塑造的被割裂的、单一的、制度化的学校生活。虽然人的全面发展通常被界定为体力与智力的统一、充分的发展，以及才能、志趣和品德的发展，但在现实生活中，全方位还被解读为如下矛盾的统一：身心和谐、劳逸结合、家庭与事业的平衡。因此，全方位绽现青年的生存境遇，无非是既要观察其物质生活方式，又要观照其精神生活方式；既要观察其家庭的私人生活领域，又要了解其学校、单位或社会等公共生活领域等。

（三）给予青年关怀：挖掘其学习诉求

传统的青年研究是以青年为研究对象，对其在成长与发展过程中反映的现象、问题以及困惑进行解读。其中，青年现象在本质上反应了青年成长与发展的规律，但不一定就是问题，只可能隐含了某种问题，如超女现象；青年问题则是指一件事物与社会规则发生了冲突，或是与一般的认识之间产生了矛盾，问题要比现象的后果要严重得多，如青年就业和青年犯罪问题；①青年困惑是指其主观意识上对自己周遭环境的反思与提问，直观反映了青年成长与发展过程中可能存在的问题。从教育学视角看，青年的现象、问题及困惑即其生活世界的真实反映与其生存境遇的真实表达，而现象、问题及困惑的存在，也可能是学习诉求的产生。

学习诉求是个体对生活的理想期待与现实状况之间存在着巨大差距和极其不平衡而产生的一种紧张的情绪体验，并且在心理、言语和行为上都表现出要消除这种紧张情绪体验的倾向。教育学中的青年研究就是要善于去发现这些隐藏在现象、问题及困惑背后的紧张情绪体验，挖掘青年的学习诉求，给其贴心的关怀。具体应把握两点原则：

一要以青年生活世界及其生存境遇为背景挖掘学习诉求。研究者在任何时候探寻青年的学习诉求，都不能离开其生活世界及生存境遇，这是因为学习诉求

---

① 黎陆昕：《青年研究的应用价值探寻》，载《中国青年研究》2011年第5期。

的产生与外界环境的变化紧密相关。具体而言，当外界发生变化时，新环境背后所约定的一整套全新的生存规则与行为规范会对人的内在素质与能力提出新的要求，而此时个体在原有生存环境下所形成的素质与能力却并没有及时改变，这在客观上形成了个体的应然状态与实然状态之间的差距。在实际的生活实践中，个体在新环境下出于惯性的力量仍会按照原有的行为习惯进行生活，而当他们总是遇到不知如何处理和适应新情况时，那种客观上的差距和不平衡状态才会被个体的头脑所反映：在心理上表现为焦虑和紧张的体验；在语言上则可能表达为“希望”、“想要”等；在行为上开始趋向于获得某一新的刺激物或者学习一些特定的知识、素质与能力。这时，学习诉求才真正产生。

二要以青年生活世界及其生存境遇为背景深入了解其学习诉求类型特点。崇尚以人为本的教育研究者通常会有一种惯性思维，即采用“剥洋葱”的方式关注由环境包围着的人及其自我。如图：

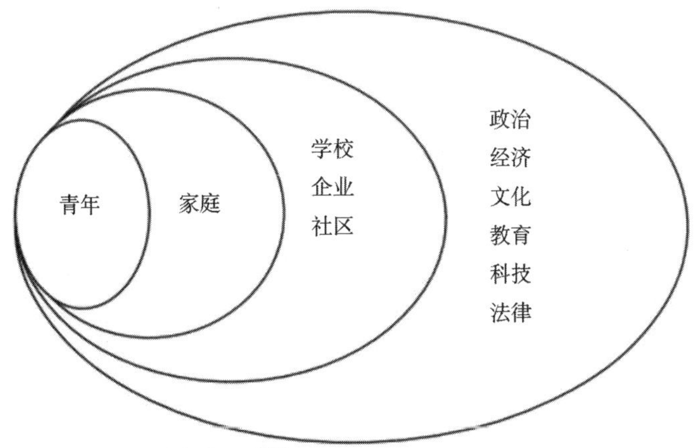

由图可见，青年生活世界的各种因素都相互胶着地影响着、形塑着青年的生活方式、生存状态及精神世界。因此青年的学习诉求会与经济、政治和文化生活相关，如求职、从政、闲暇会与学校、家庭、职业和社区生活相关，如追求真理、婚育、学技能、美化社区会是个人的身份转变、人际交往及潜能发展，如未成年变为成年、与同事交往、职业晋升等。青年的学习诉求还会随时代的变化而变化，由此形成“代”群体。此外，学习诉求还有心理体验性、驱动性、指向性和无意识性的特点，并在生活实践中表征为相对的类型：长期与近期、低层次与高层次、正式与非正式、内隐与外显、个体与群体、匮乏性与自主性、积极与消极等。总之，只有了解学习诉求的特点与类型，才能在青年生活世界及其生存境遇中敏锐地捕捉到它们的身影，同时，也只有以其生活世界及生存境遇为背景才能探寻到它们的本真，而这最终能助青年解决生活中遇到的新情况、新问题与新困惑。

（四）满足青年诉求：提供学习支持

教育研究显示，任何学习诉求一旦被满足，通常会产生如下结果：紧张情绪的消失与愉悦心理的产生；因学习产生一系列变化，如扩展了知识结构、增长了运作某事物的技巧和能力，同时磨练了心理素质；价值观的改变，表现为：个体开始觉得旧有的满足物、自己原有的经历和状态开始变得乏味、甚至有些令人厌恶，同时个体的注意力转移到了更加新鲜的现象或满足物之上；促进人格的养成，如马斯洛所说，"当某一层级的需求得到长期满足之后，当事人也就同时养成了与该需求相关的典型个性特征"；新需求的产生，即当某一需求得到满足之后，该需求驱动个体进行继续学习和行动的力量会逐渐减弱，此时，一些原来已经产生但是尚不十分迫切的学习需求就会立刻浮现出来，给个体心理带来新的紧张体验，并成为个体学习行为的新的动力源泉。从这些结果来看，将学习诉求作为切入点，令其获得满足的状态，这不仅意味着青年在生活中新情况、新问题与新困惑的解决，还意味着其在智力、才能、志趣、品德与心理素质等多方面的进步，以及其获得向更高层次发展的新诉求与新力量。因此，以青年为本的教育研究，要探索为青年的成长与发展提供满足其学习诉求的学习支持环境。具体应遵循如下经验：

一要在青年现象、问题与困惑中寻找到青年内心最为迫切或重要的学习诉求。作为具有心理体验性的学习诉求，其构成是极为丰富和复杂的，其中，只有那些较为重要或者较为迫切的诉求，才足以调动起个体的全部能量来为满足该诉求而采取行动。虽然内在学习诉求的确定是复杂和困难的，但它的探寻却是首要的基础工作。

二要在青年所依存的生活环境中寻找到能够满足其最迫切、最重要的诉求的外部条件。如家庭、学校、企业、社区、政府或其他社会组织提供的物质（经济力量、自然资源等）与精神（政策法规、社会舆论、文化氛围等）力量。这些外部条件必须能保证青年获得他们所匮乏的知识、能力、情感或素质，否则，青年一些已经产生的学习诉求就会面临无法满足的尴尬境地，而他们的成长过程也可能会面临停滞甚至倒退的危险（青年犯罪、失学无业、抑郁自杀等往往产生于此）。外在条件是基于内在诉求而产生作用的，所以它的确定相对容易，是能够通过努力而创造的支持环境。

（五）促进青年发展：以青年为本的教育研究

有研究者曾将青年学的理论体系构成分为了三个部分：青年的认识问题、青年的发展问题与青年的教育问题。严格意义上来讲，研究青年的教育问题，最终目的也是为了青年的发展，但将教育问题单列出来，足以见得人们普遍认识到教育对青年发展的重要性。由此看来，教育学理应当在青年研究及青年学学科建构中占据重要的一席之地，然而，纵观青年研究的历史与现状，更多的研究者是基于社会学立场来研究青年的教育问题，这种立场在教育研究者看来往往会产生一个倾向，即将青年成长与发展过程中出现的正常的生活现象、问题及困惑归结为群体性的、具有社会性质的甚至政治性的问题，于是思想政治教育就常常作为对策性措施被夸大功能地提了出来，而许多有关青年全面发展的其他教育主题与策略却被忽略了，显然，教育及其研究的理念精髓在这种学科思维及研究路径中被抹杀掉了。对于社会学立场与青年研究的这种亲缘性，有学者认为是传统的青年研究总是将青年视为需要治疗和拯救的"问题群体"所致，这种思维下的研究结果总是对策性、应用性的，其自然也滑向了以维持正常的社会秩序、为政治或社会而服务。因此，这就不自觉地偏离了为青年成长与发展服务的青年学学科的宗旨，或许这也是教育学在青年学学科建构中缺位的原因所在。

"以青年为本：聚焦青年群体——回归青年生活：绽现生存境遇——给予青年关怀：挖掘学习诉求——满足青年诉求：提供学习支持——促进青年发展：以青年为本的教育研究"——是从教育学视角，为青年研究所探寻的一条新路径。它与传统的青年研究有相似性即以青年或青年群体为本，但其内涵有明显不同，即：在教育研究中，青年被看作有学习诉求的生活实践者，其主体性完全被释放出来；青年教育被演绎为一种生活的、生存的、发展的青年自主学习的概念；青年发展则被阐释为因生活实践而在认知结构、自我概念和行为习惯等方面产生的一系列稳定的学习变化；而青年研究的意义则在于协助、支持青年完成生活实践学习的蜕变，促其成长、发展。

不可置否，“协助青年通过学习解决生活出现的新情况、新问题与新困惑”完全是一种纯粹的、有教育学学科特点的青年研究路径，它的方向与“将青年视为问题群体而加以教育引导”是截然相反的，而且研究者在整个研究过程中也始终保持价值中立，给予青年充分地表达机会，总之，只有这样的研究才是客观的、真正以青年为本位的研究。既然哲学意义上的青年学是青年教育、青年科学观和青年研究的方法论，那么，从教育学视角，真正给予青年在场或出场的平台或机会，应该完全可以为青年学学科、方法和理论的内在标准的建构，提供一种适切的借鉴范式。

八、教育视域中青年研究的思维

目前，社会科学领域的理论研究大都经由“直陈理论式（自发地以解决现实中的问题为直接目的的具体理论研究）、本体内涵式（以解决理论中的问题为直接目的的对理论的抽象研究）、形式逻辑式（以理论与现实的关系为直接研究对象，直接指向理论的表达和思维方式的研究）”这三个阶段而发展到了“实践为中介”（在认识到理论的悖论本性之后，自觉地摆脱抽象的探讨，指向具体问题的实践探讨）的阶段。① 因此，社会科学理论研究的思维方式也开始了从简单到复杂、线性到非线性、现成到生成、实体到关系、平面到立体、功利到人文的转向。而青年学作为一个直接以多学科、跨学科（涉及哲学、文化学、心理学、社会学、人类学、教育学、医疗卫生等领域）为基础的新兴学科，其学术理论研究的思维方式自然也随着各学科的变化而发生了转变。基于多学科跨视域研究，目前有如下四种青年理论研究思维值得我们关注。

（一）群体思维

生态学中有一个种群（population）的概念，它是指在一定时间内占据一定

① 孙阳春：《论教育理论研究思维方式的转换》，东北师范大学学位论文，2003：8—9页。

空间的同种生物的所有个体。种群中的个体并不是机械地集合在一起，而是彼此可以交配，并通过繁殖将各自的基因传给后代。种群是进化的基本单位，同一种群的所有生物共用一个基因库。也就是说，每个种群有着与其他种群所不具备的特征，而多个种群共同存于一个生活环境之中则演变为了部落。依据这一概念，人类相对于其他生物而言是一个种群，而青年相对于整个人类部落而言，它又是一个小小的种群。所以，在许多青年研究学者眼里，“青年”是指社会群体中低于“掌握社会权力的长者”的青年群体。① 这便是群体研究思维的开端。

然而，由于青年的价值观念、生活方式、行为模式以及面临的问题和应对的办法在当代中国日趋多样化和多元化，所以，青年群体分化或群体之间异质性的增强也已成为当代的特征之一。② 于是，青年则演变为了由一个个各具特色的小青年群体所构成的大部落，它可以从年龄、性别、国别、出生地、健康情况、婚育状况、经济水平、文化程度、政治身份、从事职业、法律地位、家庭角色等维度来解构。③ 比如，按年龄有未成年人和青年成人；按性别有男青年、女青年、跨性别青年(包括易装易性者、同性恋、双性人、间性和雌雄同体)；按健康情况有身心健康青年、残智障青年和患心理疾病的青年；按婚育状况有已婚族、离异族、丧偶族、丁克族、独身贵族、剩男剩女等；按文化程度有低学历青年和高学历青年；按经济状况有穷二代和富二代；按国别分有中国青年和外国青年；按出生地有农村青年和城市青年；按政治权力有民二代和官二代；按政治身份有党员、民主党派和群众；按法律地位有守法青年和犯罪青年；按家庭同辈成员有独生子女和非独生子女；按家庭长辈成员有单亲家庭子女、非单亲家庭子女、隔代抚养的子女；按以职业状况为基础，结合组织资源、经济资源和文化资源的占有状况有国家与社会管理者、经理人员、私营企业主、专业技术人员、办事人员、个体工商户、商业服务业员工、产业工人、农业劳动者和城乡无业失业半失业者等。

在这些青年群体中，有处于相对优势的群体，如成年人、男人、健康青年、

① [罗]F. 马赫列尔著：《青年问题和青年学》，社会科学文献出版社，1986：21 页。
② 陆玉林：《论青年的意义构成》，载《中国青年政治学院学报》2011(1)：1—6 页。
③ 李洁：《2011 年我国青年研究的发展》，载《河北学刊》2012(5)：194—198 页。

高学历青年、富二代、城市青年、官二代、青年白领等；也必有相对弱势的群体，如未成年人、女性、跨性别青年、身心不健康青年、低学历青年、穷二代、农村青年、民二代、犯罪青年、失学无业青年等。同时，因为“边缘效应”（指由于群落交接区生境条件的特殊性、异质性和不稳定性，使得毗邻群落的生物可能集聚在这一生境重迭的交错区域中，不但增大了交接区中物种的多样性和种群密度，而且增大了某些物种的活动强度和生产力），在上述这些青年群体之间又会分化出特征更为复杂的特殊小群体，如女汉子、丁克族、独身贵族、剩男剩女、楼宇青年、男幼师或男护工等。因而，青年研究的群体思维不仅是停留在将青年视为社会群体中的一员的层面，而是要进一步关注青年群体内部因社会分化、差异和不平等而产生的多元化、多样化的小群体，尤其是相对弱势和特殊的群体。

（二）生活世界思维

“生活世界”是产生于20世纪20年代西方现象学和生命哲学的基本范畴。这一概念最早由现象学大师胡塞尔（E・Husserl）提出。之后，海德格尔（M・Heidegger）、赫勒（A・Heller）、哈贝马斯（J・Habermas）等学者在不同学科领域使用并延伸了这一概念，因而也产生了诸多替代词或义同词，如“生活”、“现实生活世界”、“现实生活”、“日常生活世界”、“日常生活”、“日常共在世界”等。这些哲学家虽然审视生活世界的角度不同，理解各异，但他们仍然有一些共同点——“在他们看来，生活世界不是一个单一的科学世界、物理世界或心理世界，而是一个未经科学专业术语泛化的日常语言和日常意识中的世界；不是观念意识世界或本体世界，而是一个主客统一的生活经验世界；不是由各种符号建构的文化世界，而是历史与现实浑然一体的多样化世界”。① 可见，在他们眼里，生活世界仍然是一个抽象世界。

辩证唯物主义哲学家卡尔・马克思认为，生活世界是指人的以物质生活为基础或前提的现实生活过程；是日常生活与非日常生活、物质生活与精神生活的

---

①　晏辉：《教育回归生活世界的基本方式》，载《华东师范大学学报（教育科学版）》2006(3)：1—3页。

统一;是人们生活于其中的真正的、现实的生活世界。从这一概念可以看出,生活世界本身的内容是极其丰富的——包括“日常生活与非日常生活、物质生活与精神生活”;生活世界本身是不断生成和更新的——是人们生活于其中的现实生活过程。总括而言,若要把握生活世界的意蕴,其“关键在于意义世界和构造过程,这是造成生活问题或问题生活关键环节”。① 马克思的这一实践哲学之思弥补了前人形而上之空洞缺陷,让“应有”与“现有”、“理想”与“现实”通过“实践”从“对立”走向了“对话”。可见,生活世界在走向历史唯物主义的道路上获得了更科学、更全面、更丰富的内涵意义。

受西方文化哲学的影响,中国学术界对生活世界进行理论研究始于20世纪80年代,90年代以后研究热情高涨,生活世界这一概念逐渐成为当代中国哲学界的主流话语之一,随即亦被移植到教育学、文化学、社会学、人类学、生态学、伦理学等各学科研究领域之中。当从事青年问题研究的学者提倡“回归青年的生活世界,绽现青年的生存境遇”之时,这说明他们内心深处早已默认“生活世界”为青年学之青年研究的逻辑起点。所谓,逻辑起点是一门科学或学科的一个起始范畴,它是一门科学或学科理论体系中思维的起点,是学科研究对象系统中的核心要素。生活世界就是这样一个“物”的概念,是连接青年学学科系统内及本系统与外系统各范畴和概念群的关键点,指转向“人的现实生活,指向人的生命意义”的合乎逻辑思维的开端。

生活世界,站在实践哲学的高度,是指人的全部生活领域,而站在文化哲学的高度,它是指人的日常生活的方方面面。② 基此,生活世界的研究思维也可有实践方式和文化方式两种。首先,实践研究思维方式主要有以下三个层次:一是青年的日常生活世界,即青年的衣食住行、休闲健康等日常生活状态;二是青年的社会生活世界,即青年的参政、婚姻、就业、学习、交往等社会生活状态;三是青年的精神生活世界,即青年的理想信念、思想道德、心理与能力发展等精神生活状态。③ 其次,文化研究思维方式则将青年的生活世界视为立体

① 邹兴明、李芳英:《走出生活世界“研究之困境”》,载《河北学刊》2004(2):51—54页。

② 李洁:《海派学习文化研究——来自成人生活世界的考察与分析》,法律出版社,2011:83—84页。

③ 李洁:《2011年我国青年研究的发展》,载《河北学刊》2012(5):194—198页。

的三维空间，在这个空间里，青年为家庭、学校、企业、社区，以及社会的政治、经济、文化、教育、科技、法律等环境因素由内而外地包围着、浸润着。[①] 也就是说，青年的生活世界是青年与社会文化互动的结果，即文化世界就是人的生活世界。由于文化的本质结构表现为隐性文化(思维方式、价值观念、行为心理)与显性文化(物质文化、制度文化和精神文化)，其中隐性文化是文化的最高凝聚或内核，它是一切文化的主体设计和承担者，或者说内隐文化是一切外显文化的制作与表达，所以，生活世界的文化研究思维同样也分为以下两个层次：一是青年生活世界的内在深层次结构，即青年的思维方式、价值观念和行为心理；二是青年生活世界的外显文化表征，即青年与经济、政治、法律、教育、科技、人口等社会文化要素之间互动而形成的相应的物质文化、制度文化和精神文化等文化产物。当研究者运用生活世界思维去考察青年群体通过实践创造的青年文化现象(探究其意义世界与构造过程)之时，如果将实践研究思维与文化研究思维两种方式结合，就能更好地、全面系统地理解青年——这个群体及其生活，或这个观念及其文化。

(三) 场域思维

场域(field)这一概念既是多学科观点融合的产物，也是顺应个体和社会关系研究的一个综合平台。最经典的场域理论来自于国外两位著名人物，一位是德裔美国社会心理学家库尔特·勒温(Kurt Lewin)，一位是法国社会学家皮埃尔·布迪厄(Pierre Bourdieu)。

勒温的场论与物理学的场论有着一定的联系，是指人的每一个行动均被行动所发生的场域所影响，而场域并非单指物理环境而言，也包括他人的行为以及与此相连的许多因素。其中，观察者知觉现实的观念称作心理场(psychological field)，被知觉的现实称作物理场(physical field)。因而，勒温的场论通常被作为“心理动力场”，或被定义为“心理生活空间”，即综合可能事件的全体。包括三个因素：一是准物理事实，即一个人在行为时，对他当时行为能产生影响的自然环境；二是准社会事实，即一个人在行为时，对他当时行为能产生影响的社会环境；

---

① 李洁：《青年研究路径的教育学探寻》，载《学术探索》2012(6)：170—173页。

三是准概念事实,即一个人在行为时他当时思想上的某事物的概念,这一概念有可能与客观现实中事物的真正概念之间存在差异。①

布迪厄的"场域"是指社会高度分化而产生的相对独立的社会空间——"小世界",每个小世界都具有自身的逻辑和必然性的客观关系,如经济场域、政治场域、艺术场域、学术场域、教育场域等,正是这些相互独立又相互关联的"子场域"构成了社会这个"大场域"。布迪厄强调,"社会科学的真正对象并非个体。场域才是基本性的,必须作为研究操作的焦点"。具体步骤是:首先,必须分析与权力场域相对的场域的位置。完全自主和孤立的场域是不存在的,其中权力场域相对于其他场域如文学场域、科学场域等更具有"元场域"的特征。其次,必须勾勒出行动者或机构所占据的位置之间的客观关系结构。占据这些位置的行动者或机构为了控制这一场域特有的合法形式的权威,相互竞争,从而形成了种种关系,制约着不同位置的行动者的策略选择。最后,分析行动者的惯习,即行动者通过将一定类型的社会条件和经济条件予以内在化的方式获得的千差万别的性情倾向系统。②

勒温和布迪厄的场域理论虽然都是对个体和社会关系的考察,但是两者的研究路径完全相反:前者以人的心理与行为为中心展开,考察其与环境的互动,而后者以环境中的资本(权力与关系)为基点,考察其制约下的行动者及其惯习。尽管如此,他们路径的两极(起点或终点)却都聚焦于人的心理与行为(惯习)。这似乎直接预示着人的心理与行为(惯习)就是场域中最深层次的、最核心的固有本质。换言之,无论是选择勒温还是布迪厄的场域理论来研究青年及其与社会的关系,我们的起点或终点都要观照青年的心理与行为(惯习)。如果将青年研究视为一个不断循环发展的自然的连续过程,那么青年的心理与行为(惯习)显然成为了永恒的始发站,而这恰好为笔者所倡导的"青年的精神世界是青年研究场域选择的首要维度也是核心维度"的观点提供了又一个合理性解释。③ 进而可以推断,现实生活中,无论是在相互关联的多样化"子场域"还是社会这个

① 勒温的场论[EB/OL]. http://www.pep.com.cn/xgjy/xlyj/xlshuku/xlsk1/xf/xlsk3/201008/t20100827_814994.htm,2014-11-26.

② 李全生:《布迪厄场域理论简析》,载《烟台大学学报(哲学社会科学版)》2002(4):146—149页。

③ 李洁:《青年研究"场域"的选择维度》,载《中国青年政治学院学报》2013(3):1—5页。

“大场域”，凡是“掌握社会权力的长者”在场或出场的地方，青年或青年群体都只能被冠以“次生、非主流、非正式”的标签，因而，“非正式领地”中青年的精神世界则是青年研究“场域”选择的延伸维度之一。然而例外的是，唯有“虚拟社会”这一新兴的子场域为青年网民所掌控，虽然相对于社会这个大场域，这个子场域真的很小，但是，在这里却可以找到其他所有子场域中被长者权力所掩盖的最革命、最新奇和最具有创造力的青年精神世界——它代表了希望和未来，正在加速度地影响和渗透着我们的现实社会这一大场域。所以，“虚拟社会”必然成为青年研究“场域”选择的又一延伸维度。可见，无论是始于还是终于青年的心理与行为（惯习）的场域研究思维，它们都是一种能够很好地顺应并践行青年为本的青年研究思维。

（四）圈子思维

1999 年，瑞士心理咨询师朱瑞 · 威利（J · Willie）提出了“小生境”（niche，即生态位）的概念——个体把自己的环境造成一种个人化的“小生境”。生境是生态学术语，又称栖息地，指一个生物体，或者一个生物群落所栖居的地方，包括周围环境中一切生物和非生物因素的综合。人不同于动物之处，在于人的生境里包括了许多社会因素。现实生活中，我们只注意到某人的大环境，很少在意他或她的小生境——即直接影响他或她的具体的人和事。大环境可以载入史册，有据可寻，而具体的有怎样的小生境对他或她施加影响，则只能进入他或她的“私人领地”才能知晓。这个小生境或者说“私人领地”就是本文所说的“圈子”。每个人都有自己的小生境——圈子，它会直接影响这个人的心理并左右着他或她的行为选择。所以，圈子思维就是要关注青年的小生境——他或她的“私人领地”。

那么，如何运用圈子思维关注青年的小生境或私人领域呢？我们或许可以先从刑法学有关预防或矫正青少年犯罪行为的研究中获得一些启发。桑普森（Sampson）等人通过调查发现，青少年犯罪是非正式社区秩序混乱和社会支持缺乏的结果，而通过监管和惩罚来预防和减少青少年犯罪行为的效果并不明显。①

① ［美］桑普森，劳布：《汪明亮等译. 犯罪之形成：人生道路及其转折点》，北京大学出版社，2006：30 页。

于是，犯罪学家开始尝试运用“恢复性司法理论”（刑法领域兴起的一种新的司法理论，指在有关机构或组织的主动参与下，促成犯罪人与被害人的直接接触，进而使犯罪人从对方所受的伤害中认识到自己的罪责，再通过协商给被害人以精神上或经济上的补偿，达成双方的和解，并由此最终恢复被破坏的社会关系与秩序的司法模式①）开展一种具有行为矫正功能的家庭团体活动，这种家庭团体活动在南美被称为“会议圈”，在北美则被称为“治疗圈”。在活动中，罪犯与受害者以及他们的支持者在会议中坐成一个圈，讨论犯罪的后果以及做什么纠正自己已做错的事情，目的是让青少年罪犯和受害者的生活一起回到正常的轨道上来。圈子里的支持者是多样化的，除了家庭成员或其他有血缘关系的亲人之外，还可能有本社区的老年人、足球教练、芭蕾舞老师、邻居或有共同爱好的朋友等。在这些支持者中，总会存在青少年罪犯认同或尊敬的人，圈子作用在于发现青少年罪犯认同或尊敬的支持者，通过这些支持者的帮助与感染，激发青少年罪犯想要痛改前非的另一个自我，重新回归社会开始新生活。显著的变化是会议活动之后，家庭中忽略或虐待青少年的事件在一年中减少了一半，而参加会议的青少年罪犯也比那些去法庭的青少年罪犯要快乐得多。②

与此同时，受到犯罪学家研究成果的启发，教育学中也兴起了一股将恢复性司法理论运用于青少年行为塑造的教育实践之中。与犯罪学家的“会议圈”或“治疗圈”不同，教育学家把他们组织的会议活动称之为“发展圈”或“学习圈”，这里的圈子不是指一个聚集在一起处理犯罪问题的特别小组，而是指青年生活的永恒特征。圈子里有核心成员和临时成员。其中，核心成员有家长或监护人和兄弟姐妹，还有青年人选择的祖父母、姑舅、密友、老师、邻居、运动教练、父母的好友或社区其他成人等，他们的责任和义务是参与所有的圈子活动直至青少年成功进入大学或者走上工作岗位，甚至当青少年触犯法律之后作为他们的支持者继续参与“会议圈”或“治疗圈”；而临时成员包括青年人现在的老师、现任女友或男友、新伙伴、由圈子的促成者或家长带来的专家（毒品咨询者、青年即将就职

---

① 衣家奇、姚华：《恢复性司法：刑事司法理念的重构性转折》，载《云南大学学报法学版》2006(2)：10页。

② John Braithwaite. Youth Development Circles[J]. Oxford Review of Education, 2001(2): 239—252.

的单位的老板等)、少年犯罪或恐吓行为中的受害者及其支持者等。一般而言，圈子每六个月会晤一次。在会晤中，圈子的促进者负责介绍新成员并宣读青少年在上次会晤(六个月前)拟定的生活目标；青少年则被要求总结他或她这六个月对生活目标的执行情况，并明确未来六个月的生活目标；其他成员则被要求报告这六个月来他们是否设法对青少年传递帮助与关爱，或发现青少年生活中的任何危机与挑战——需要关照和支持的地方，并帮助青少年明确未来六个月的生活目标。圈子成员一起讨论这些主题直到青少年最后说出她或他的新目标以及为他们提供帮助的成员的名字为终止。整个讨论过程始终充满着青少年"实现了什么"、"努力了什么"的寄语，而促进者的关键技能是引导圈子对青少年成功的认可和对他们失败的帮助(而非批判和指责)。研究显示，这种运用社会关系网来管理学校、促进青少年发展的恢复性方法能够将学校暴力减少到一半。①

圈子思维之所以在犯罪和教育领域获得成功运用，是因为犯罪学家和教育学家都发现将青少年孤立或隔离起来处理他们的发展问题(如较低的学校表现、仇恨学校、逃学、恐吓、辍学、毒品滥用、犯罪、自杀、孤儿和失业等)的效果并不理想(甚至是失败的)，"对孩子而言，内化他们行为和选择的最好方式是帮助他们建立健康的关系并理解他们的行为是如何影响他们的关系，因而，与迫使他们远离群体的做法相反，是让他们说出他们所伤害的人的身上发生了什么事情，然后努力做一些事情去恢复这个关系，比如，可以一起玩游戏表示他们真的很抱歉，想要和大家和好如初"。② 所以，在家庭、学校和社区关照背景下为所有青少年(不仅是问题青少年或青少年罪犯，还有渴望学习进步的青少年)的发展寻求由圈子所构成的非正式支持(是帮助和关爱而不是指责和放弃)，尤其是来自圈子成员的无条件的爱的理解、尊重与信任，才是治疗圈或发展圈的目标与愿景得以成功实现的根本。因而，在青年研究中，圈子思维是一个非常重要的、能够发现青少年私人领地或小生境中积极或消极影响到他们成长与发展的具体的人和事

① John Braithwaite. Youth Development Circles[J]. Oxford Review of Education, 2001(2): 239—252.

② Heather Metz. Restorative Justice and Educating for Peace[D]. Submitted in partial fulfillment of the requirements for the degree of Master of Arts in Education with a concentration in Social Justice from Prescott College, 2008: 55.

的有利武器。对于研究者而言，如果对由这些人和事所构成的非正式支持圈的特征与状况了如指掌，那么无论是想要发现青年现象背后的问题还是要探索促进青年成长与发展的规律，都应该是很容易的。

（五）青年教育研究的思维本质

思维方式即人们“怎样想”，它直接规范着“想什么”、“做什么”以及“如何做”。它隐匿于人们的思维深处，制约着人们可能的提问的方式，而这种提问方式，也预设了问题的可能选择，问题的可能求解方式以及可能选择的行动策略。① 因而如同其他学科一样，思维问题依然是青年研究中最深层次的问题，它涉及到如何理解并应答青年及与青年相关的问题，而这又将直接影响青年学术发展和青年工作实践。所以，能否有效解决思维的障碍问题是进行青年研究并发展青年学之根本。而上文呈现的四种理论研究思维是社会科学理论研究向“实践为中介”转向的产物，它们对于探索青年及与青年相关的问题、顺应以青年为本的青年研究有着极大的推动作用，同时也昭示着青年研究思维方式的本应内涵：

首先是怎样想——置身多元文化视域。随着世界经济、政治的全球化发展，尊重人类文化多样性、差异性已成为人们普遍共识。不同民族、种族在社会文明进程中都作出了应有的贡献，不存在某种文化是完全优秀或低劣的。每一种文化都应当自由、平等，不同文化之间应相互交流与沟通，增加对话与理解。因此，青年研究应加强对不同国家、种族或民族等不同文化背景下不同青年群体的深入研究，尤其要关涉有特殊需要的弱势群体。

其次是想什么——关注青年个性与发展。有许多研究者将生活世界默认为青年研究的逻辑起点的缘由是他们已将“青年个性与发展”作为青年研究中最基本、最普通的范畴。比如，有学者将青年学的理论体系构成分成三部分：青年的认识问题、发展问题与教育问题。究其本质，青年的认识问题属于个性心理范畴；而青年教育的终极目的是为了青年发展。为了更好地实现促进青年发展的

---

①　陈福祥：《“复杂范式”视域下的成人教育研究思维方式》，《河北大学成人教育学院学报》2007(12)：11页。

目的，就必须了解青年的个性心理特征，而群体思维、生活世界思维、场域思维与圈子思维则为我们提供了解其个性心理特征的有效策略。

再次是做什么——采用多样化的研究方法。质的研究和量的研究是社会科学领域存在的两种研究范式，"它们相互之间有很多相辅相成之处，其连续性多于两分性。"①青年学既然是以多学科跨视域为基础的新兴学科，则必然要求综合运用多元研究方法。只有通过不同范式之间和不同方法之间的平等对话，才能真正使研究者和被研究者获得解放，也才能在视域融合中找到新的生长点和新的生长境界。② 比如，研究者用问卷法可以发现青少年犯罪类型与发展趋势，用访谈法则可探索青少年犯罪生成的心理行为机制，这两种研究范式的成果能为我们全面理解青少年犯罪现象并寻求合理治理路径提供科学依据。

最后是如何做——架构青年与社会文化发展的互动。上述四种研究思维在运行过程中始终未曾将青年孤立于社会文化发展之外，反而是淋漓尽致的架构了两者的互动关系。如，青年群体的划分以其社会文化表征为依据，如生理特征、身份地位、文化背景等；生活世界本是青年与社会文化发展不断互动而创造的，其探究方式也离不开实践方式与文化方式；场域思维是考察家庭、学校、企业和社区中青年与"掌握社会权力的长者"之互动关系；圈子思维是关注以青年为中心形成的社会关系网络。可见，青年研究只有逃脱从书本到书本的理论演绎怪圈，走进家庭、走进学校、走入企业、走入社区，通过架构青年与社会文化发展的互动，才能提升自己的学术地位与社会价值。总之，青年本就是社会文化发展到一定阶段下的产物，若脱离了社会文化发展，青年亦不复存在，自然也就没有真正的青年研究。

---

① 陈向明：《质的研究方法与社会科学研究》，教育科学出版社，2000：469—483页。

② 同上。

下篇

实践篇

专题一　青年的社会生活世界观照

社会生活世界，即关注青年的参与政治、就业、交往、学习等社会生活状态。下面三项研究分别关注了楼宇青年、草食男和官二代的社会生活状态。

“楼宇”青年现象透视：基于成人教育学视角

“楼宇”，一般指城市内占地面积较小，容积率较高、建筑面积较大并用于经营性的写字楼、商务楼和工业楼房。“楼宇”与都市的经济、人文、环境等种种社会因素千丝万缕的联系着，涌现了一系列“楼宇”现象：“楼宇经济”、“楼宇青年”、“楼宇文化”、“楼宇生态”……

一、楼宇青年：缘牵“楼宇”

“楼宇青年”是当代“楼宇经济”兴起与发展的产物。“楼宇经济”是以写字楼、商务楼和都市型工业楼为重要物质载体的经济活动。近年随着改革开放的深入，楼宇经济在我国东南沿海发达城市逐渐兴起，并呈炙手可热之势，成为城市经济可持续发展的新增长点。据调查，目前上海高层建筑达 2100 幢，其“楼宇经济”释放出巨大的能量，以拥有 230 余幢商务商贸楼的静安区为例，2004 年上半年，该区主要的 30 幢商务楼共创造税收 542 亿元，占静安区税收总额的365%。① 另据新华社报道,2003 年,上海浦东陆家嘴中央商务区 18 幢楼宇共入驻单位 1160 户,平均租金每天每平方米 060 美元;从单位楼宇产出计算,这 18 楼宇均营业收入达 492 亿元,税收 21 亿元。广州东山区 2003 年商业楼宇的开发利用和写字楼给该区带来了 73 亿元的营业额;青岛市市北区电子信息城是一幢中等单体建筑,2003 年进驻该大楼的 300 多家公司创出 10 亿元的营业收入,实现了一幢楼胜似一条街的收益。②

"楼宇经济"释放的巨能,大大拓展了城市经济的发展空间,成为国内一些城市经济最活跃的部分和财税收入的重要来源之一,为此受到我国城市政府和学术界的广泛关注和高度重视。而在写字楼、商务楼和都市型工业楼里从事经济活动的人——楼宇青年,因成为"楼宇经济"这一奇迹的制造者而倍受瞩目,因此,人们眼中的又一新新人类,一个特殊的另类成人群体产生了。

二、楼宇青年:尴尬境遇

在城市众多高楼大厦里,有一群高收入、高压力的年轻未婚白领,他们每天很早就走进高楼,很晚才出来,被人们雅称为"楼宇青年"。

案例 1:阿兰在××社区某大型百货公司从事高级人事管理,收入不菲。但每天的工作量大,经常加班。她所在的公司办公区是封闭式的,由于每天早早进入公司所在大楼,很晚才从大楼出来,所以她根本不知道外面是出太阳还是下雨。毕业三年的阿兰感叹道:"以前以为工作后有更多机会交朋友,找对象,可是工作后生活圈子反而小了。"③

案例 2:一个叫江珊的女孩在南方某大都市一栋楼里打拼了几年,今年初回到长沙发展,在邻近阿兰的一栋楼内从事房地产方面的管理工作。由于这次从事的是一个新行业,在到长沙最初的几个月,江珊几乎把所有的时间都用在了自

① 刘勇.重视发展楼宇经济,培育我省城市经济的新增长点[EB/OL]. http://www.hnass.com.cn/html/Dir/2006/03/31/00/09/90.htm,2008-3-10。

② 同上。

③ 信息来源[EB/OL]. http://www.csonline.com.cn/news/chsh/csdsh/200707/t20070702_694295.htm,2008-3-10。

己的业务上，跟外面没什么接触。①

楼宇经济方兴未艾，楼宇青年的生存境遇却喜忧掺半，陷入尴尬境地。

1.“高处不胜寒”

高档“楼宇”具备中心城区的区位优势、完善的基础设施条件、良好的商务环境和办公条件，由此吸引了国内顶尖集团公司、国际跨国公司和世界著名企业前来入驻，而这些企业或公司同时又将海内外一流人才招揽于旗下。一流企业与一流人才相匹配的确无可厚非也无可挑剔，这群年轻的未婚白领不仅拥有令人仰慕的高学历、高智商，还有令人艳羡的高收入、高职位：“高级人事管理（案例1）”，“收入不菲（案例1）”。另以上海市静安区某街道为例，据统计，该街道是上海的“钻石地段”，社区内素有“楼宇多”、“资源多”之称。其中纯商务楼就有28幢，三星级以及三星级以上宾馆6座。辖区驻扎着1000家企业，其中大部分是高科技企业。员工3万多人，青年居多，尤以高学历的年轻白领为主。[5]

然而，正如阿兰的故事一样，“每天的工作量大，经常加班（案例1）”、“办公区是封闭式的（案例1）”……这些身在“高处”的人杰，却因为一座座楼宇而不知天外事，“根本不知道外面是出太阳还是下雨（案例1）”，更不识天下人：“工作后生活圈子反而小了（案例1）”。其痛莫若诗人之苦：“我欲乘风归去，又恐琼楼玉宇，高处不胜寒。起舞弄清影，何似在人间？”

2.“孤岛里的孤独”

一幢幢楼宇被人们形象地称为一座座“孤岛”，把楼宇青年与外面的精彩世界隔离开来，不仅在空间上限制了他们的人身自由，而且更重要的是束缚了他们的心灵自由。楼宇青年在“孤岛”里陡增的是内心无限的“孤独”，他们光鲜的背后是数不尽的艰辛：没有时间休闲，没有机会交朋友，更没法子找对象……无奈阿兰辛酸地感叹到，“以前以为工作后有更多机会交朋友，找对象，可是工作后生活圈子反而小了（案例1）”。据长沙晚报报道，长沙某社区十多幢楼里的白领约七成是没有成家的楼宇青年。②

---

① 信息来源[EB/OL]. http://www.csonline.com.cn/news/chsh/csdsh/200707/t20070702_694295.htm，2008-3-10。

② 同上。

楼宇青年虽为雅称，“雅”到尽处却满是无奈与尴尬。职业的压力与挑战令楼宇青年无暇顾及其他，整天如同机器一样不停地连轴转：思想是麻木的、情感是空虚的、生活是苍白的……女孩江珊就是这样的例子：“这次从事的是一个新行业……几乎把所有的时间都用在了自己的业务上（案例 2）。”他们身处高楼大厦，虽然离太阳最近，却离阳光最远，“每天早早进入公司所在大楼，很晚才从大楼出来（案例 1）”；离工作目标越近，却离幸福生活越远，“跟外面没什么接触（案例 2）”。“孤岛里的孤独，何时才能走远？”

诚如上海最大的时尚报纸《申江服务导报》在 2008 年 3 月 12 日的头版对楼宇青年投以了特别关注：“……在光鲜靓丽的外表下，他们可能是另一种意义上的‘弱势群体’。”

三、楼宇青年：学习诉求

楼宇青年的尴尬“弱势”令人深思，他们的言语诉说中有一种来自内心本能的学习诉求。

1. 渴望家庭生活：“以前以为工作后有更多机会交朋友，找对象（案例 1）”

“恋爱—结婚—生子”这三步曲是“男大当婚女大当嫁”的楼宇青年为了家庭生活而一直在弹奏的进行曲。中国现代杰出的人民教育家陶行知先生曾提出著名的成人教育思想——“生活即教育”。基此可知，学会与恋人相处的技巧、学会与配偶相伴的哲学、学会与孩子共处的智慧，这些都需要在家庭生活中才能真正的学会——“没经历过和经历过就是不一样”。而另一方面，家庭的教化功能和作用是其他任何单位或机构都无法替代的。家庭就如同一个小社会，只有身在其中生活，才能学会处理各种家庭关系，如夫妻关系、子女关系、代际关系等等；只有身在其中生活，才能全面获得爱情、友情和亲情的情感需要。楼宇青年只有建立了家庭、生育了儿女，开始承担为人妻母或为人夫父的家庭责任和义务、开始接受家庭角色的新规范并实现该角色的适应和转换，才能最终满足其渴望家庭生活的学习诉求。

2. 渴望人际交往：“……可是工作后生活圈子反而小了（案例 1）”

根据人际交往理论，人们通过交往可以获得一种重要的情感需要。情感需要是指个体爱别人或被别人爱的需要，是个体在人际交往中建立并维持与他人亲密的情感联系的需要。正如前述，情感需要不仅有亲情，也有爱情，更包括友情。无论是未成年人还是成年人，保持身与心的健康才是完整意义上的健康，正常的人际交往可以使他们获得心理健康的良药——情感需要。如果一个人在长期缺少情感滋润的环境里生活，那么，他的心理肯定会伴有不健康的情绪表现，譬如多梦、多疑、冷漠、孤独、焦虑、烦躁等，进而心理的不健康又可能会影响到他的生理健康，如产生胸闷、头痛、神经衰弱等病状。对一个缺少人际交往活动的成人而言，他的身心健康系统出现了紊乱，如果不加以平衡协调，久而久之就会影响到他正常的职业生活、家庭生活。这就好比一盆终日不见阳光的鲜花，无论开始它有多么光彩，迟早也会枯萎凋谢而亡。因此，工作之余，建立良好的人际关系，获得多种情感需要，培养爱与被爱的能力，是楼宇青年内心又一个学习诉求。

3. 渴望回归社会："几乎把所有的时间都用在了自己的业务上，跟外面没什么接触。(案例 2)"

社会化是贯穿人一生的过程。广义的社会化简言之，即指个人学习社会文化、扮演社会角色并形成人格的整个一生。对任何一个成年但未进入成年晚期的人而言，工作仅是他生活的一部分而不是全部，他还有其他更多的社会文化要学习、社会角色要扮演。人的本质是人的社会性，除了在职场中谋求生存和发展，还要回归家庭和社会扮演角色。只有融入家庭和社会去学习应有的角色规范、承担应尽的角色责任和义务，才能找到人生真正的价值定位。这就是为何脱离了家庭和社会的楼宇青年们工作再忙、职位再高、薪水再多也无法驱除孤独寂寞感而获得内心幸福感的原因。找对象、交朋友、献爱心慈善捐赠、参加社区活动等都体现了楼宇青年们内心渴望回归社会的学习诉求和行为表现。

美国心理学家哈维格斯特(Havighurst)的一生社会化理论倡导，处于成年早期第二阶段(23～34 岁)的成人应完成的社会化任务是：选择配偶；生育子女，承担家庭生计；学习与配偶相处；介入社区和社会生活；开始追求职业资格的提高；思考自我价值；建立稳固的人际关系；解决问题；适应各种变化。[①] 由此可见，无论是渴求家庭生活和人际交往，还是希冀回归社会，都是人一生社会化处

---

① 高志敏等著. 成人教育社会学[M]. 河北：河北教育出版社，2007：43 页。

于该成年时期的正常的心理表现和学习诉求，其中任何一项任务如果没有顺利完成，则会影响到其他项任务的完成，甚至还会影响到下一个阶段任务的进行，而学校、家庭和社会（社区）将成为完成该时期的社会化任务、满足其该阶段的学习诉求的重要场所。

四、面对诉求：共同责任

面对楼宇青年内心本能的学习诉求，社会及楼宇青年自身双方都应承担起共同的责任。社会尤指以社区为依托，形成包括政府、经济、教育、科学、文化、卫生系统等多方面的合力，作出坚定的行动选择。而成人教育作为教育系统的重要一员，应积极确立行动立场，在社区中发挥中坚作用。

其一，社区发挥其平台作用，建立社区支援系统。社区是一个特殊的支持平台，它是一个区域性的社会，涵盖了地域、人口、结构和社会心理等要素。社区里包含了财政系统、人力系统、文化教育系统等多种运作支持系统的集合。因此，依托社区，建立社区支援系统应该：明确管理部门和管理职责，弥补“楼宇”真空地带，建立国家投资、地方投资和民间捐资的三位合一的财政投入系统；做好宣传工作，动员社区成员共同参与，建立非官方、非政府的支持系统，形成“一方有难，八方支援”的人性化、柔性化、网络化的人力系统；协调社区各方社会力量（政府机构、企事业单位及家庭、学校等），整合社区内各种教育资源（基础教育、职业教育、高等教育和成人教育），从政策、法规、经费、设施和场所等方面，为楼宇青年的学习心理诉求提供软、硬件支持。

其二，楼宇青年应树立正确的观念，加强终身学习。“孤岛”楼宇的现象是存在的，楼宇青年的生存境遇也是客观的，最怕的是现象背后的人为因素造成了人与人之间的心灵樊篱。陷入楼宇困境的楼宇青年，已具备“成人”的身心特征，有能力独立自主地学习社会文化并承担社会角色所赋予的责任和义务。他们自己应该是去除心灵樊篱，主宰生活命运的第一主人。因此，楼宇青年应该首先积极树立起正确的思想观念，包括恋爱婚姻家庭观、人生价值观、生活质量观等；然后，在正确观念指导下采取终身学习的行动，寻求适合自己的各种学习方式或途径，努力学习促进自己素质全面提高的各种生活知识和技巧，如恋爱婚姻家庭知识、人际交往知识、心理健康与咨询的知识、生活质量知识、闲暇生活知识等。

21 世纪是终身学习的时代。终身学习是“从摇篮到坟墓”的学习，是人获得各种生存知识和能力以求得全面发展的学习，是不受时间、地点、空间、内容、方式以及个人能力限制的自主学习。作为成年人的楼宇青年，应将终身学习视为生存概念，通过不断地、持续地主动学习，掌握各种知识和能力、调整好心态并提高生存和发展的能力，以应对来自社会的变化和挑战，迎合自己的学习诉求，最终融入家庭生活、人际生活及社会生活。

其三，成人教育应积极承担其重要责任。楼宇青年——不折不扣的成年人，面对他们的学习诉求，成人教育有不可推卸的重任。

——帮助培养楼宇青年终身学习的能力。“成人”能够“主导他们自己的生活，同样也能够规划他们自己的学习”，因此，成人教育（Andragogy）在北美与欧洲一些国家被定义为“一门帮助成人进行学习的科学和艺术”。基此，一方面，“授人以鱼不如授人以渔”是成人教育应该永远铭记的首要信条；另一方面，“终身教育、终身学习和学习型社会”不仅是 21 世纪信息时代的生存概念，而且更是成人教育自身在新时期为谋求自我不断发展和壮大而应秉承的先进教育理念。所以，成人教育的第一要务就是帮助楼宇青年采取杂志书籍、社区活动、学校培训等各种各样的方式来锻炼和培养其主导生活并规划学习的能力，使之能通过自己终身学习的能力掌握知识技能和获得信息资源，以满足其内心的学习诉求。

——提供迎合楼宇青年诉求的学习内容。来自内心的学习诉求是因楼宇青年的理想期待与现实状况之间存在着巨大的差距和极其不平衡而产生的一种情绪体验。只有针对楼宇青年的境遇现状和诉求特点，提供与之相关的学习内容，并采取适合他们的学习方式，才能切实地缩小这一差距并消除这一情绪产生的不良反应，从而满足他们内心的学习诉求。譬如恋爱技巧，如锦上之花能助他们增进与恋人之间的爱情浓度；生活质量知识，如明灯一盏能助他们看清成人生活世界的真正意义；社交礼仪，如同润滑剂能助他们促进并提高人际交往质量；家庭知识，如同双面胶能助他们和谐处理与夫或妻之间、与子女之间、与父母之间的各种微妙关系；生涯发展知识，如同一架天秤能助他们轻松随时地找到家庭与事业的平衡点……保健知识、闲暇知识，如此等等。

——开辟适合楼宇青年诉求的学习渠道。信息时代最怕的就是信息不通畅或不对称，信息不通畅或不对称意味着你比别人少了更多的机会获得知识技能和信息资源,从而也少了更多的机会走向成功的彼岸。很多楼宇青年并非主观上不想结交朋友、不愿回归家庭和社会,而是苦于无门路可寻觅或有门却不对路。因此,通过第三方提供信息或创建资源库显得异常重要。成人教育可以根据楼宇青年的生存境遇特点,依托社区平台,通过构建楼宇文化、网络文化、社区文化打通信息资源割裂不畅的现状,以开放的渠道、开放的胸襟、开放的视野来关怀楼宇青年的学习生活、促进楼宇青年的学习参与、满足他们的学习诉求。比如可以定期举办远足活动、艺术活动比赛来丰富他们的闲暇生活;建立 QQ 群、楼宇青年之家网站等渠道扩大他们的社会交往圈;开展楼宇青年与小区常住人员共同参与的游戏活动等。

楼宇、楼宇经济、楼宇青年、楼宇文化……组成了一幅生动的"楼宇生态"图。如何维系"楼宇生态"系统的平衡与可持续性发展,将是包括成人教育在内的社会各方力量共同面对的重大课题!

都市"草食男"现象的教育学思考

"草食男"这个网络新名词诞生自日本作家深泽真纪笔下,其在网络专栏中首次用"草食"这两个字形容日本当前青年男性的生活状态,随后"草食男"便被广泛认知和引用,近年来在日本风行并席卷全球。

一、"草食男":内涵与表征

新新人类——"草食男"的大量存在已是不争的事实。据日本一家周刊的问卷调查表明,受访女性 70%感到身边存在"草食男",24%表示"不存在",16%表示"不懂什么叫'草食男'"。① "草食男"主要指现时 30 岁以下的男性,颠覆了传统男性的"肉食"特质——刚强、好斗、主动、攻击性强,沿袭了草食性动物本性——温和、友善、被动、攻击性低。

日本一家网站罗列出了"草食男"的标准,如果具备以下三条或以上,则被有

① 蒋丰.日本为何流行阴柔中性化的"草食男"[EB/OL]http://big5.xinhuanet.com/gate/big5/ln.xinhuanet.com/misc/2010—05/21/content_19846151.htm,2010-9-29。

幸贯之以名:更喜欢呆在家里而非外面;心思纤细;认为光顾从事色情交易的“风俗店”是浪费精力和金钱;会与女性朋友一起去购物旅行,但多数不会发展成恋爱关系;对恋爱态度不积极;与其花时间和精力与人交往,倒不如费些心思打扮和犒劳自己;与他人的关系停留在一定阶段就不想再往下发展。①

日本东京一家市场研究公司的总裁牛久保惠美对位于东京和日本其他大城市的100名20多岁到30岁左右的青年男子进行访问后,总结出“草食男”的六个主要特征:其一,职场生活中,没有出人头地的欲望,能够做好上司安排的事情,却绝对不会主动做上司没有安排的工作;其二,家庭生活中,与母亲的关系比较亲密,经常和母亲一起出去购物;其三,婚恋生活中,缺乏男子汉应有的主动,不会积极追求恋爱或性爱方面的事情;其四,人际交往中,言语不多,表现出性格温和、友善,不易和人发生冲突,更喜欢独处、自娱自乐;其五,闲暇生活中,对时尚比较敏感,爱打扮,喜欢使用化妆品,喜欢购买高档服装,甚至喜欢女性服装,常常通过节食保持苗条身材以便可以穿紧身衣;其六,物质生活中,对自己的钱看得比较紧,身上经常会带着多家零售商的优惠卡,他们认为那些不知道如何精打细算省钱的人是傻瓜。牛久保惠美认为,从这些特征来看,“草食男”其实和女孩子非常类似,因此,“草食男”更准确地说应该被称为是女性化的男人。②

总之,这群具有女性气质的青年男性的生活字典中从来没有积极、主动,形象而言,就像一只动物只顾低头吃草,不懂得放眼看四周,在他们自己的世界里崇尚“温”、喜欢“慢”。

二、“草食男”:生活境遇

“草食男”恋上“草食”主要与其特殊的生活境遇有关,主要表现为:

1. 生活在物质与精神文化极大丰富的环境

30岁以下的青年男性出生在20世纪80年代以后,其成长与改革开放同步。三十年来,国家面貌发生了翻天覆地的变化,政治民主、经济腾飞、社会和

① 百度百科. 草食男[EB/OL]http://baike.baidu.com/view/2017876.htm,2010-9-29。

② 佚名. 日本“草食男”活得像女人 http://she.cqnews.net/tsd/cw/200906/t20090601_3314495.htm,2010-9-29。

谐,人民的生活从温饱逐渐到达小康,有的甚至到达了富裕。“草食男”则成为改革开放以来第一代受益匪浅的幸运儿,他们中的有些人甚至还被戏称为“富二代”,他们的生活不再缺衣少食、不再受病痛折磨,也不再饱经风霜,而且,还有幸安乐在父母为他们这群“独生子”营造的温馨港湾,尽情地享受着丰富的、前沿的、时尚的物质与精神文化生活,从来不为明天的生存与发展而忧虑。

2. 成长于女性环绕的世界

据调查显示,现代家庭依然沿袭着传统——几乎所有的男性家长要么在外忙于生计,要么忽略下一代的教育,因而多为独生子的“草食男”从出生到学龄前一直在奶奶、外婆、妈妈、姑姨的万般宠爱之下。当“草食男”上学之后,传统文化又令大量的男性教师在学校教育场域缺席,因而,从幼儿园到小学、中学,“草食男”面对的又几乎是清一色的“娘子军”老师。据不完全统计,在上海幼儿园,男教师人数所占比例约为 1%。而在国外,不少幼儿园男教师所占比例可达到 10%,甚至 20%以上。① 由于成长在女性环绕的世界,“草食男”如同红楼梦中的贾宝玉一样,在气质、性格与能力等方面与传统男性相比发生很大的变化,同时,女性世界还影响并塑造着“草食男”对他人、社会和世界的看法、对人生的追求、对幸福的定义。

3. 生存于计算机网络时代

20 世纪 80 年代初,适逢中国改革开放伊始,微型电脑便开始在世界范围内普及,大量进入都市学校和家庭。1993 年,美国提出国家信息基础设施(NII——National Information Infrasturcture),人称信息高速公路。随后发达国家相继仿效,掀起了信息高速公路建设的热潮。次年 5 月,以“中科院北大清华”为核心的“中国国家计算机网络设施”(简称 NCFC)已与 Internet 联通。我国作为第 71 个国家级网加入了 Internet。② 被科学界誉为“第五次信息革命”的高速率、多媒体的全球性的信息网络时代,对人类经济发展和社会生活各个领域产生广泛而深刻的影响,而身为 80 后的“草食男”恰恰亲眼目睹了这一场革命,

① 彭薇. 给幼教注入“阳刚之气”[EB/OL]http://news. xinhuanet. com/edu/2010 - 02/20/content_13010883_2. htm,2010 - 9 - 29。

② 朱文光著:计算机社会学[M],山东:山东人民出版社,2000:63 页。

并且成为这一场革命的第一代受用者，他们徜徉在网络经济、虚拟社会、数字文化之中，足不出户便能完成自己的工作、找到可以倾诉的朋友、购买到需要的物品、欣赏到喜爱的音乐和电影，甚至能"坐"在虚拟的公共娱乐场所慢慢品着咖啡翻着书页，或者与理想中的伴侣在线一起收拾着"爱的小屋"……青春"草食男"的黄金时代，只要在家中，就能可通过计算机网络几乎满足自己的一切需求。

三、"草食男"：心理诉求

生活在特殊境遇的"草食男"表现出如下与众不同的心理诉求。

1. 尊重女性

在崇尚男女平等的时代，女性活跃在家庭、职场和社会生活的各个场域，贡献着自己的青春与力量。数据显示，上海女性的经济及社会地位在21世纪急剧升高，在上海，拥有大专以上学历的女性约有70万人，分布在IT、媒体、广告、金融等10大金领行业中，女性就业的比例接近50%，名列全国前茅。《理财周刊》一项抽样调查也显示，上海女性的是家庭理财的主力军。在被调查的家庭中，有58%是由女性主持家中财政的，投资主要集中在储蓄、股票、商业保险、债券等几大品种，而且大部分被调查的上海女性对自己理财的业绩感觉良好。① 正因为"草食男"从小到大，在各种场合中大都能接触到各色各样的女性，如家庭中的贤妻良母、学校中的女同学和女老师、职场中的巾帼英雄，以及生活中的出色异性，因而，他们能很好的体察到女性的柔情似水、心细如发，欣赏到女性在生活中的美丽与智慧，更能理解职业女性为人妻母的艰辛与坚韧……这一切，让作为男性的他们从内心深处油然而生出喜爱女性、尊重女性的心理诉求。

2. 崇尚中性之美

中性之美具体可以表现为：婚恋观念由郎才女貌转化为女才郎貌；性格气质由男刚女柔转向女刚男柔；性别文化从男女有别到阴阳同身等。② 正如台湾从事男性文化研究的女作家蓝怀恩表示："现代社会是一个多元的构成，现今女性已不再满足于趋向男性的心理预期，女性的社会角色已日益'雄性化'，而男性似

---

① 陈宪主编：上海头脑[M]，上海：文汇出版社，2006：125页。

② 林亚斐：中性美：当代审美新视域[J]，宁波大学学报（人文科学版），2006(4)。

乎也难以抵御社会各方因素影响而转为'阴性化'。在生态失衡的情况下,'中性'在二者间提供了一条微妙的界线。无论男女,都可以通过调节内在的阴阳间距,而趋于成熟完满的平衡状态。"

从2005年超级快女李宇春到2008年小品王小沈阳迅速窜红的现象来看,中性之美已成为现代社会大众审美的趋势。而我们目光中的"草食男"则是一群走在时代潮流前列的青年男性,他们在生活中追求开放不羁、优雅时尚、简约自然的"中性"状态——这就是他们内心所追求的美的境界。

3. 追求个性

个性,最初来源于拉丁语Persona,开始指演员所戴的面具,后指演员——一个具有特殊性格的人。一般来说,个性就是个性心理的简称,在西方又称人格。个性,在心理学中的解释是:一个区别于他人的,在不同环境中显现出来的,相对稳定的,影响人的外显和内隐性行为模式的心理特征的总和。

任何人都有个性,个性化是人的存在方式。"在职场生活中甘于平凡,被动做事;在家庭生活中依恋母亲;在婚恋生活中被动、温热;在人际交往中温和、疏离;在闲暇生活中女性化;在物质生活中狂热、偏好等"——这些都是"草食男"在生活中表现出来的与众不同的心理特征,也可以说是他们的个性追求。换言之,"草食"就是这群青年男性的个性化生存,反映了他们的需求、兴趣、世界观、能力、气质、性格、自尊与自信等。

四、"草食男":生存困境

都市"草食男"是特定时代、特殊环境造就的一群独具个性的青年男性,他们的出现恰似山间野草给人们带来了一股清新的气息,但是生活在自己营造的狭小空间里的他们也不可避免地陷入了生存困境。

1. 自我问题

自我,调节着人的思想、情感和行为,它在人格中处于核心地位,同时也是个体维持心理健康、形成健全人格的核心问题。自我是一个开放系统,我们可以从不同的维度来全面系统的分析"草食男"的自我问题。从主客关系维度来看,"草食男"的主体自我意识不够明确,尤其是自我实现——作为人类需要的最高层次,"草食男"对它的渴望不大;从与人的关系维度来看,"草食男"的个体自我突出，但是体现与他人关系的自我和与群体关系的自我不够清晰；从发展的维度来看，“草食男”较为重视身体自我与物质自我的发展，心理自我与社会自我相对停滞或落后；从个人活动领域维度来看，“草食男”在家庭自我、工作自我、学校自我、学业自我上缺乏干劲与激情，表现出冷淡、被动、无所谓的态度与行为；从个体意识关系方向的维度来看，“草食男”更注重对自己的感受、自己的评价的“私我”意识，而忽视别人如何看待自己以及他们的评价的“公我”意识；从中国传统文化特别重视的自我维度来看，“草食男”的自立、自强和自信意识相对弱化。总而言之，“草食男”的总体自我价值感不够强烈；一般自我价值感倾向于个人取向而非社会取向；特殊自我价值感上倾向于心理价值感和生理价值感，而忽视家庭价值感、人际价值感等。

2. 婚恋两难

爱情、婚姻与家庭是人的本能需要，医学研究显示，爱与被爱的情感因素对于人的心理、生理的健康有调节和促进作用。然而，对于这一本能需要，“草食男”的表现依然不温不火，被动等待，甚至压抑着本能的渴望。有专家认为，“在恋爱关系中，男性与女性的相对地位、相对均衡状态应该是由男女双方自行协调、自然形成的。这就是说，既不应该是男性主动、男性强势，也不应该是女性主动、女性强势。合理的现象应该是，有主动的女人，也有被动的女人；有强势的男人，也有弱势的男人。对于很多被动的人来说，无论是男人还是女人，当爱对方，适当的表达，总比压抑好。”虽然“草食男”喜欢异性，但是慢热、被动的他们却欠缺爱的能力或爱的表达，这令他们中的很多人都因此错过了美好的姻缘，仍旧一味等待的他们，只有随着时间的流逝悄悄步入了大龄未婚男性的行列。总之，目前陷入婚恋两难境地的“草食男”，常被视为潜伏在当下的未来“剩男”一族。

3. 人际疏离

交往是人类特有的存在方式和活动方式，是人与人之间发生社会关系的一种中介，是以物质交往为基础的全部经济、政治、思想文化交往的总和。社会心理学研究表明，人们在社会交往过程中建立起人际关系网络，以满足自身发展的各种各样的需要，尤其可获得三种基本心理需要，即包容需要、支配需要和情感需要。然而，生活中的“草食男”更喜欢独处、自娱自乐，不擅于或不喜欢人际交往，即便偶尔与人交往，他们交往的对象与方式也非常之少并且单一，交往的过程中也缺少言语交流与沟通。虽然，无限广阔的虚拟世界在一定程度上为“草食男”提供了弥补因人际交往不足而引发的需求紧张的便捷途径，但是，科学证明，现实社会中的人际疏离必然会令个体难以全面获得满足自身发展的基本心理需要，因此，“草食男”个性化的生存状态所产生的人际疏离危机，是制约其身心和谐发展的又一大困境。

五、“草食男”：走出困境

基于“草食男”的生活境遇及心理诉求，教育者包括家庭成员、学校教师及其领导者、教育部门工作人员等，可以通过创新教育理念、教育目标、教育环境、教育内容和教育方法来帮助“草食男”走出生存的困境。

1. 渗透性别平等观念的教育理念

“草食男”虽然尊重女性、追求中性之美，但却不能与异性建立正常的人际关系，这表明他们仍然不能真正理解性别平等。关于性别平等，上海女性作家王周生有如是描述：“无论男人女人，把对方当作平等的人，那么，谁洗碗，谁洗内裤，谁拖地板，这样的问题都不在话下。当所有的女人都待在家中，而你出去工作没有人说三道四的时候；当所有的女人都在外面工作而你选择在家带孩子做家务没有人说你落后的时候；当所有的男人都不做家务而你包揽家务，没有人说你‘小男人’的时候，男女才是真正的平等。”可见，“性别平等”应包含以下两方面内容：平等要改变的是不平等的思想、霸权的理念，而不是要打倒具体的每一个男人；平等并非以牺牲现代社会意识形态中的男性气质或女性气质的平等，而是生活世界中的两性在生理差异基础上的和谐互动的平等、在生活世界中发挥各自所长的平等。因此，教育者们在教育工作中应处处渗透这一性别平等观念，才能引导“草食男”与异性之间建立和谐的两性关系。

2. 培养具有“公我”意识的人才

如前所述，“草食男”虽然个性十足，但是自我问题却很突出——“总体自我价值感不够强烈；一般自我价值感倾向于个人取向而非社会取向；特殊自我价值感上倾向于心理价值感和生理价值感，而忽视家庭价值感、人际价值感等”。可见，“草食男”的思想、情感和行为由于“小我、私我”情结严重而缺少“大我、公我”意识，因此，“草食男”往往局限在自我营造的狭小世界中，很难融入社会群体生活，也不能很好地适应社会的变化与发展并成为能够为他人和社会服务的贡献型人才。所以，教育者们的教育工作的目标中除了鼓励“草食男”的个性发展之外，还应培养他们的“大我、公我”意识，增强或弥补他们的自我价值感，帮助他们树立为他人和社会服务的理想。

3. 营造和谐的生活与学习的教育环境

教育环境对个体的成长起着重要作用，影响着个体的人格发展、思维方式与行为习惯的形成等。因此，脱离“草食”困境，需要营造和谐的生活与学习的教育环境。主要包括两个方面：

一是家庭养育环境中，重视父亲的教育作用。家庭是人一生社会化最有影响力的塑造者和调节者，无论何种家庭，它都帮助个体形成对他人反应的基本模式，这些模式反过来变成个体一生与他人交流的基础。新兴研究表明，父亲在婴儿社会性、情绪和智力发展中有着与母亲同等重要的作用。与父母都是安全依恋型的儿童反应最正常（恐惧表现最少）；更少表现出焦虑和退缩，入学时的适应情况更好，在儿童和青春期表现出更好的情绪自我调解能力与同伴交往的社会能力等，甚至在离开家之后，和父亲形成安全的、支持性的关系也有利于个体成长和健康。① 可是，在现实的家庭生活中，父亲的教育作用往往被忽略，父亲的缺席往往制约了“草食男”正常的人格发展、思维方式与行为习惯的形成，因此，有父亲参与的家庭养育环境的建设非常之重要。

二是学校教育环境中，重视和谐的教师性别比。学校是个体除家庭之外的又一重要的社会化场所。由于传统性别文化的影响，我国幼儿学校与中小学校中的教师队伍建设存在着性别比严重失调的现象，这种“阴盛阳衰”的局面使“草食男”从小失去了可以学习和模仿的同性榜样，令其社会化学习产生了缺陷与不足。因此，消除教育领域就业的性别歧视，提高男性教师在中小学师资队伍中的比例，是又一项非常重要的教育环境建设。

4. 开展挫折与情商教育的课程内容

从草食男的成长经历来看，家庭教育和学校教育中尤其缺乏的是挫折教育

---

① David R. Shaffer：发展心理学——儿童与青少年[M]，北京：中国轻工业出版社，2005：423页。

和情商教育。挫折教育就是指让受教育者在受教育的过程中遭受挫折，从而激发受教育者的潜能，以达到使受教育者切实掌握知识的目的。著名的美国心理学家亚伯拉罕·马斯洛(Abraham Harold Maslow)说："挫折对于孩子来说未必是件坏事，关键在于他对待挫折的态度。"因此，让生活安逸、富足的"草食男"从小就"吃点苦"，是家长和老师应增设的教育内容之一。

1995年，美国学者戈尔曼(Daniel Goleman)对情商作了系统的阐述，他认为情商可概括为四种能力：一是自我认知能力，指认识自身的情绪，是情商的基础。一个不了解自己情绪的人必然失去控制自己情绪的能力。只有把握自己的能力才能在感觉的基础上作出正确的反应；二是自我激励能力，指保持一种高度的热忱完成工作和任务。可以说能够自我鼓励的人应该是具有高成就动机的人；三是情绪调控能力，指能够控制自己的情绪，在此基础上妥善管理自己的情绪。情绪的管理有赖于自我认识，并需做出意志性的努力。情绪控制必须建立在自我意识和自我鼓励的基础上；四是人际协调能力，包括认识他人情绪并能管理好人际关系的能力。① 这四种能力中，除情绪调控能力外，"草食男"明显在自我认知能力、自我激励能力以及人际协调能力上都有所欠缺，因此，情商教育也是他们的必修之课。

5. 运用情境教育法

德国教育学家鲁宾逊(S·B·Robinson)认为，教学应该围绕学生的生活来进行，培养其应付未来生活的能力。而对"草食男"展开挫折教育与情商教育的目的同样也在于此，因而，情境教育法是最适切的教育方法。现实生活中，运用情境法对下一代进行挫折教育、情商教育、感恩教育、博爱教育等的类似例子比比皆是。例如，湾仔码头的创始人、号称"水饺皇后"的臧健和为了让自己的孙女养成勤俭持家的良好品德和行为习惯，亲自带着孙女到非洲贫困地区游历，途中非洲小孩食不果腹、衣不蔽体的真实生活情境触动了她孙女，从此，她孙女对贫穷有了切身的认知与体验，生活中不再大手大脚，而是将大人给的零花钱都节省下来寄往世界各国的贫困地区。还有近年，中国出现的专门针对"富二代"创办的军事化管理学校，也是为了让"富二代"们能够培养吃苦耐劳、应对挫折的生活

① 黄希庭主编：心理学与人生[M]，广东：暨南大学出版社，2005：211—212页。

能力。可见,情境教学法的主要特点是:以学生的生活情境为中心;社会学习与知识学习相结合;家长、邻里和其他成人的积极参与;教学活动不局限于教育场所,也可以在其他场所进行;灵活的教学安排;将教育场所变为学生的生活环境等。①

教育视域中的"官二代"现象

一、官二代现象的本质

"官二代",是相对于"富二代"和"贫二代"的又一个网络新词,网民主要用以形容官员的后代很容易获得权力和资源的现象,同时也用以贬称那些具有种种不良行为的官员后代。

事实上,"官二代"原本只是一个中性现象,任何行业皆有二代、三代,所谓世家之谓。从职业教育心理学角度来看,"官二代"子承父业现象的存在有其内在的合理性。美国著名的生涯发展研究专家萨柏(Super)、金斯伯格(Ginzberg)等人一致认为,人在青少年时期就会逐渐形成自己对某种或某几种职业的兴趣偏好,这种职业倾向性的养成主要归功于其家庭成员及其从事职业的影响。也就是说,青少年对某些职业所积累的早期经验(包括兴趣、能力、价值观等自我认知以及这些职业在社会中的发展前景与趋势等社会认知)常常主要来自于与其共同生活的家庭成员(现代核心家庭中主要是父母)的言传身教,并且这些早期经验会随着时间的推移逐渐人格化,对子女成年后的职业选择、转换与发展带来深远的影响。许多相关调查显示,成年子女往往会继续选择与父辈相同或相似的职业或行业。这也就是"龙生龙,凤生凤,老鼠的孩子会打洞"这句俗语背后蕴藏的道理。

然而,对于相当一部分"官二代"来说,"子承父业"的合理性因素可能被其外在的非合理性现象所掩盖了——官二代继续走上仕途之道并非真正缘于其兴趣、能力和价值观等的显现,而是因为其与父辈的裙带关系而抢占了权贵资源,

① 史静寰等主编:学前比较教育[M],辽宁:辽宁师范大学出版社,2009:70—71页。

更有甚者凭借权贵的力量，公然超越道德与法律的界限，危害到了他人和社会的公共利益。由此来看，“官二代”群体难免会遭致全民一片骂声不断。

二、官二代现象的家庭教育缺失

从教育学角度来看，“官二代”群体中频繁发生恶性事件，与其家庭教育存在缺失密切相关。在家庭教育学中，一般将家庭分为三类：富贵家庭、平常家庭和贫困家庭。

富贵家庭具有较为富裕的物质条件、较好的社会地位、较多的人际关系，可以给子女一个很好的起点，让他们拥有更多的发展机会，而且也可以在子女的发展中不时地助上一臂之力，给子女做人、做事的自信和底气，让他们能够树立更大的理想抱负。通常这样的家庭能够培养出了不起的大人物，他们不仅功勋卓著，且身心和谐，多有回馈感恩之心，像美国总统小布什、菲律宾女总统阿罗约、俄作家列夫·托尔斯泰就是这样的典型。当然，这样家庭的孩子一出生就面临“温柔富贵乡、花柳繁华地”，没有生存的压力，不知求生的艰难，想要的东西太容易得到，身边的人都仰望他们的家世，从而很容易让他们好吃懒做，贪图享受，没有奋斗的动力，做事不踏实，做人不谦恭，高不成，低不就，形成纨绔子弟作风。

平常家庭比上不足、比下有余，家境不足以让孩子寄生，不足以让孩子脱离自我奋斗，又为孩子的生活和发展可以提供必要的条件。这样可以让他们有恰当的自尊心、自我意识以及积极的人生规划。但也容易让孩子“小成即安”，平庸度日。也正是“比上不足，比下有余”的环境，让他们产生“差不多就行了”、“不比别人差就行了”的潜意识，这类家庭走出的人才虽然较多，但是高级人才却非常少。

贫困家庭的子女一出生就面临着压力和缺失，不仅是物质的匮乏，还有社会的尊重。“体面、风光，像一个人物一样活着”是这类孩子的终身愿望。超越贫困、告别窘境是他们奋斗的动力。人进取的动力有两种：一种是“生物性动机”，另一种是“缺失性动机（或社会性动机）”，后者可以产生巨大的张力，促使人在困难、挑战和机遇面前爆发出惊人的能量。因此，贫寒子女比其他家庭的孩子更刻苦、更努力，更愿意付出、更富有弹性，从而经常创造奇迹。然而，贫寒子弟中真正能“从奴隶到将军”的仍是少数，更多的是“人穷志短，马瘦毛长”。他们在社会的底层，缺乏尊重和关注的机会、没有足够的教育条件，观念得不到启蒙；他们缺乏自信心、自尊心，卑卑怯怯；他们缺乏发展的机会，疲于奔命，高危劳作，微薄收入……父辈没有发展机会，也不能给孩子创造发展机会，从而形成了恶劣的代际循环。

毋庸置疑，“官二代”的出身应归为上述三类家庭的第一种富贵家庭，甚至比富贵家庭还多了一项权力资源，拥有较高的政治地位。他们在拥有这样良好教育资源的家庭成长，理应比在另两类家庭成长的青少年更容易成大器，然而，倘若他们没有成才甚至还走向了犯罪的深渊，作为一名教育研究者，首先要质疑的是他们的家庭教育是否存在缺失。这是因为，家庭是人一生社会化最有影响力的塑造者和调节者，无论何种家庭，它都帮助个体形成对他人反应的基本模式，这些模式反过来变成个体一生与他人交流的基础。① 而“官二代”那句“我爸是李刚”就暗含着他从小在家庭中形成的对他人和社会反应的基本模式：“我有我爸（权力）撑腰，就算我杀了人、犯了法，谁能奈我何？”

可见，从此类恶性事件来看，部分“官二代”的家庭教育存在着严重的缺失。在这类存在教育缺失的官员家庭里，家长们往往没有很好地利用自身的教育资源优势，或者对子女的教育观念和教育方式存在缺陷，因而导致子女要么形成好吃懒做、不求上进的“寄生人格”，要么养成贪图享受、飞扬跋扈的“纨绔子弟”作风。

三、官二代现象的学校教育缺失

河北“官二代”叫嚣“有本事你们告去，我爸是李刚”，南开“官二代”发“暴力帖”扬言“要卸他人腿”，河南固县“官二代”扎堆做官，云南孟连县副县长之女、初三女生小思率 7 名同学暴打另一女初中生……诸多无视道德与法律的恶性行为表明，部分“官二代”身上已失去了作为一名合格国家公民的基本素质。

公民教育的倡导者、德国著名教育学家凯兴斯泰纳（Kerschensteiner）认为，理想的国家公民应该符合以下三个条件：第一，一个人无论能力大小，都必须工作。一个人只知享受而不工作，不仅不是有用的公民，而且是不道德的。第二，

① ［美］理查德・格里格等著. 心理学与生活［M］. 王垒等译，人民邮电出版社，2003：306 页。

一个人应该将所任的职务看作“郑重的公事”，看作是对于社会团体应尽的义务，不只是专为个人的生活，专为个人的道德主张去做。第三，一个人在职务完成以外，还要借着工作去完成他的特殊人格的价值，以协助他所属的国家达到伦理化的理想方向。① 然而，我们却有部分“官二代”完全背离了这三个条件。他们的一贯作风是凭借权力谋取私利或不劳而获，更有甚者还发展到危害他人人身安全、抢占他人和社会的公共利益、破坏社会安全和秩序的地步，显然，他们已经完全脱离了做一个“有理想、有道德、有文化和有纪律”的社会主义公民和接班人的人生轨道。可见，无论是在家庭教育中，还是在学校教育中，这些“官二代”身上缺少的是如何做一个合格国家公民的教育。尤其是他们的父母作为各级政府官员，是国家党政方针的制定者、贯彻者和执行者，对子女的家庭教育中明显缺少了国家意识与公民意识。

那么，到底什么是公民教育，应该对“官二代”怎样开展公民教育呢？

凯兴斯泰纳认为，所谓公民教育就是要培养具有国家意识的公民，这一概念以国家、国家意识和公民三个概念为基础，要理解公民教育的概念首先就必须正确理解这三个概念。在凯兴斯泰纳看来，国家是指人与人之间秉承“法制”与“文明”伦理概念的道德集体，这一“法制”与“文明”完善结合的集合是由全体公民组成的集体，在这一集体中，国家的法律制度被自觉遵守，而不再任何强制措施，为了实现此种理想，公民教育就有产生的理由。既然国家是道德集体，那么国家意识就是道德意识，就是“某个个人道德自律性”，是“每一个个人的道德自觉权和由此产生的自愿参与社会伦理发展的个人责任感”，换言之，国家意识就是法制意识与文明意识的有机结合，就是要将外在的道德意识内化为自觉文明意识，同时法制制度文明化，合乎多数人的利益。而关于公民，凯兴斯泰纳认为，在理想的国家集体中，公民必须具有三种美德，即“公正”、“合法”及“劳作”：首先，公民必须具有“以公正为内容的道德勇气和受合法情感支配的忘我友爱的精神”，学会从公正与合法性的角度来解释公民之间以及公民与国家之间的关系，一方面为社会公正具有“对自己所做的一切高度负责”的“大无畏的精神”，另一方面遵

① 徐小洲.论凯兴斯泰纳的公民教育思想[J].杭州大学学报(哲学社会科学版)，1997(9)。

守集体法律，时刻准备牺牲个人的利益而服从集体命令；其次，“公正”、“合法”并非凭空产生，是集体生活尤其是集体劳作之中产生的。总之，具备“公正”、“合法”与“劳作”的品德服务于现有的国家的人，便被称为“有用的国家公民”。①

从凯兴斯泰纳的公民教育概念来看，公民教育的内容主要可归纳为三方面：一是具有关于国家职责的知识，了解公民的权利与义务，了解国家的任务；二是具有从事某种职业的能力，能按个人特长在国家系统中充分发挥作用；三是具备公民的品德，遵纪守法，热爱祖国，愿意为国家服务。教育学家们一致认同，公民教育的这三方面内容可以通过强大的学校教育力量来实现。如美国学者纽曼(Newmann)提出公民教育的教学途径包括：学习学术科目、法律教育、讨论和解决社会问题、批判思维、社区参与、价值澄清、道德发展、改革学校体制等。② 我国教育学家则提出三个教学途径，即开设专门的“公民”课程；公民教育渗透在各学科教育之中；既专门开设“公民”课程，又将公民教育贯穿到各科教学之中。③

而对于我们的“官二代”来说，除了学校教育这一途径之外，他们还有比其他家庭的孩子更容易成为“有用的国家公民”的先决条件——来自身为官员父母的家庭教育。众所周知，家庭中的父母通常是教育环境的创设者，也是孩子学习的被模仿者和应答者。如果身为官员的父母能够在家庭生活中创设教育环境，将自己履行国家职责的权利与义务和为人民全心全意服务的精神，通过自己的言行及时传递给自己的子女，并对子女的学习行为给予及时、必要且正确的回应、引导和评价，那么我们的“官二代”或许就真能子承父业，成为未来社会主义国家接班人中最有希望、最有能力和最有成就的“二代”领导者和建设者。

---

① (德)乔治·凯兴斯泰纳.凯兴斯泰纳教育论著选[M].郑惠卿译，北京人民出版社，1993：15、215、242、306页。

② 丁尧清.学校社会课程的演变与分析[M].广东教育出版社，2005：19页。

③ 姚冬林、黄甫全.公民教育课程化[J].学术研究，2001(3)。

专题二　青年的精神生活世界观照

青年的精神生活世界，即青年的理想信念、思想道德、心理与能力发展等精神生活状态。下面有关人生态度、老化态度和道德自我的研究从其本质来看既可以归属于思想道德层面，又可以归属于心理健康与发展层面，而和平观的研究则可归属于理想信念层面。

大学生人生态度：现状与转化

处于人生过渡期的当代大学生是思维活跃、行动高效的青年群体，尽管缺乏人生阅历，但对社会发展中的各种力量有着极其敏锐的感受力和接受力，并会随之相应调整自己的观念系统和行为方式。面对身心发展、人际交往、学习生活与职业发展等人生课题，他们形成了多样化的观念意识，逐渐分化出各种特殊群体，如宅男宅女、贫困青年、普相女、啃老族和凤凰男等。这些群体不仅对人生有不同的看法与态度，其生存状态也有天壤之别——宅男宅女安居一室，足不出户；贫困学生囊中羞涩，黯然神伤；普相女貌不出众，自怨自艾；啃老族无所畏惧，啃老为乐；凤凰男积极奋斗，永不停息。因而，探索大学生人生态度问题对于揭示其精神面貌和人生路向，并采取相应教育策略助其健康成长、成就完美人生具有一定的现实意义。①

一、群体研究思维与人生态度理论

（一）群体研究思维

国内外研究者主要运用群体研究思维来关怀特殊或弱势的大学生群体。所谓群体研究思维是指，“由于青年的价值观念、生活方式、行为模式以及面临的问题和应对的办法，在当代中国已经多样化、多元化了，所以，青年群体分化或群体之间异质性的增强也已成为当代的特征之一，因此，有关青年现象的论述就不能不关注分化、差异和不平等。”②也就是说，首先要区分各种不同的青年群体，即从年龄、性别、国别、出生地、健康情况、婚育状况、经济水平、文化程度、政治身份、从事职业、法律地位、家庭角色等维度解构青年群体，并特别关注这些青年群体中相对弱势或特殊的群体，其中相对弱势的群体有未成年人、女性、抑郁者、低学历者、穷二代、农村青年、民二代、犯罪青年、失学无业青年等，相对特殊的群体有草食男/肉食女、丁克族、剩男剩女、富二代、官二代、独生子女、楼宇青年等。其次要关注这些青年群体的生活世界，并考察他们与文化和社会的互动，包括三个层面：一是日常生活世界，即关注大学生的衣食住行、消费休闲、身体健康等日常生活状态；二是社会生活世界，即关注大学生参与政治、就业、交往、学习等社会生活状态；三是精神生活世界，即关注大学生的思想道德、理想信念、心理健康问题等精神生活状态。最后提炼青年理论，制定青年政策和干预措施。③ 目前，有关各类大学生群体日常生活状态与社会生活状态的研究比较多，而有关其精神生活状态的研究则相对较少，而且主要集中于思想道德与心理品质两方面，理想信念则相对忽略。由于人生观与价值观能集中反映大学生的精神世界，所以一直受到了学者的关注，例如，何元庆的硕士学位论文《社会转型期大学生人生观现状的调查研究》、刘学的硕士学位论文《改革开放以后中国大学生人生观变化轨迹研究》、李娟的硕士学位论文《改革开放三十年来大学生人生观的变化与

---

① 吕倩：《浅析人生态度及其在人生中所起的重要作用》，《西南农业大学学报（社会科学版）》2011 年第 5 期。

② 陆玉林：《论青年的意义构成》，《中国青年政治学院学报》2011 年第 1 期。

③ 李洁：《2011 年我国青年研究的发展》，《河北学刊》2012 年第 5 期。

发展》、任文亮的硕士学位论文《当代大学生人生价值观现状及其教育研究》等。但是，能集中体现人生观与价值观的人生态度则鲜有人关注，且已有研究又多采用简单的经验描述法，忽略实证方法的运用，因而其结论可信度不高，如薛雷和吕倩的研究。所以，突破已有研究的局限即本研究的价值所在。

（二）人生态度理论

虽然关注大学生人生态度的研究并不多见，但国内外学者对人生态度的理论研究已相对成熟。归纳而言，主要集中于如下六方面：

1. 人生态度的内涵

人生态度既带有哲学的意味，又含有心理学的色彩。从哲学角度来看，人生态度是人们对待客观事物，对待他人和对待自己的基本态度（万志全，2002：7），①这就规定了人生态度在其本质上是对个体社会实践活动的总体反映，是对个体在人生诸多问题上表现的抽象概括。从心理学来看，尤其是从社会心理学角度来看，人生态度是一种相对稳定的心理倾向，它或是表现为在社会实践中人们对于人生诸问题的认知，如看法、评价等；或是表现为在社会实践中人们对人生诸问题的情感，如喜欢与厌恶、尊敬与蔑视、悲观与乐观等；同时，它还表现为人的一种行为倾向，积极应对与消极逃避、奋斗与松弛。这三重划分（认知-情感-行为）受到国内外心理学家的普遍认同并得以应用（Lewis R. Aiken，2008：4）。② 还有研究者将哲学上的“人生”与心理学中的“态度”两词义结合，将人生态度理解为“对人类实践活动、对人与自然关系和人与人关系的认知、情感或行为的准备状态”。还有学者认为，人生态度与人生目的和人生价值一起构成人生观的三大基本问题，人生态度是指人们在一定的社会环境的影响和教育引导下，通过生活实践和自身体验所形成的对人生问题的一种稳定的心理倾向和基本看法（本书编写组，2010：66）。③

2. 人生态度的对象

人生态度具备态度的一般特征，它总是指向一定的对象。也就是说，个体所

① 万志全：《论人与人生》，大连海事大学出版社 2002 年版，第 7 页。

② Lewis R. Aiken，《态度与行为：理论、测量与研究》，何清华等译，中国轻工业出版社 2008 年版，第 4 页。

③ 本书编写组：《思想道德修养与法律基础》，高等教育出版社 2010 年版，第 66 页。

具有的人生态度总是指向某一具体的对象，如工作、学习、家庭、友谊、爱情，甚或追求、信仰、理想等人生问题，以及人们在处理这些问题的过程中所面对的顺境与逆境、光明与黑暗、生与死、乐与苦、福与祸、美与丑、荣与辱等抉择。

3. 人生态度的类型

人生态度可划分为不同种类。从我国传统文化来看，人生态度主要有出世、入世、避世三种；从现代文化来看，梁漱溟先生指出对待人生有三种不同的路向或态度：第一种是“逐求”，奋力取得所要求的东西，设法满足自己的要求；第二种是“厌离”，遇到问题不去要求解决、改造局面，就在这种境地中求得自己的满足；第三种是“郑重”，自觉地听其生命之自然流行，求其自然合理耳。① 另有学者将人生态度大致分为如下类型：消极悲观型——对生活中矛盾采取躲避的人生态度；苟且迁就型——顺乎不正之潮流，采取随波逐流的人生态度；正视现实型——敢于斗争，顺境中不骄傲，逆境中不动摇的正确的人生态度。还有学者从不同角度出发对人生态度进行了如下分类：从内容上分为政治态度、思想态度、学习态度、生活态度；按生存基调分为有消极悲观和积极进取两类人生态度；按哲学流派分为享乐主义、禁欲主义、实用主义、虚无主义、功利主义以及意志主义人生态度等。在日常生活中，人们还有一些有关人生态度类型的表述，比如“积极进取，乐观向上的人生态度”、“随大流，跟时尚的人生态度”、“消极无为，与世无争的人生态度”、“牢骚满腹，热衷空谈的人生态度”等。

4. 人生态度的形成过程

人生及其态度的形成有若干个阶段，哲学家有各自的划分办法。我国宋代朱熹从人生历程角度认为人生有三境：人生如登楼，欲穷千里目，更上一层楼。丹麦哲学家齐克果将人生分为三个阶段，即审美阶段、道德阶段和宗教阶段。② 德国哲学家尼采则认为，人生有三个时期，即合群时期、沙漠时期和创造时期。合群时期，自我尚未苏醒，个体隐没在群体之中；沙漠时期，自我意识觉醒，开始在寂寞中思索；创造时期，通过个人独特的文化创造而趋于永恒之境。③ 心理学

---

① 梁漱溟：《我的人生哲学》，当代中国出版社 2014 年版，第 6 页。

② 金生鈜：《教育：思想与对话》（第 1 辑），教育科学出版社 2005 年版，第 63 页。

③ 吴连连：《现代西方哲学与社会思潮述评》，武汉理工大学出版社 2002 年版，第 26 页。

中有关态度的形成过程主要形成了学习理论、认知平衡理论、诱因理论、态度改变理论及劝导理论等研究成果。社会心理学家们吸收了这些研究成果，指出人生态度是在后天的生活、学习以及工作等的过程中学习形成和改变的，他们认为人的一生是一个逐渐社会化的过程，即通过学习社会文化和承担社会角色，逐渐由生物个体转化为社会人的过程，而人生态度就是在社会化过程中经由学习逐步确立的。①

5. 人生态度的影响因素

在人生态度的形成与发展的过程中，社会心理学认为既有内在因素——需要、性格、知识、经历等，也有外在因素——家庭、同伴、学校、团体、媒介、社会环境等。② 库克(Cook)等人认为，没有任何单一的环境因素能完整地解释为何有些青少年能比其他人更早地成功完成向成年期的过渡。③ 每种环境因素都对青少年的发展产生有限而独立的影响，而多种环境因素的累积效应才是最重要的(斯滕伯格，2007：148)。④

6. 人生态度与人生价值观、人之行为关系

一般而言，态度和行为是一致的，两者具有高度的相关性。⑤ 态度是行为的内在指引，行为是态度的外在表现。然而在实际生活中，我们时常会发现两者存在不一致的情况。这一方面与态度测量与调查的方法有关系；另一方面也与态度、行为之间的中介变量有关。比如有研究者认为，“行为”与“态度”的区别：行为是指人的言行；态度是指对事物的感觉、评价，或对某事的关注或反对，它是一种能反应的个人行为。我们很难从人们的态度中预测出他们的行为。那些对事物持有相似态度及价值观的人们，可能会采取截然不同的行为。例如高度关注城市问题的人们会采取不同的行为方式：回避、同情心及支持、设法改变。那么，

---

① 况志华等，《管理心理学》，南京师范大学出版社 2007 年版，第 175 页。

② 同上书，第 176 页。

③ Cook et al., 2002, “Some ways in which neighborhoods, nuclear families, friendship groups, and schools jointly affect changes in early adolescent development”, *Child Development*. Vol. 73(4). Lynn, D. B. 1974, *The father: His role in child development*. Monterey, CA: Cole.

④ 劳伦斯·斯滕伯格著，《青春期》，上海社会科学院出版社 2007 年版，第 148 页。

⑤ Lewis R. Aiken，《态度与行为：理论、测量与研究》，何清华等译，中国轻工业出版社 2008 年版，第 4 页。

态度与行为之间的相关性到底有哪几类？心理学家发现有如下几种：一是如果个体的态度体验比较强烈，与个体之前的体验一致性较高，则态度与行为间有高相关，反之则低；二是个体的情绪体验与其已有的态度体系无矛盾冲突，则两者的相关性高，反之则低；三是个体的自我认知越高、自我实现的动机越强，则两者存在高相关，反之则低；四是个体的情绪体验与强势群体舆论一致，则两者存在高相关，反之则低；五是如果个体的态度表现付出的代价太大，得不偿失，则两者的相关性低，反之则高。① 另有学者在研究中发现，人生价值观并不能直接影响人的行为，而是要通过当事人对自身的思考、对自身与社会环境的关系的思考。可见，价值观如何作用，表现出什么样的行为还取决于个体的态度以及所处的家庭环境、社会环境等因素。因此，人生价值观、人生态度与人的行为三者之间的关系是：人生态度直接决定人的行为，是人生价值观与人之行为的中间桥梁。

二、研究设计

本研究将运用群体思维关注公立普通高等学校在读大学生群体；首先，根据已有研究及社会心理学人生态度理论成果，展开对大学生人生态度的结构构想；②然后，设立本研究目标并提出研究假设，自编人生态度问卷验证所设并达成本研究目标。

（一）研究目标与假设

大学生人生态度是一个多层次、多维度的结构系统，由人生认知评价、人生情感体验和生活方式倾向三个层面组成。③ 它将直接影响一个人对自己生存状态和人生路向的行为选择，同时，受多种因素影响，大学生在生活中必然会形成消极或积极的人生态度，其中消极的人生态度会制约他们选择积极进取的人生路向。本研究目标旨在呈现大学生人生态度现状并探讨其影响因素，从中找出积极转化策略以促进大学生人生发展。基此目标，本研究提出如下假设：

假设1：大学生人生态度总体为积极、乐观、向上的。该假设的提出有两个

---

① 管健：《社会心理学》，南开大学出版社2011年版，第101—113页。

② 李洁：《大学生人生态度结构及量表统计分析》，载《国家行政教育学院学报》2013年第7期：80—81。

③ 同上。

依据：一是理论依据，即马斯洛的需要层次学说，人在满足了低层次的需求（生理、安全、爱与归属）之后，必然会追求高层次的需求（尊重与自我实现），也就是说，人在本质上是渴望上进、发展的，对自我实现有着天然的追求，有着“使自己保持成长或自我完成的趋向”；①二是现实依据：我国向来非常注重青少年的“成长、成人”教育，在社会生活的方方面面都尽最大努力地给予他们最积极的正面力量。正如梁启超先生所言：“少年智则国智，少年强则国强，少年独立则国独立，少年进步则国进步，少年雄于地球，则国雄于地球……”，相信我们的社会对于国之希望、国之栋梁的大学生的教育初衷始终是积极美好的；此外，面对现实社会中流行的“一代不如一代”的学生观念以及一些研究者对当代大学生人生态度的现状分析，有必要进行质疑与验证。如薛雷认为当代大学生人生态度存在的主要问题是：在挫折面前表现出畏惧、悲观、逃避的人生态度；在人生责任担当时表现曲解竞争，责任意识不强。②

假设 2：不同背景大学生在人生态度的人生认知评价、人生情绪体验及生活方式倾向三个层面都存在显著差异。不同背景包括专业、性别、生源地、是否独生、年级、户籍地、是否学干、政治面貌、恋爱经历、健康状况、家庭经济状况、成长环境、父母文化程度、父母健康状况等。该假设的提出有两个依据：一是群体思维；二是人生态度影响因素理论。

假设 3：大学生人生态度结构各因素维度之间交互影响显著。该假设提出的依据有两个依据：一是人生态度与人生价值观、人之行为关系理论。据此探讨大学生人生态度结构内部各因素之间的相关性。三是人生态度影响因素理论。内在因素同样对大学生人生态度产生影响。

（二）研究工具

本次调研采用自编问卷。该问卷分两部分：第一部分是个人信息；第二部分是《人生态度量表》。个人信息包括性别、专业、户籍地、是否独生、是否学生干部、年级、政治面貌、家庭经济状况、家庭成长环境、父母文化程度、父母健康状

① 马斯洛：《人性能达到的境界》，马良诚等译，陕西师范大学出版社 2010 年版，第 59 页。

② 薛雷：《当代大学生人生态度的现状分析及教育引导》，《吉林省教育学院学报》2009 年第 10 期。

况。《人生态度量表》由三个分量表构成，即人生认知评价量表、人生情感体验量表和生活方式倾向量表。其中，人生认知评价量表有“追求生存中的利益满足、求得发展中的精神满足、为他人和社会服务”三个因素（以下分别简称为利益、精神、服务），共22题，旨在了解大学生对关于金钱、地位、自我完善与发展、为他人与社会服务等人生课题方方面面的认知情况；人生情感体验量表有“乐观情绪、矛盾混合型和悲观情绪”三个因素（以下分别简称乐观、矛盾、悲观），共17题，旨在了解大学生面对方方面面的人生课题时的情绪体验情况；生活方式倾向量表有“积极奋进、松弛平和和消极退避”三个因素（以下分别简称奋斗、松弛、退缩），共27题，旨在了解大学生面对人生课题时的行为方式倾向。经检验，该量表分半信度和内部一致性信度良好（$0.6<\alpha<0.9$），结构效度显著（$P=0.000<0.001$）。①

（三）问卷发放

2013年9月至12月，笔者随机选择长春师范大学、华东政法大学、西安交通大学、西南民族大学、广西金融学院、河北大学、复旦大学、长沙理工大学、上海大学和北京理工大学（以下分别简称为长师、华政、西交、西民、广金、河大、复旦、长理、上大、北理）等十所普通公立高等学校（覆盖东北、西南、西北、华东、华中、华北、华南等七大区域）的在读大学生进行问卷调查研究。本次调研一共发放问卷3100份，回收2600份，回收率为83.87%，剔除无效问卷310份，有效问卷为2290份，有效回收率为88.08%。

三、大学生人生态度现状特点

（一）大学生人生态度总体情况

见表3.1：在人生认知评价层面，大学生在精神和服务维度得分较高，分别为3.804和3.541，而利益维度得分为3.017；在人生情感体验层面，在乐观维度得分最高，为3.325，在矛盾和悲观得分在中值3.0以下，分别为2.420和2.421；在生活方式倾向层面，在奋斗维度得分较高，为3.368，在松弛和退缩维

① 李洁：《大学生人生态度结构及量表统计分析》，载《国家行政教育学院学报》2013年第7期：80—81页。

度得分均在中值3.0以下，分别为2.873和2.492。可见，大学生人生认知评价整体倾向于追求人生发展中的精神满足和为他人和社会服务，人生情感体验乐观，生活方式倾向于奋斗，这说明大学生人生态度总体上是积极乐观、奋发进取的。因而，本研究假设1成立。本次人生认知评价调查结果与薛雷的结论相反，与何元庆对哈尔滨工程大学、北京理工大学、华南师范大学、安徽师范大学、皖南医学院等五所学校的大学生的调查结果基本一致，但在生活方式倾向层面的调查结果差异较大，①现在的大学生整体上更倾向于奋斗方式，排斥松弛和退缩的生活方式。

表1　大学生人生态度各因素维度得分情况

	因素	样本	均值	均方差	最小值	最大值
人生认知评价	利益	2290	3.017	0.636	1	5
	精神	2290	3.804	0.632	1	5
	服务	2290	3.541	0.640	1.125	5
人生情感体验	乐观	2290	3.325	0.615	1	5
	矛盾	2290	2.420	0.623	1	5
	悲观	2290	2.421	0.771	1	5
生活方式倾向	奋斗	2290	3.368	0.588	1	5
	松弛	2290	2.873	0.673	1	5
	退缩	2290	2.492	0.674	1	4.818

（二）不同背景大学生人生态度情况

统计结果显示，除专业不同对大学生人生态度无显著影响之外，性别、是否独生、恋爱经历、健康状况、家庭经济状况、成长环境、父亲文化程度、父母健康状况、户籍地、年级、是否学干、政治面貌、生源地、学校等均对大学生人生态度有显著影响。因此，本研究假设2部分成立。具体而言：

1. 女大学生人生态度总体上比男大学生更加积极乐观。

表2显示：在人生认知评价层面，女大学生在精神和服务维度得分显著高于

---

①　何元庆：《社会转型期大学生人生观现状的调查研究》，安徽师范大学硕士学位论文2006年。

男大学生；在人生情感体验层面，女大学生在矛盾和悲观维度得分显著低于男大学生；在生活方式倾向层面，女大学生在退缩维度的得分显著低于男大学生。女生倾向精神与服务与尼尔森公司对51个国家的28153人的网络调查一致：男性更易从金钱中找到心理快乐，女性则更易从友谊及与孩子、同事和老板的相处中得到快乐。① 也印证了男生比女生更偏向功利与实用的结论。② 西方学者认为此性别差异缘于后天教育的影响——在学习各自特定社会角色的过程中，男孩总是被鼓励获得一些竞争性特征如雄心、好斗、独立和敢为，女孩总是被鼓励学习一些富于情感性特征如顺从他人、社会关怀和宽恕忍耐。③

2. 城市大学生比农村学生心态乐观。

表2显示：在人生认知评价层面和生活方式倾向层面，户籍对各因素维度均无显著影响；在人生情感体验层面，城市户籍学生在乐观维度得分显著高于农村户籍，在悲观维度显著低于农村户籍。这说明信息时代，城乡差异正逐渐缩小，人生价值观与生活方式也逐渐趋同，但由于城乡二元对立结构仍然存在，农村学生在生活中体验到了更多消极情绪。这与何元庆的研究一致，且他还发现城乡生活环境差异导致人生目标、人生评价和人生手段的选择差异，④许加元则发现人生手段的差异要大于人生目标的差异（农村学生的集体主义与利他主义取向、进取精神强于城市学生；城市学生比农村学生更富于冒险和创新，而农村学生比城市学生更循规蹈矩、遵守规范），⑤这进一步印证了城乡差异缩小，人生认知的趋同化的结论。

3. 独生子女比非独生子女功利，但心态乐观。

表2显示：人生认知上，独生子女利益得分显著高于非独生子女；情感体验

---

① http://news.sina.com.cn/h/2009-10-02/102418772341.shtml，2014-8-16.

② 何元庆：《社会转型期大学生人生观现状的调查研究》，安徽师范大学硕士学位论文2006年。

③ Auster，C. J，Ohm，S. C. 2000，"Masculinity aid femininity in contemporary society：A reevaluation using the Berm Sex-Role Inventory"，Sex Roles. Vol. 43(4)：499—528.

④ 何元庆：《社会转型期大学生人生观现状的调查研究》，安徽师范大学硕士学位论文2006年。

⑤ 许加元：《城乡大学生人生价值观差异的初步研究》，《太原师范学院学报（社科版）》2006年第1期：151—152页。

上,独生子女乐观得分显著高于非独生子女;生活方式上,是否独生无显著影响。生活方式无差异与已有研究一致——独生与非独生子女的行为问题差别只有少许,且随发展到青少年期这些差异有大致消失的趋势。① 独生子女虽功利但却乐观印证了独生子女心理健康状态和部分心理健康素质优于非独生子女,②而导致此差异的原因是非独生大多来自农村,农村生活环境较差且教育落后令其社会适应能力欠缺。③ 该分析与本调查背景吻合(非独中农村户籍 754 人,占非独总数的 68%,城市户籍 353 人,占非独总数的 32%;农村贫困与一般的为 895 人,占农村户籍人数的 91%;城市贫困与一般的为 881 人,占城市户籍人数的 68%)。

4. 学生干部比非学生干部心态乐观、生活积极。

表 2 显示:在人生认知层面,学生干部在各因素维度得分均显著高于非学生干部;在人生情感体验层面,学生干部在乐观维度得分显著高于非学生干部,在矛盾和悲观维度无显著差异;在生活方式倾向层面,学生干部在奋斗维度得分显著高于非学生干部,在松弛维度得分显著低于非学生干部。显然相对非学干,学干有很明确的人生目标,不管何种追求都表现出乐观进取。这说明学干有比非学干更优的人格特质和心理健康水平,如更外向、好胜心强、活泼热情、坚毅,④较少采取消极应对方式,⑤且少有抑郁倾向。⑥

5. 年级(年龄)越高(大),人生态度越矛盾悲观。

表 2 显示:在人生认知评价层面,大二、大三学生在利益维度得分显著高于

---

① 陶国泰等,《独生与非独生儿童心理发展的纵向分析:南京十年追踪研究》,《中国心理卫生杂志》1999 年第 4 期:210—212 页。

② 张小远等,《独生与非独生子女大学生心理健康状态和素质的对照研究》,《南方医科大学学报》2006 年第 10 期:482 页。

③ 佘丹丹等,《独生子女与非独生子女的大学适应性情况调查》,《医学研究与教育》2011 年第 4 期:45 页。

④ 王挺等,《高校学生干部的人格特质》,《中国健康心理学杂志》2010 年第 1 期:103—105 页。

⑤ 陶金花等,《高校学生干部人格特质和应对方式调查研究》,《中国健康心理学杂志》2010 年第 11 期:1377—1378 页。

⑥ 张铭,《高校学生干部心理健康状况研究》,《中国社会医学杂志》2008 年第 4 期:235—237 页。

表2 性别/专业/户籍地/生源地/是否独生/是否学干对大学生人生态度的影响

变量		利益		精神		服务		乐观		矛盾		悲观		奋斗		松弛		退缩	
		M±SD	T	M±SD	T	M±SD	T	M±SD	T	M±SD	T	M±SD	T	M±SD	T	M±SD	T	M±SD	T
性别	女	3.00±.60	−1.41	3.85±.61	3.73***	3.58±.61	3.12**	3.33±.61	.54	2.53±.60	−2.86**	2.37±.76	−3.45**	3.36±.58	−.92	2.89±.66	1.47	2.46±.66	−3.12**
	男	3.04±.66		3.74±.66		3.49±.68		3.32±.62		2.60±.65		2.49±.78		3.38±.61		2.85±.70		2.55±.69	
专业	文	3.00±.64	−1.21	3.81±.63	.62	3.54±.63	−.042	3.34±.64	.831	2.55±.63	−.85	2.43±.75	.41	3.37±.59	−.05	2.86±.67	−.80	2.49±.67	.083
	理	3.03±.63		3.80±.63		3.54±.65		3.32±.60		2.57±.62		2.41±.79		3.37±.59		2.88±.68		2.49±.68	
户籍	城	3.06±.63	1.12	3.81±.65	−1.28	3.54±.65	−1.73	3.37±.62	4.34***	2.55±.62	−.83	2.39±.76	−2.48*	3.37±.60	0.12	2.87±.68	1.17	2.46±.66	−1.43
	农	3.02±.61		3.85±.61		3.59±.63		3.26±.61		2.58±.62		2.47±.78		3.37±.60		2.83±.68		2.51±.69	
独生	是	3.05±.66	2.35*	3.79±.63	−.96	3.52±.65	−1.51	3.37±.62	3.70***	2.57±.63	.50	2.41±.77	−.71	3.39±.60	.88	2.87±.68	1.24	2.50±.68	1.23
	否	2.99±.61		3.81±.63		3.56±.63		3.28±.60		2.56±.62		2.43±.77		3.36±.59		2.83±.68		2.47±.67	
学干	是	3.08±.64	3.53***	3.85±.65	2.58*	3.60±.65	3.24**	3.41±.63	4.76***	2.56±.67	.01	2.42±.81	−.11	3.41±.61	2.39*	2.82±.69	−2.68**	2.47±.73	−1.23
	否	2.98±.63		3.78±.62		3.51±.63		3.28±.60		2.56±.60		2.42±.75		3.34±.57		2.90±.66		2.51±.64	

* $P<0.05$, ** $P<0.01$, *** $P<0.001$

大一学生，大一学生在精神维度得分显著高于大三学生，大一学生在服务维度显著高于大二、大三、大四学生；在人生情感体验层面，大一学生在乐观维度得分显著高于大三学生，大三学生在矛盾维度得分显著高于大一、大二学生得分，大三、大四学生在悲观维度得分均显著高于大一、大二学生；在生活方式倾向层面，大二、大三和大四学生在松弛维度得分显著高于大一学生，大三、大四学生在退缩维度得分显著高于大一、大二学生。显然，一年级新生明显不如高年级学生注重功利与实用，①随着年级升高、年龄增长，他们越加悲观和矛盾，生活方式倾向也愈加松弛和退缩，这是因为要考虑的学习、交友、就业等现实问题越来越困扰着他们，长期处于矛盾心理状态所致。②

6. 小康家庭学生最乐观，一般家庭学生最松弛。

表2显示：在人生认知评价层面，不同家庭经济状况大学生得分无显著差异；在人生情感体验层面，家庭经济小康水平的学生在乐观维度得分显著高于家庭经济贫困和一般的学生，家庭经济贫困和一般的学生在矛盾维度和悲观维度得分均显著高于家庭经济小康水平的学生；在生活方式倾向层面，家庭经济一般水平的学生在松弛维度得分显著高于家庭经济贫困学生，家庭经济一般的学生在退缩维度得分均显著高于家庭经济小康水平的学生。显然，家境好坏不直接导致大学生人生认知偏向，但家境富裕能给予学生更多乐观自信，因而其社会适应能力也更好；③一般家境则容易让学生养成小成即安、平庸度日的自卑心态；④贫困则会令学生滋生过多消极情绪，因为在贫困中成长会深刻地损害年轻人从青春期向成年期平衡过渡的能力。持续的贫困和短暂的经济压力一样，会有损于父母有效地履行职责，使父母变得更为粗暴、抑郁，对孩子出现问题的警觉性下降……这些对青少年的适应有消极影响，如表现出更强的焦虑、抑郁，更多的品行问题及学校表现不如从前。⑤

---

① 何元庆：《社会转型期大学生人生观现状的调查研究》，安徽师范大学硕士学位论文2006年。

② 畅相韦：《不同学生应对方式的比较研究》，《长春教育学院学报》2014年第7期。

③ 包陶迅等，《贫困与富裕家庭儿童社会适应的比较研究》，《中国健康心理学杂志》2011年第6期：704—705页。

④ 李洁：《教育学视角中的“官二代”》，《青少年犯罪问题》2011年第1期：20—21页。

⑤ 劳伦斯·斯滕伯格著，《青春期》，上海社会科学院出版社2007年版，第143、193页。

7. 健康学生比不健康学生更积极乐观

见表8:人生认知上,健康学生精神得分显著高于其他不健康学生,服务得分也显著高于有生理疾病的学生;情感体验上,健康学生悲观得分显著低于其他不健康学生,乐观显著高于有生理疾病的学生,矛盾显著低于曾患重疾的学生;生活方式上,健康学生奋斗得分显著高于其他不健康学生,退缩得分显著低于其他不健康学生。可见,身体越健康就越积极乐观,这印证了大学生的身体健康与心理健康、行为健康有显著的线性相关性。①

8. 曾恋爱学生比从未恋爱学生乐观且矛盾

见表8:人生认知与生活方式上,恋爱经历无显著影响;情感体验上,曾恋爱者乐观得分显著高于从未恋爱者,矛盾得分显著高于正恋爱和从未恋爱者。可见,恋爱能够促进自信与乐观情绪产生,这说明它通过自我概念间接对大学生人生观产生影响;②但恋爱失败也能产生矛盾心态,因为它会对心理健康与应对方式产生不良影响。③

9. 党员和团员思想上要求进步、积极获取政治身份,因而比群众积极乐观

表9显示:在人生认知评价层面,党员和团员在精神维度得分均显著高于群众,团员在服务维度得分显著高于群众;在人生情感体验层面,群众在矛盾维度得分显著高于党员和团员,党员和群众在悲观维度得分显著高于团员;在生活方式倾向层面,党员和团员在奋斗维度得分显著高于群众,群众在退缩维度得分显著高于团员。显然,党员和团员追求进步,比群众乐观进取但也悲观。这既印证了多数党员理想信念坚定,爱国精神、集体观念和道德品质等较强,且善于学习研究,能较好的开展各项工作,又说明部分入党动机世俗化、素质较低。④

10. 父亲带大的单亲家庭长大的学生最悲观,生活方式最消极

表10显示:在人生认知评价层面,父亲带大学生在精神维度得分显著低

---

① 周莉等,《我校大学生身心健康的相关性分析》,《首都医科大学学报》2009年第12期:310页。

② 张云喜:《恋爱经历对大学新生自我概念及人生观的影响》,《四川理工学院学报(社会科学版)》2013年第5期:53页。

③ 王希华:《失恋对大学生恋爱态度和心理健康的影响》,《中国健康心理学杂志》2011年第5期:598页。

④ 姜德红:《高校学生党员基本素质调查及对策研究》,《改革与开放》2010年第3期:100页。

于其他成长环境类型的学生,父亲带大学生在服务维度得分显著低于双亲带大的学生;在人生情感体验层面,父亲带大大学生在矛盾维度得分显著高于双亲带大的大学生,父亲带大学生在悲观维度得分显著高于其他所有成长环境类型的学生;在生活方式倾向层面,双亲带大学生在奋斗维度得分显著高于母亲带大的学生,父亲带大学生在松弛维度得分显著高于双亲带大、祖父母带大和其他情况的大学生,父亲带大学生在退缩维度得分显著高于其他所有成长环境类型的学生。

由此可见,父亲带大的单亲家庭中长大的学生明显不如夫妻家庭或隔代家庭等环境长大的学生的人生态度积极乐观,而同样是单亲家庭,母亲带大的学生要比与父亲带大的学生更加乐观积极。这从侧面说明,现代家庭中,父亲在对待子女的关爱及教育问题上明显不如母亲所付出的多,这或许是性别特征天然差异的结果(女性的生育功能导致其与子女的天然联系由母体之内延伸到了母体之外),但更或许是传统家庭"男主外、女主内"的分工理念在作祟(家庭教育天然应是母亲而不是父亲所擅长的责任与义务)。对此,西方学者认为:过去,死亡是造成家庭中母亲缺席的主要原因,今天,离婚、抛弃,还有少数由单身男性收养等因素也促成了单亲父亲的出现。① 在这些因素中,离婚是导致单亲家庭持续增长的最大因素,也是致使男性成为单亲家庭的主人首要因素。与社会日益增加的离婚率一致,父亲获得监护权的事件也在日益增长。不断变化的两性角色正为男人提供了一个与孩子互动的巨大的机会(Lynn,1974)。随着这一社会变革,角色期望出现了混乱,单亲父亲在履行他所接受的新角色时常常缺乏清晰的指导。② 男性在我们的文化中很少有机会发展养育技能——帮助他们成为有效的家长并因此为孩子提供良好的性别角色榜样。③ 部分男性的社会化构成避免了这样的活动,如玩木偶,过家家,做家务和其他能够帮助一个男孩子为养育角色作准备的游

---

① Orthner, D. K. & Ferguson, D. 1976, "Single-parent fatherhood: An emerging life style", The Family Coordinator. Vol. 25(4): 429—437.

② Mendes, H. A. 1976, "Single fathers", The Family Coordinator. Vol. 25(4): 261—297.

③ Nash, J. 1965, "The father in contemporary culture and current psychological literature", Child Development. Vol. 36(1): 261—297.

戏形式。[1] 男性气质角色的社会化令养育和情感化不被青年男人所接受，[2]依据这样的角色期望，便可以理解一个父亲常常没有为养育孩子而准备，对孩子富有爱心和养育的思想让他感到不舒服，即使这么做对他而言已为社会所接受。[3]

调查显示，在母亲带大的单亲家庭中，孩子从母亲那里所获得的爱与教育已足够弥补父亲的爱与教育的缺席，所以母亲带大的孩子远不如父亲带大的孩子那样有过多的悲观与矛盾情绪，然而，虽然母亲带大的孩子虽然并不如父亲带大的孩子悲观，但却比双亲带大的孩子少了些奋斗精神，这或许是父亲的男性气质（好斗、勇敢）的影响缺失，而母亲的女性气质（温柔、情感）影响过多所致。这恰好也为当下社会的男孩危机的客观存在提供了证据。[4] 此外，成长在祖父母带大的隔代家庭与双亲带大的夫妻家庭的孩子在人生态度上的积极乐观程度并没有太区别，这说明在隔代家庭中，祖父母已经取代父母的角色给予了孩子同等的爱与教育。正如心理学家所说：与富有爱心的成人（看护人）结成密切的关系，这是儿童健康成长和正常社会化的第一步，当与主要看护人（祖父母、父母等）的最初依恋扩展到家庭的其他成员身上时，他们也成了儿童思维方式和行为方式的新榜样。[5] 这里所说的“其他成员”可以是有血缘关系的其他人（父母的兄弟姐妹、儿童的兄弟姐妹等），亦可以是无血缘关系的其他人。总而言之，保持家庭结构与功能的完整和健全显然对孩子的健康成长是有利无弊的。

11. 高学历母亲的子女最功利，心态乐观，生活方式松弛

表 3 显示：在人生认知评价层面，母亲文化程度硕士及以上大学生在精神维度得分显著低于母亲文化程度小学及以下、初高中/中专和大学/专的学生，母亲

---

① Lansky, L. M. The family structure also affects the model: Sex-role attitudes in parents of preschool children. Merrill- Palmer Quarterly, 1967, 13, 139—150.

② Josselyn, I. M. Cultural Forces, motherliness, and fatherliness. American Journal of Orthopsychiatry, 1965(26): 264—271.

③ Richard M. S & Craig W. S. 1981, “Child Rearing and Single parent Fathers”, Family Relations. Vol. 30(3): 411—417.

④ 孙云晓等，《男孩危机是一个客观存在的事实》，《青年研究》2010 年第 6 期：70—76 页。

⑤ 理查德・格里格等，《心理学与生活》，王垒等译，人民邮电出版社 2003 年版，第 308 页。

文化程度小学及以下的学生在服务维度得分显著高于母亲文化程度硕士及以上的学生；在人生情感体验层面，母亲文化程度初高中/中专和大学/专的大学生在乐观维度得分显著高于母亲文化程度小学及以下的大学生；在生活方式倾向层面，母亲文化程度初高中/中专的学生在松弛维度得分显著高于母亲文化程度小学及以下的大学生，母亲文化程度硕士及以上的学生在退缩维度得分显著高于母亲文化程度为大学/专的学生。

自信乐观的品质通常产生于民主和谐的养育环境。高学历母亲子女心态乐观印证了家庭养育观的民主化通常伴随着母亲文化程度的提高和家庭收入的增加趋势。① 而其注重利益追求则与女性现实的不平等地位不开（见表3、表4，母亲为小学及以下人数多于父亲，而初中及以上人数均少于父亲）。高学历母亲深知经济是平等的基础，教育只是获得高收入、开阔视野、获得自信的手段。当子女面对如此理性的母亲，自然顺从大于自主，习惯性松弛或退缩。正如调查显示，高学历母亲对孩子采取一种更为严格的教养态度……孩子生活在一种紧张的环境中。② 可见，随着母亲文化程度的提高，子女接受负性情感教育的机会增多。③

表3 调查对象的母亲文化程度(muqinxl)分布

muqinxl	Freq.	percent	cum.
小学及以下	490	21.40	21.40
初高中或中专	1228	53.62	75.02
大学(专)	523	22.84	97.86
硕士及以上	49	2.14	100.00
Total	2290	100.00	

① Sparling, J. & Lowman, B. 1983, "Parent information needs as revealed through interests, problems, attitudes and preferences", In R. Haskins & D. Adams (Eds.), Parent education and public policy. Norwood, NJ: Ablex: 304—323.

② 郭文才：《高学历母亲教子过严》，《中国妇女报》2002年5月15日第5版。

③ 黄永兰等，《父母文化程度与养育方式关系的研究》，《中国儿童保健杂志》2003年第5期：311—313页。

表 4　调查对象的父亲文化程度(fuqinxl)分布

fuqinxl	Freq.	percent	cum.
小学及以下	246	10.74	10.74
初高中或中专	1339	58.47	69.21
大学(专)	630	27.51	96.72
硕士及以上	75	3.28	100.00
Total	2290	100.00	

12. 父亲学历越高,子女人生态度越积极。

表 7 显示:在人生认知评价层面,父亲文化程度硕士及以上大学生在服务维度得分显著低于父亲文化程度为初高中/中专和大学/大专的学生;在人生情感体验层面,父亲文化程度大学/大专的大学生在乐观维度得分显著高于父亲文化程度小学及以下和初高中/中专的大学生,父亲文化程度小学及以下和初高中/中专的大学生在悲观维度得分则显著高于父亲文化程度大学/大专的大学生;在生活方式倾向层面,父亲文化程度初高中/中专的大学生在退缩维度得分则显著高于父亲文化程度大学/大专的大学生。可见,父亲为高学历者更积极乐观,这印证了父母(尤其是父亲)文化程度对青少年道德同一性影响显著——父母文化程度相对较高的家庭更重视青少年的道德教育,文化程度较低的父母往往因自身无力指导而只能听任自便,①且文化程度越高的家长可能更注重教育知识的学习,教育手段更科学合理,其子女心理发展更为健康,②反之则家长忽略教育知识与方法的学习,其子女心理倾向不健康。

父亲文化程度对学生人生态度的影响与母亲文化程度对学生人生态度的影响是完全不一样的(这可能是性别差异背后社会对男女角色的期望不一样而导致的)。通过对样本的分析发现,学历较低的父亲大部分是农民(见表 5、表 6)。

---

① 杨韶刚等,《父母文化程度与职业对青少年道德同一性的影响研究》,《教育导刊》2009 年第 5 期:30—32 页。

② 吴敏等,《父母文化程度、职业、期望值及教育方式等因素对大学生心理健康水平的影响》,《郑州大学学报(医学版)》2007 年第 6 期:1186 页。

表 5　户籍(huji)与母亲文化程度(muqinxl)的交叉表

muqinxl	huji		
	城　市	农　村	Total
小学及以下	107	383	490
初高中或中专	694	534	1228
大学(专)	462	61	523
硕士及以上	39	10	49
Total	1302	988	2290

表 6　户籍(huji)与父亲文化程度(muqinxl)的交叉表

fuqinxl	huji		
	城　市	农　村	Total
小学及以下	56	190	246
初高中或中专	632	707	1339
大学(专)	551	79	630
硕士及以上	63	12	75
Total	1302	988	2290

而“注重服务意识，情绪悲观，生活方式倾向退缩”，而这正是农民父亲人生态度在大学生身上的延续。他们将服务意识、悲观情绪、遇事退缩传递给了孩子。悲观缘于贫困落后的农村生活，而服务和退缩则符合中国传统社会的交往观——人情。人情有三层涵义：利他倾向——在交往中关心、照顾和帮助别人，对别人的需要高度敏感；内律倾向——和别人相处时能控制自己的情绪，体谅别人的难处，在发生冲突时能容忍别人；面子观念——在社交场合给人和自己留面子，在表达观点特别是不同意见时留有余地，态度廉和、忍让。①

13. 父母身体越健康，大学生越乐观，反之则越矛盾、越悲观，且生活方式倾向松弛和退缩。

表 8 显示：在人生认知评价层面，母亲健康较差的学生在服务维度得分显著

① 陈向明，《旅居者和“外国人”—留美中国学生跨文化人际交往研究》，教育科学出版社 2006 年版，第 133—134 页。

高于母亲健康为良好、一般和母亲已去逝的学生；在人生情感体验层面，母亲健康良好的学生在乐观维度得分显著高于母亲健康一般的大学生得分，母亲健康一般和较差的学生在矛盾维度得分显著高于母亲健康良好的大学生，母亲健康一般的学生在悲观维度得分显著高于母亲健康良好的大学生；在生活方式倾向层面，母亲健康一般的学生在松弛和退缩维度得分显著高于母亲健康良好的学生。

在人生认知评价层面，父亲健康状况在各因素维度对学生人生态度无显著影响；在人生情感体验层面，父亲健康状况良好的学生在乐观维度得分显著高于父亲健康一般和较差的学生，父亲健康一般和较差的学生在矛盾维度得分显著高于父亲健康良好的学生，父亲健康一般的学生在悲观维度得分显著高于父亲健康良好的学生；在生活方式倾向层面，父亲健康一般的学生在松弛和退缩维度得分显著高于父亲健康良好的学生。可见，父母越健康，子女越积极，反之越消极。这是因为父母的健康直接影响孩子心灵，父母生病或死亡会给孩子带来巨大的精神压力或创伤，使孩子感到缺少完整家庭的支持，造成他的忧郁、焦虑心理，又由于父母健康问题带来经济问题，继而使学生自我肯定程度下降。①

14. 不同学校大学生人生态度带有地域色彩。

见表 8：人生认知上，复旦利益得分显著高于长师、华政、西交、西民、长理和上大，广金利益得分显著高于西民，上大精神得分显著低于西民和广金，长师服务得分显著高于华政、西民和上大；情感体验上，长师乐观得分显著高于华政、西交、西民、广金、河大、长理和上大，长师、复旦、长理、上大矛盾得分显著高于西民和广金，河大矛盾得分显著高于广金，上大矛盾得分显著高于西交得分，长师悲观得分显著高于西民得分，河大悲观得分显著高于西交、西民和广金；生活方式上，华政奋斗得分显著高于长师和广金，上大松弛得分显著高于西民和广金，河大退缩得分显著高于广金。显然，北上广学生更为功利，勇于进取，易悲观矛盾；成都人追求精神生活，乐观安逸；东北人都是活雷锋，情绪乐观，生活松弛或退缩。这一调查结果符合社会普遍对各地人文特征差异的描述与认同，也与其他研究一致。②

---

① 刘淳松，《大学生心理健康水平与家庭背景因素的关系》，《云梦学刊》2004 年第 2 期：88 页。

② 何元庆，《社会转型期大学生人生观现状的调查研究》，安徽师范大学学位论文 2006。

表 7　不同年级/家庭经济状况大学生在人生态度各因素维度上的差异

		利　益	精　神	服　务	乐　观	矛　盾	悲　观	奋　斗	松　弛	退　缩
年级	1 大一	2.95±.65	3.87±.65	3.66±.65	3.39±.65	2.50±.66	2.37±.81	3.40±.62	2.77±.72	2.43±.72
	2 大二	3.00±.62	3.80±.63	3.49±.65	3.32±.60	2.55±.56	2.36±.74	3.38±.59	2.88±.66	2.45±.65
	3 大三	3.15±.65	3.74±.62	3.50±.60	3.26±.61	2.67±.67	2.54±.75	3.31±.53	2.98±.64	2.60±.63
	4 大四	3.04±.60	3.74±.61	3.50±.61	3.31±.58	2.61±.61	2.58±.78	3.36±.58	2.92±.60	2.65±.64
	F	9.839***	4.987**	10.283***	4.139**	7.584***	10.132***	1.856	9.204***	4.844***
	PostHoc	3/2>1	1>3	1>2/3/4	1>3	3>1/2	3/4>1/2		2/3/4>1	3/4>1/2
家庭经济状况	1 贫困	2.97±.64	3.80±.68	3.55±.67	3.27±.67	2.59±.65	2.49±.82	3.30±.63	2.81±.70	2.49±.73
	2 一般	3.03±.63	3.81±.62	3.54±.63	3.30±.59	2.60±.61	2.44±.76	3.38±.56	2.91±.66	2.53±.65
	3 小康	3.01±.62	3.80±.59	3.56±.63	3.43±.62	2.44±.60	2.29±.75	3.40±.61	2.82±.68	2.38±.68
	4 富裕	3.06±.75	3.71±.80	3.44±.74	3.41±.69	2.59±.66	2.48±.77	3.35±.76	2.85±.66	2.58±.80
	F	1.128	.385	.510	6.483***	8.217***	6.004***	2.512	3.708*	5.827**
	PostHoc				3>1/2	1/2>3	1/2>3		2>1	6>5

* P<0.05，** P<0.01，*** P<0.001

表 8 健康状况/恋爱状况对人生态度的影响

		利 益	精 神	服 务	乐 观	矛 盾	悲 观	奋 斗	松 弛	退 缩
健康状况	1 患疾病	2.96±.77	3.42±.80	3.33±.66	3.13±.76	2.68±.73	2.74±.82	3.04±.68	2.93±.79	2.69±.71
	2 曾患重病	2.97±.57	3.60±.73	3.42±.66	3.29±.69	2.71±.68	2.74±.77	3.20±.70	2.98±.66	2.73±.77
	3 无疾病	3.02±.64	3.83±.61	3.55±.64	3.33±.60	2.55±.61	2.39±.76	3.39±.57	2.86±.67	2.47±.66
	F	.635	20.727***	6.122**	3.428*	5.412**	19.707***	16.570***	2.192	12.313***
	P		3>1/2	3>1	3>1	2>3	1/2>3	3>1/2		1/2>3
恋爱状况	1 正在恋爱	3.00±.61	3.80±.64	3.53±.65	3.35±.64	2.54±.59	2.38±.77	3.39±.58	2.85±.65	2.45±.69
	2 曾经恋爱	3.06±.63	3.80±.65	3.55±.64	3.36±.62	2.62±.66	2.46±.78	3.35±.62	2.87±.68	2.52±.69
	3 从未恋爱	2.99±.65	3.81±.62	3.54±.64	3.28±.60	2.53±.61	2.41±.77	3.37±.57	2.89±.68	2.49±.65
	F	2.624	.120	.70	4.531*	5.188**	1.832	.622	.661	1.526
	ph				3>1/2	1/2>3				

* $P<0.05$, ** $P<0.01$, *** $P<0.001$

表 9　不同政治面貌/成长环境大学生在人生态度各因素维度上的差异

		利　益	精　神	服　务	乐　观	矛　盾	悲　观	奋　斗	松　弛	退　缩
政治面貌	1 党员	3.06±.66	3.83±.65	3.68±.65	3.27±.63	2.58±.64	2.59±.80	3.42±.58	2.79±.65	2.56±.68
	2 团员	3.01±.63	3.82±.62	3.50±.66	3.32±.61	2.55±.61	2.39±.76	3.38±.58	2.87±.67	2.47±.67
	3 群众	3.04±.70	3.54±.72	3.50±.61	3.39±.71	2.76±.76	2.67±.75	3.15±.71	2.96±.69	2.72±.68
	F	.658	14.789***	4.395*	1.824	8.536***	14.594***	11.642***	2.565	11.302***
	PostHoc		1/2>3	2>3		3>1/2	1/3>2	1/2>3		3>2
成长环境	1 母亲带大	3.04±.63	3.80±.66	3.52±.65	3.35±.61	2.59±.65	2.47±.75	3.25±.67	2.85±.64	2.54±.67
	2 父亲带大	3.07±.61	3.43±.70	3.32±.65	3.30±.69	2.60±.61	3.00±.81	3.28±.68	3.11±.76	2.94±.72
	3 双亲带大	3.01±.63	3.82±.61	3.55±.63	3.33±.62	2.44±.60	2.38±.76	3.38±.57	2.88±.67	2.46±.67
	4 祖辈带大	3.02±.68	3.86±.67	3.57±.64	3.33±.61	2.59±.66	2.47±.77	3.40±.60	2.80±.68	2.51±.65
	5 其它	2.98±.74	3.77±.73	3.48±.75	3.25±.53		2.45±.73	3.27±.68	2.75±.73	2.50±.67
	F	.274	8.314***	2.914*	.408	4.963**	14.147***	3.474**	4.106**	10.593***
	PostHoc		1/3/4/5>2	3>2		2>3	2>1/3/4/5	3>1	2>3/4/5	2>1/3/4/5

* P<0.05，** P<0.01，*** P<0.001

表 10　不同父母文化程度大学生在人生态度各因素维度上的差异

		利益	精神	服务	乐观	矛盾	悲观	奋斗	松弛	退缩
父亲文化程度	1 小学及以下	2.97±.65	3.78±.64	3.48±.67	3.20±.62	2.55±.60	2.50±.77	3.30±.61	2.78±.65	2.49±.67
	2 初高中/中专	3.03±.61	3.81±.62	3.56±.61	3.31±.61	2.58±.62	2.44±.76	3.36±.55	2.90±.68	2.53±.67
	3 大学/大专	2.99±.68	3.82±.64	3.55±.66	3.40±.61	2.52±.64	2.33±.80	3.40±.64	2.85±.66	2.41±.68
	4 硕士及以上	3.11±.72	3.66±.75	3.35±.74	3.38±.68	2.66±.66	2.44±.63	3.46±.67	2.92±.69	2.61±.68
	F	1.639	1.626	3.418*	7.105***	2.203	3.713*	2.090	2.475	5.358**
	Post Hoc		1>3	2/3>4	3>1/2		1/2>3			2>3
母亲文化程度	1 小学及以下	2.98±.63	3.85±.51	3.60±.62	3.22±.60	2.52±.56	2.43±.75	3.33±.55	2.80±.65	2.47±.69
	2 初高中/中专	3.03±.61	3.81±.64	3.54±.63	3.33±.61	2.58±.63	2.42±.76	3.39±.56	2.90±.68	2.52±.66
	3 大学/大专	3.01±.67	3.79±.62	3.52±.67	3.40±.61	2.55±.66	2.40±.82	3.36±.65	2.87±.67	2.44±.69
	4 硕士及以上	3.11±.85	3.47±.73	3.29±.70	3.33±.67	2.68±.73	2.51±.70	3.23±.73	3.01±.70	2.71±.75
	F	1.104	5.411**	3.934*	7.821***	1.670	.370	1.940	2.953*	3.424*
	Post Hoc		1/2/3>4	1>4	2/3>1				2>1	4>3

* $P<0.05$, ** $P<0.01$, *** $P<0.001$

表 11 不同父母健康状况大学生在人生态度各因素维度上的差异

		利 益	精 神	服 务	乐 观	矛 盾	悲 观	奋 斗	松 弛	退 缩
父亲健康	1 良好	3.00±.65	3.82±.64	3.55±.65	3.37±.62	2.49±.60	2.36±.77	3.37±.60	2.84±.68	2.43±.67
	2 一般	3.06±.62	3.78±.62	3.52±.63	3.27±.60	2.70±.64	2.53±.77	3.36±.56	2.93±.67	2.60±.68
	3 较差	3.05±.59	3.78±.65	3.58±.56	3.21±.66	2.67±.66	2.53±.77	3.36±.59	2.92±.63	2.58±.66
	4 已去逝	2.98±.63	3.87±.61	3.53±.73	3.16±.53	2.60±.51	2.54±.68	3.37±.54	2.82±.61	2.52±.63
	F	1.420	1.027	0.621	7.222***	18.558***	9.315***	.110	2.760*	9.957***
	Post Hoc				1>2/3	2/3>1	2>1		2>1	2>1
母亲健康	1 良好	3.00±.65	3.81±.63	3.53±.65	3.36±.62	2.50±.60	2.36±.76	3.38±.60	2.84±.67	2.43±.66
	2 一般	3.03±.60	3.78±.63	3.54±.62	3.27±.59	2.67±.66	2.53±.76	3.35±.57	2.93±.66	2.61±.67
	3 较差	3.07±.63	3.87±.60	3.65±.58	3.31±.63	2.64±.63	2.46±.80	3.40±.58	2.88±.69	2.52±.73
	4 已去逝	3.00±.64	3.49±.99	3.32±.98	3.24±.80	2.42±.61	2.35±.99	3.07±.76	2.83±.62	2.57±.85
	F	1.146	2.524	2.729*	3.600*	12.253***	8.116***	2.186	2.696 *	11.894***
	Post Hoc			3>1/2/4	1>2	2/3>1	2>1		2>1	2>1

$^{*}P<0.05$, $^{**}P<0.01$, $^{***}P<0.001$

表 12 学校对人生态度影响

学 校	利 益	精 神	服 务	乐 观	矛 盾	悲 观	奋 斗	松 弛	退 缩
1 长师	3.02±.62	3.87±.79	3.76±.76	3.56±.79	2.62±.78	2.55±.87	3.25±.77	2.92±.76	2.57±.78
2 华政	3.01±.65	3.77±.55	3.43±.59	3.35±.58	2.55±.66	2.41±.80	3.49±.52	2.88±.70	2.51±.65
3 西交	2.99±.60	3.78±.65	3.56±.63	3.24±.53	2.52±.56	2.31±.71	3.44±.55	2.82±.64	2.41±.61
4 西民	2.86±.59	3.88±.58	3.41±.61	3.22±.55	2.50±.51	2.28±.72	3.35±.51	2.80±.63	2.39±.60
5 广金	3.12±.60	3.87±.58	3.62±.62	3.22±.59	2.46±.62	2.29±.75	3.27±.59	2.76±.67	2.34±.66
6 河大	3.09±.62	3.77±.70	3.57±.69	3.33±.64	2.59±.66	2.64±.84	3.29±.69	2.84±.70	2.64±.79
7 复旦	3.33±.57	3.75±.54	3.60±.54	3.36±.52	2.64±.59	2.40±.57	3.36±.52	2.89±.54	2.56±.49
8 长理	3.02±.63	3.73±.66	3.57±.61	3.28±.63	2.62±.60	2.50±.77	3.47±.43	2.91±.68	2.56±.71
9 上大	2.92±.69	3.72±.60	3.63±.70	3.32±.55	2.63±.55	2.48±.72	3.37±.59	2.99±.64	2.53±.66
10 北理	2.99±.73	4.01±.67	3.54±.64	3.28±.66	2.50±.55	2.32±.79	3.29±.61	2.85±.70	2.32±.68
F	8.223***	3.186**	7.624***	7.321***	2.330*	5.450***	5.375***	2.359*	4.844***
Post Hoc	7>1/2/3/4/8/9;5>4	4/5>9	1>2/4/9	1>2/3/4/5/6/8/9	1/7/8/9>4/5;6>5;9>3	6>3/4/5;1>4	2>1/5	9>4/5	6>5

$^{*}P<0.05$，$^{**}P<0.01$，$^{***}P<0.001$

四、大学生人生态度转化策略

首先，摒弃教育偏见，树立正确的教育观念。教育偏见往往是阻碍教育者采取正确教育方式的首位因素。研究发现，只有摒弃一代不如一代、独生子女是一种病态(Hall，1907)、早恋等于人生危机、教育与父亲无关、吵架是家长的事、问题是“富/官/穷/农/星”二代的标签、重身轻心等偏见，树立正确的教育观念，才是积极转化大学生人生态度的第一步。

其次，注重因材施教，运用科学的教育方式。因材施教的策略是指在建立和谐师生关系的基础上，针对不同背景学生的认知水平、情感状态和行为能力，分别采取不同的教育方式促进他们成长。如北上广学生、男学生、高年级学生、亚健康学生、农村学生、特殊家庭学生(父母不健康或低学历、单亲或隔代)等心态消极。那么教育者既要加强个别教育，给予他们特别关注，又要运用非正式群体管理，利用女学生、党员等乐观学生的榜样力量来感染他们。

然后，重视理想信念与心理健康教育，合理设置教育内容。基于认知-情感-行为的相关性，越是以精神与服务为追求，就越倾向乐观进取。因此，作为教师，既要重视大学生的理想信念与人生观教育，帮助他们确立崇高的理想与坚定的信念；还要对他们持续心理干预，助其形成健康心理。健康心理与不健康心理的巨大差别在于它是以善良、诚实、正义、坦率、公正、合理等思想为基础，把烦恼、焦虑、恐惧等负面思想排斥出去，①心理干预就是用科学方法将正面思想传递给学生，助其转化消极心态。作为学校，要在课改中贯彻终身教育理念，以建立自信和能力，令学生适应社会变化为目标，增设职业发展、人际交往、婚恋情感、心理健康、终身学习等课程，助其实现完美人生。

最后，加强社会支持，营造和谐的教育环境。家庭、学校和社会等客观环境共同影响着大学生人生态度，因而在这些场域内给予大学生社会支持，营造和谐的教育环境非常重要。具体而言，家庭除提供经济支持外，还须消除残缺家庭结构、父亲的教育缺席、夫妻关系紧张等不良因素的负面影响，构建和谐的养育环境；学校可通过教育改革、校园文化建设和学校—家庭—社区合作项目等措施为

---

① ［美］马斯洛：《展现人格力量》，冯化平编译，内蒙古人民出版社2003年版，第7页。

学生构建隐性或显性的人生观教育环境;国家可从社会大环境建设着手为学生人生态度养成提供优质土壤,如促进各类教育均衡发展,完善终身教育体系;促进欠发达地区经济发展,健全社会保障体系;促进性别文化、学习文化和家庭文化建设,重塑积极社会文化。

青春晚期大学生老化态度:现状与干预

一、问题提出

从人类文明发展史角度看,人类经历了蒙昧、野蛮而逐步走向文明,从渔猎文明发展到农业文明再发展到现在的工商业文明,每一次文明更替都是一次社会革命,都促进了社会经济的大发展、大进步。然而,人类社会对老化和老年人的态度却并未遵循这一规律,而是经历了从蒙昧——死亡由超自然的力量所决定,老者被看作智慧化身,①到野蛮——许多以游牧为生的狩猎-采集社群、住在北极或沙漠地区的社群抛弃或虐杀老人,②再到忽略——被边缘化为病人或领养老金的人。③ 老年人的地位总是在衰退,这是一个非常长的历史信仰,④尤其是在当代社会,由于老年人的相对数与绝对数迅速增长,大多发达国家与发展中国家扩展的亲属体系普遍渐消失,在英国、瑞典、希腊、日本和波多黎各等国家,对待老年人的态度中,有一个无所不在的信仰超越了地域、教育和文化的差异,即一个主流的对老化过程的负面理解。⑤ 这种负面理解从十九世纪晚期欧洲人口老龄化开始之初便已显现,并随着其程度日趋加深而与日俱增,彼得史蒂恩斯(Peter Stearns)在研究中发现欧洲传统文化中有太多对老年人的偏见,如丑陋、自私、无能和最好保持在视线之外等诋毁老年人的言语。⑥ 英国皇家专门调查

① J. S. Clay,'Immortal and Ageless Forever',*CJ* 77 (1981—82),112—17; eadem,*The Wrath of Athena* (Princeton,NJ,1983),43—148,154—7.

② [美]贾雷德·戴蒙德:《昨日之前的世界》,中信出版社 2014 年版,第 96 页。

③ Cole,Thomas R&Stevenson,David G. The meaning of aging and the future of social security. Generations; Winter 1999/2000, 23(4):72.

④ Georges Minois. (1990). History of Old Age. University of Chicago Press:6—7.

⑤ F. N. Arnhoff,H. I. Leone and I. Logge,"Cross-Cultural Acceptance of Stereotypes Toward Aging,"Journal of Social Psychology,vol. 63 (1964),pp. 41—58.

⑥ Peter Stearns. (1976). Old Age in European Society: The Case of France . New York. : Holmes and Meier:163.

委员会人口报告(Roya Commission on Population,1949:21)中写道:一个社会的青年人口下降可能变成“落后的危险,不仅在技术效率和经济福利上,而且在艺术和知识成就上落后于其他地区”,这种偏见揭示了社会对待老化与老年人的消极态度以及更多其他的东西。① 而这些恐惧可能不仅反应了早期人们习惯于将一个特别的个体行为特征归为于全体人口的特征的趋势,②同时也显示出他们自己对待老年人的负面态度的趋势。③

在前工业期的欧洲,对任何男女来说,老年是由外貌和能力来界定的,因此,人们可以在不同年龄被称为老。18 世纪的英国穷困救济记录首次将有些五十岁的人描述为老,而另一些则到七十岁才描述为老;18 世纪的法国公共服务养老金的申请者的年龄范围是 54—80 岁。④ 而现代社会有关养老金和退休年龄规定(60 或 65 岁)的普及以及老年人被医疗系统的边缘化,反而增加了老年的依赖性,令他们的价值在现代社会变得比过去某些特别时候还要低。⑤ 在长期的历史过程中,社会形成了对老化与老年人的过度消极的看法——老化和退休相关的刻板印象,⑥抹杀了老年人自我实现的潜能,造成整个社会弥漫着老年歧视主义和“恐老”情绪。而在这种负面情绪影响之下,一方面,社会难以做出应对人口发展问题的正确决策;另一方面,对于个人而言,恰恰在很多时候,是对时间的恐惧而非时间本身对我们的身体和心灵有破坏作用,它可能是导致提前老化的原因,因为那些长寿的人往往在早年就对老年的前景形成了积极的态度。⑦

---

① Thane,Pat. The debate on the declining birthrate in Britain: the menace of an ageing population,1920s - 1950s. Continuity and Change,5(2). 1990:283—305.

② J. Winter. (1980). The Fear of Population Decline in Western Europe 1870—1940. In R. Hiorns (Ed)Demographic Patterns in Developed Societies. Taylor and Francis Ltd. ,London:19.

③ Emily Grundy. Age-Related Change in Later Life. Population Studies,Vol. 45,Population Research in Britain: Supplement (1991),pp. 133—156.

④ Troyansky. Old Age. Retirement and the social contract. p. 86.

⑤ Thane,Pat. Social histories of old age and aging. Journal of Social History. Fall 2003; 37,1:93.

⑥ Solomon H. Katz. (1978). Anthropological Perspectives on Aging[J]. Annals of the American Academy of Political and Social Science,Vol. 438,Planning for the Elderly. 1—12.

⑦ Murphy,J. (1982). The Power of Your Subconscious Mind [M]. New York: Prentice-Hall.

因此，对人们进行老化教育干预，可以消除社会弥漫的老年歧视的刻板印象和对老化的恐惧感，也能够为社会迈向成功老龄化提供支持环境。① 如果一个社群的老年人可以得到照顾，让他们发挥作用，这样的社群能够更繁荣。而且在这样的社群中，年轻人照顾老年人的理由不是基于演化上的好处，而是出自爱、尊敬与责任。② 如果我们更加重视面向社会成功老龄化的老年教育/老化教育/老年学教育，帮助人们完成应对衰老与死亡的精神任务，那么今天的许多老年护理服务可能会变得多余，③人们的衰老与死亡过程也会更加地有尊严——即关注内心的生活质量，如自重、自傲、自尊，并包括外部动力，如个人对他人的尊重与尊敬的感知。④

然而，在我国，具有普及性质的老化教育研究与实践是相对落后的，已有研究大部分关注医护专业学生、老师或工作者的老化态度问题。除台湾黄岑山对小学老龄化教育有研究外，⑤大陆几乎无人关注老化教育问题（知网仅有一篇老龄化教育的新闻⑥）。而国外关注青少年老化教育的研究则比较成熟，主要有高中老化教育研究；⑦中学生老化知识现状调查；⑧中学生老化态度干预研究；⑨幼

---

① Couper, D. , & Pratt, F. (1999). Learning for a longer life. A guide to aging education for developers of K-12 curriculum and instructional materials[M]. Denton, TX: National Academy for Teaching and Learning about Aging, University of North Texas: 3—6.

② [美]贾雷德·戴蒙德:《昨日之前的世界》，中信出版社 2014 年版，第 96 页。

③ Jones D. and Minichiello, V. (1991). A Survey of Gerontology Articles in Physiotherapy Journals. Australian Journal of Physiotherapy 37: 155—161.

④ Chochinov, H. M. (2002). Dignity-conserving care-a new model for palliative care: Helping the patient feel valued. Journal of the American Medical Association, 287(17), 2253—2260.

⑤ Chin-Shan Huang(2011). Aging education elementary school textbooks in TaiWan[J]. Educational Gerontology, 37: 235—247.

⑥ 2017 年 1 月 11 日检索。

⑦ Markson, E. W. , & Pratt, F. E. (1996). Sins of commission and omission: Aging-related content in high school textbooks[J]. Gerontology & Geriatrics Education, 17(1): 3—32.

⑧ Okoye, U. O. (2004). Knowledge of aging among secondary school students in South-Eastern Nigeria[J]. Educational Gerontology, 30: 481—489.

⑨ Scott, T. , Minichiello, V. , & Browning, C. (1998). Secondary school students' knowledge of and attitudes towards older people: Does an education intervention programme make a difference[J]. Ageing and Society, 18: 167—183.

稚园/小学/中学老化教育课程与教材开发研究。① 这些研究无不例外形成一致观点：积极老化态度的引导若只在老年期有些太晚，这种教育应至少提前至中年，甚至是青少年。老化教育/老年教育应当是一种提前教育——在成人到达老年之前很早就应提供的一种教育。② 目前学校并没有为学生提供任何有关老化的课程以学习积极对待老年人的知识和态度。由于老化教育在学校缺失，学生毫无意识地接受了来自社会的老化的神秘与刻板印象，然后他们又会有意识地实践老年歧视主义：一方面，青少年会歧视老年人，另一方面，他们对自己的老化也有焦虑。如果学生在学校继续学习变老是一件糟糕的事情，他们更加可能逃避老年人，实践年龄歧视主义，拒绝自我老化，发展对老年的低的自我概念。③

因此，探讨"青春晚期大学生老化态度现状与干预"问题不仅可以丰富我国有关老化态度与教育的相关研究，亦可为高校能尽快开展有组织、有计划、有目的的老化教育提供可参考的素材与信息。

二、老化态度研究

（一）国外老化态度研究

20 世纪八、九十年代，为了促进全社会成功老龄化战略的实现，一批西方学者率先开启了对老化态度及其教育的研究（Gething，1994：77—81），主要围绕如下六方面内容展开：

1. 老化态度的内涵。有两个层面：个体（年轻人/老年人）对老化本身及自我老化过程的认知、情感与行为倾向的体验；个体（年轻人）对他人（老年人）老化过程的认知、情感与行为倾向的体验。如老化态度是指人们对老化过程的体验（积极/消极），有外显和内隐之分，以及个人/人际/社会文化等三个表现

---

① Couper，D.，& Pratt，F.（1999）. Learning for a longer life. A guide to aging education for developers of K-12 curriculum and instructional materials[M]. Denton，TX：National Academy for Teaching and Learning about Aging，University of North Texas：3—6.

② Oyedeji.（1992）. Education for the Elderly：Coping with Learning in Adult Years [J]. International Review of Education. Education and the Elderly，38(4)：363—373.

③ Couper，D.，& Pratt，F.（1999）. Learning for a longer life. A guide to aging education for developers of K-12 curriculum and instructional materials[M]. Denton，TX：National Academy for Teaching and Learning about Aging，University of North Texas：3—6.

水平。①　老化是每个人都会经历的毕生任务和过程，而人们对老化和老年人的态度很复杂，包括积极和消极，且歧视态度中又有积极与消极歧视之分。②

2. 老化态度的形成原因。包括外在环境因素和内在个人因素两方面，通常外在环境的消极暗示更普遍。外部因素中，家庭/社会/媒体/图书资料是为人们提供老化信息和观念的最主要来源，还有个体的经济教育背景/种族/社会阶层/职业/居住地的失业率等因素（Gilbert et al.，200：8570—586；Kruse et al.，2006：393—411；Bayer，2005：13—18；Hatch，2005：19—24），③④⑤⑥内部因素中，代际接触状况/所持的对老化和老年人的知识等是主要原因，通常人们因缺少代际接触与老化知识而形成并保持消极刻板印象（Gilbert et al.，2008：8570—586；Jackson et al.，2008：258—66；Allan et al.，2009：1—14；Cherry et al.，2010：281—97）。⑦⑧⑨⑩

---

① Laidlaw, K., Power, M. J., Schmidt, S., & the WHOQOL-OLD Group. (2007). The attitudes to ageing questionnaire (AAQ): Development and psychometric properties. International Journal of Geriatric Psychiatry, 22, 367—379.

② Iversen, T. N., Larsen, L, & Solem, P. E. (2009). A conceptual analysis of ageism. Nordic Psychology, 61(3), 4—22.

③ Gilbert, C. N., & Ricketts, K. G. (2008). Children's attitudes toward older adults and aging: A synthesis of research. Educational Gerontology, 34(7), 570—586.

④ Kruse, A., & Schmitt, E. (2006). A multidimensional scale for the measurement of agreement with age stereotypes and the salience of age in social interaction. Ageing and Society, 26, 393—411.

⑤ Bayer, K. (2005). Cosmetic surgery and cosmetics: Redefining the appearance of age. Generation, 29(3), 13—18.

⑥ Hatch, L. R. (2005). Gender and ageism. Generations, 29(3), 19—24.

⑦ Gilbert, C. N., & Ricketts, K. G. (2008). Children's attitudes toward older adults and aging: A synthesis of research. Educational Gerontology, 34(7), 570—586.

⑧ Jachson, E. M., Cherry, K. E. Smitherman, E. A., & Hawley, K. S. (2008). Knowledge of memory aging and Alzheimer's disease in college students and mental health professionals. Aging & Mental Health, 12(2), 258—266.

⑨ Allan, L. J., & Johnson, J. A. (2009). Undergraduate attitudes toward the elderly: The role of knowledge, contact and aging anxiety. Educational Gerontology, 35, 1—14.

⑩ Cherry, K. E., Allen, P. D., Jachson, E. M., Hawley, K. S., & Brigman, S. (2010). Knowledge of normal and pathological memory aging in college students, social workers, and health care professionals. Educational Gerontology, 36, 281—297.

3. 老化态度的影响作用。老化态度会影响人们的认知、行为活动、寿命、身心健康、自我概念、代际关系等。林威福尔等人（Linweaver et al.）发现与年龄相关的记忆等认知能力的变化更有可能是老化态度不同所致。① 莱威等人（Levy et al.）发现老化态度更多地受文化和传统的影响，它不仅影响着社会非老年群体，也影响老年人的行为活动（包括认知、生理和社会功能等），如被试的积极老化态度被激活，其书写的美观程度，行走的速度等都会向积极方向变化；②且在匹配了年龄/性别/孤独程度/种族/社会地位/健康等因素后，积极老化态度的老人比有消极老化态度的人平均长寿 7.5 年（Levy et al.）。③ 杰森（Jensen）则发现在青年文化盛行之下，认同自己是老年人就是接受了自我的负面社会评价，④因为是“专家”而非老年人自己依据身体和社会功能的损伤界定老化的体验（Hirshbein）。⑤ 吉姆（Kim）发现有积极老化态度的老人的身心健康水平较高。⑥ 而进入职场的年轻人改善自己的负面老化态度可以促进代际关系（Kalavar；Zhou）。⑦⑧

4. 老化态度的干预研究。干预途径主要有两个：一是通过老化教育了解老化的知识信息并讨论老龄化问题。如美国白宫老化会议((White House Con-

---

① Linweaver et al..(2009). Expectations about memory change across the life span are impacted by aging stereotypes. Psychol aging,24(1):169—176.

② Levy, B. R. (2003). Mind matters: Cognitive and physical effects of aging self-stereotypes. Journal of Gerontology: Psychological Sciences,58(4),203—211.

③ Levy,B. R.,Slade,M. D.,Kunkel,S. R.,& Kasl,S. V. (2002). Longevity increased by positive self- erceptions of aging. Journal ofPersonality and Social Psychology,83,261—270.

④ Howard E. Jensen. Sociological Aspects of Aging. Public Health Reports (1896—1970),Vol. 73,No. 7(Jul.,1958),pp. 569—576

⑤ Hirshbein,L. D. (2001). Poular view of old age in America,1900—1950. Journal of the American Geriatrics Society,49:1555—1560.

⑥ Kim S. H. (2009). Older people's expectations regarding ageing, health-promoting behavior and health status. Journal of Advanced Nursing,65(1):84—91.

⑦ Kalavar,J. M. (2001). Examining ageism: Do male and female college students differ? *Educational Gerontology*,27(6),506—513.

⑧ Zhou,L-Y. (2007). What college students know about older adults: A cross-cultural qualitative study. *Educational Gerontology*,33 (10),811—831. doi: 10.1080/03601270701364545

ference on Aging，WHCoA，1961）提出在公立学校、高等教育机构和图书馆开展老化教育并把老化教育融入各级教育课程中（Heyman et al.）。① 许多研究者倡导尽可能在童年早期提供老化教育，让儿童学习积极对待老年人的知识和态度有利于消除年龄歧视的刻板印象和变老的恐惧（Klein et al.；Scott et al.）。②③ 亨科尔（Henkel）则鼓励学生进行老龄化问题研究以获得有关老化和老年人的第一手资料。④ 二是开发代际合作项目加强与老年人直接接触。如高校与退休老人社区之间的代际合作项目（老人与大学生同在教室里学习/在校园里进行非正式交流/共同参与工作任务等）对于老年人/大学生/社会三方都有益处，尤其利于老年人与年轻人间的代际互惠（Trudeau）。⑤

5. 老化态度的量表开发与应用。老年态度量表（KAOP）包括 17 对积极与消极的条目，采用 Likert 七级评分（1—7 分），所有积极条目反向计分，量表分值为 34—236 分，分值越高态度越积极。该量表在世界各地得到广泛应用，常用于调查护理人员或护生对老年人的态度（Kogan）。⑥ 老化态度问卷（AAQ），用于测量老年人对自身变老的态度（Laidlaw）。⑦ 老年人群评价与描述问卷

---

① Heyman，J. C.，Gutheil，I. A.，White-Ryan，L.，Phipps，C.，& Guishard，D.（2008）. Aging in the undergraduate curriculum：Faculty perspectives. Educational Gerontology，34（5），372—384.

② Klein，D. A.，Council，K. J.，& McGuire，S. L.（2005）. Education to promote positive attitudes about aging [J]. Educational Gerontology，31：591—601.

③ Scott，T.，Minichiello，V.，& Browning，C.（1998）. Secondary school students'knowledge of and attitudes towards older people：Does an education intervention programme make a difference[J]. Ageing and Society，18：167—183.

④ Henkel，A. 2006，Increasing student involvement in cognitive aging research. Educational Gerontology，32：505—516.

⑤ Scott Anthony Trudeau.（2009）. Elder perceptions of higher education and successful aging. Dissertation submitted to the Boston College Lynch School of Education for the degree of PH. D. in the Department of Educational Administration and Higher Education Program in Higher Education：170—189.

⑥ Kogan N.（1961）. Attitudes toward old people：the development of a scale and an examination of correlates. Journal of Abnormal and Social Psychology，62：44—54.

⑦ Laidlaw K，et al.（2007）. The attitudes to ageing questionnaire（AAQ）：Development and psychometric properties. International Journal of Geriatric Psychiatry，22：367—379.

(AGED)，用于测量对老年人的信念即刻板印象(Knox et al.)。①

（二）国内老化态度研究

国内研究要比国外晚二十多年，始于二十一世纪初，主要是借鉴国外在上述六个方面的研究：老化态度的内涵主要强调老年人对老化与自我老化过程的体验及年轻人对老年人的态度(黄一帆，2010：447—50；蔡超恒，2013：20；李川云，2003：3—5)；老化态度的成因主要强调个体因素(个人经历与素质、性别、生活现状、代际互动)与外在因素(家庭、学校和社会的教育环境)的综合影响(蔡绍恒，2013；桂瑶瑶，2009；田建丽，2012)；老化态度的影响作用主要强调积极老化态度对老年人的身心健康、日常生活与主观幸福等产生积极影响(李川云，2001：3—5；王大华，2010：301—3；姚本先，2012)；老化态度的干预主要是台湾教育部强调代际合作项目对老化态度的积极作用(Huang，2011：235—47)；②老化态度量表开发主要是对国外量表进行修订与应用(Yen，2009：38—44；刘云娥，2014：3507—9；黄一帆，2010：447—50；李川云，2003：47—9)；③不同群体老化态度研究除关注老年人外，还关注护理专业学生(包括中专生/高职生/专科生/本科生/研究生等)与在职护理人员对老年护理知识与老年人的态度(黄金银等，2013：631—33；王宗华等，2011：335—6；蒋丽等，2013：61—2)；④⑤⑥普通大学生对老年人的态度与行为(桂瑶瑶，2009)等。⑦

---

① Knox VJ，Gekoski WL，Kelly LE.(1995). The age group evaluation and description (AGED) invertory：A newinstrumentfor assessing stereotypes of and attitudes toward age group. International Journal of Aging and Human Development，40：31—55.

② Chin-Shan Huang(2011). Aging education elementary school textbooks in TaiWan[J]. Educational Gerontology，37：235—247.

③ 李川云等：《老化态度问卷的编制及其初步试用》，载《中国心理卫生杂志》2003年第1期。

④ 黄金银等：《高职护生对老年护理专业及老年人态度的调查》，护理与康复，2013年第7期：631—33页。

⑤ 王宗华等：《护理研究生对老年人及老年护理知识和态度的调查》，现代医药卫生，2011第3期：335—36页。

⑥ 蒋丽等：护理本科生老年观及服务老年人态度的调查，护理学杂志，2013年第9期：61—2页。

⑦ 桂瑶瑶：当代大学生对老年人态度与行为的现状分析及其培育研究，南昌大学硕士学位论文2009年。

（三）国内外老化态度研究的特点

国外研究较国内研究起步早且成果丰富，而国内研究则在借鉴国外研究的过程中形成了自己的特点：首先，从研究内容看，1. 国外对老化态度内涵的两个层面都很关注，而国内多数关注老年人对老化本身与自我老化的态度及年轻人对老年人的态度，而相对忽略了年轻人对老化本身与自我老化过程的态度体验；2. 国内外研究都对老化态度的形成原因、干预、量表开发等进行了探索，但国内研究相对薄弱，以借鉴国外为主，偏宏观且调查对象以老年人/护生或在职护理人员为主。其次，从研究视角与方法看，国外大多从护理医学、心理学、教育学视角出发采用定量方法展开，而国内主要从护理医学、心理学和思想政治教育学视角出发采取定量方法展开；国内与国外采用定性方法的研究都非常少。

在已有成果基础上，本研究将运用问卷法对非医护专业青春晚期大学生老化态度现状（对老化、自我老化与对老年人老化的认知-体验-应对）进行调查并探索其影响因素与干预策略，这在一定程度上弥补了国内外研究在选题、内容、对象、视角与方法上的薄弱环节，具有较强的研究价值。

三、研究设计

本研究聚焦于17—19岁的青春晚期大学生（大一新生）的老化态度问题：首先根据已有研究展开对老化态度的结构构想；然后设立研究目标与假设并自编老化态度问卷；最后验证假设并达成目标。

（一）研究目标与假设

本研究旨在呈现青春晚期大学生老化态度现状与影响因素，基此探讨其干预策略。为此提出假设：

假设1：青春晚期大学生老化态度总体不太积极。两个依据：当代社会有一个无所不在的主流信仰超越了地域、教育、文化的差异，即对老化的负面理解；对已有研究的验证或质疑。

假设2：不同背景青春晚期大学生在老化态度的认知、体验及应对三个层面都存在显著差异。不同背景包括：性别/年龄/专业/是否学干/老化教育经历/户籍地/父母宗教信仰/生源地/政治面貌/健康状况/恋爱状况/是否独生/成长环境/家庭经济/照顾长辈经历/养老院做义工经历/对养老的看法/忘年交朋友/老化教育渴望程度、父母年龄/文化程度/健康状况/职业、祖辈年龄/居住地/经济状况/宗教信仰/居住情况/文化程度/健康状况、亲子关系/父母与祖辈关系/祖孙关系/偏爱父辈或祖辈。依据是有关老化态度的成因、影响作用、干预等已有成果。

（二）研究工具

借鉴刘云娥、黄一帆等人修订的中文老化态度量表自编问卷。本问卷分个人信息与《老化态度量表》两部分。个人信息旨在了解青春晚期大学生不同背景。《老化态度量表》由老化认知、老化体验和老化应对三个分量表构成。老化认知量表有生理老化（身体各项功能维持或衰退）、心理老化（认知精神功能维持或损伤）与社会老化（地位、角色或关系的维持或丧失）三个因素（分别简称为生理/心理/社会），旨在了解学生对生理、心理和社会等老化过程的认知情况；老化体验量表有自我老化（乐观、矛盾或恐惧）与他人老化（喜欢、厌恶或淡漠）两个因素，旨在学生面对自身老化与他人老化时的情绪体验情况；老化应对量表有自我应对（接纳、忽视或逃避）与他人应对（尊重、中立或歧视）两个因子，旨在了解学生面对老化问题时可能的应对方式。

经项目分析后，正式量表共43个条目，老化认知量表有18个条目（积极条目6个，消极条目12个）；老化体验量表15个条目（积极条目5个，消极条目10个）；老化应对量表10个条目（积极条目4个，消极条目6个）。该量表采用五点量尺计分，每个题目后面皆有“很不同意”、“不同意”、“不确定”、“同意”、“很同意”五个程度不同的答案。积极量表条目依次计分方式为1、2、3、4、5分；消极条目则反向计分。总量表得分范围为：43～215，分值越高，表示态度越积极。量表分半信度和内部一致性信度良好（$0.6<\alpha<0.9$），结构效度显著（$P=0.000<0.001$）。

（三）问卷发放

依据学界对青春晚期的年龄界定，①笔者于2016年9—11月选取上海某高校17—19岁的大一新生为施测对象，共发放问卷300份，回收问卷235份，回收

---

① ［美］约瑟夫·米库西，《青少年的家庭治疗》，李春玲译，同济大学出版社2007年版，第53页。

率为78.33%，剔除无效问题61份，有效问卷为174份，有效回收率为74.04%。

四、青春晚期大学生老化态度现状

（一）大学生老化态度总体情况

总量表得分范围为：43～215，分值越高，表示态度越积极。表1显示，大学生老化态度总量表得分为122.97，略高于中值（107.5），约为最高分的57.2%。这说明青春晚期大学生老化态度不太积极，或者说是轻度偏向积极。这与刘云娥等人（2014）①、蒋丽等人（2013）②、黄金银等人（2013）③和盖勒尔（Gallagher）等人④的结论一致，但与王宗华（2011）等人⑤和盖世英（Gething）等人⑥的结果相反。显然，社会对老化的态度是混合偏向负面的。⑦ 因而，本研究假设1成立。

大学生老化态度在认知、体验和应对等各因素维度均值分别为2.73、2.78和3.22；老化认知在生理、心理与社会维度的均值为：2.65、2.89和2.64；老化体验在自我与他人维度均值为2.88和2.74。大学生普遍缺乏老化知识，尤其是社会老化与生理老化知识；情感体验上缺乏对他人老化的感受；应对方式上传承了敬老美德，但对自我老化不知所措。西方研究发现，对老年人的积极态度与

---

① 刘云娥等：《英国护士对老年人的态度及相关影响因素的调查研究》，载《护理研究》2014年第10期：3507—3509页。

② 蒋丽等：《护理本科生老人观及服务老年人态度的调查》，载《护理学杂志》2013年第9期：61—63页。

③ 黄金银等：《高职扩生对老年护理专业及老年人态度的调查》，载《护理与康复》2013年第7期：631—633页。

④ Gallagher S, Bennett KM, Halford JCG. A comparisonof acute and longterm healthcare personel's attitudes towards older adults. International Journal of Nursing Practice, 2006, 12(5): 273—279.

⑤ 王宗华等：《护理研究生对老年人及老年护理知识和态度的调查》，载《现代医药卫生》2011年第3期：335—336页。

⑥ Gething L, Fethney J, Mckee K, et al. Knowledge, stereotyping and attitudes towards self ageing. Australasian Journal on Ageing, 2002(21): 74—79.

⑦ Meshel, D., & McGlynn, R. (2004). Intergenerational contact, attitudes, and stereotypes of adolescents and older people. Educational Gerontology, 30(6), 457—479. doi: 10.1080/03601270490445078.

高的知识之间有显著相关，①②低的老化焦虑也与高的老化和老年人知识相关。③ 因此，青春晚期大学生因为没有老化知识的储备而接受了来自外界环境的年龄刻板印象而表现为消极老化态度。

表 1　老化态度各因素维度得分情况

因素 维度 N=174	老化认知			老化体验		老化应对	
	生理	心理	社会	自我	他人	自我	他人
总分/方差	7.9425 ±.48710	17.3678 ±.33965	23.7356 ±.37550	11.5115 ±.58506	30.1724 ±.33412	21.7701 ±.42689	10.4713 ±.51525
量表总分	49.0460			41.6839		32.2414	
	122.97；Min=101.0；Max=151.0						
均分/均方差	2.6475 ±.48710	2.8946 ±.33965	2.6373 ±.37550	2.8779 ±.58506	2.7429 ±.33412	3.1100 ±.42689	3.4904 ±.51525
量表均值	2.7248			2.7789		3.2241	
	2.86；Min=2.35；Max=3.51						

（二）不同背景青春晚期大学生老化态度情况

除照顾长辈经历、养老院做义工经历、对养老的看法、母亲年龄与文化程度、祖辈宗教信仰/居住地/居住情况/文化程度/健康状况/健在人数、亲子关系、政治面貌、是否独生和生源地之外，性别/年龄/专业/是否学干/老化教育经历/户籍地/父母宗教信仰、健康状况/恋爱状况/成长环境/家庭经济/忘年交朋友/老化教育渴望程度、父亲年龄与文化程度/父母健康状况/职业、祖辈年龄/经济状况、父母与祖辈关系/祖孙关系/偏爱父辈或祖辈等均对老化态度有显著影响。

---

① Sheffler, S. J. (1995). Do clinical experiences affect nursing students'attitudes toward the elderly? Journal of Nursing Education, 34, 312—316.

② Sheffler, S. J. (1998). Clinical placement and correlates affecting student attitudes toward the elderly. Journal of Nursing Education, 37, 216—218.

③ Allan, L. J., & Johnson, J. A. (2009). Undergraduate attitudes toward the elderly: The role of knowledge, contact and aging anxiety. Educational Gerontology, 35, 1—14.

因而,本研究假设 2 部分成立。具体而言:

1. 男生比女生的老化态度积极

见表 10:老化认知上男女无显著差异;老化体验上,男生自我、他人及总维度得分均高于女生;老化应对上,男生在自我与总维度得分均高于女生;认知-体验-应对上,男生得分显著高于女生。显然,女人对老年的感知要开始得更早;①②且女大学生对老年人的负面描述要比男生多;③而老年女性的确因为许多因素而有更多负面评价,如能力和外貌。④ 年龄与性别的双重歧视令女性对老化特别地恐惧,⑤而且,照料角色的冲突与矛盾通常会引发女性对老化的负面态度,⑥跨文化研究发现,阿拉伯女人比男人在老化焦虑和歧视主义得分高。这与女人是家庭主要的老年照料人的角色相关。⑦

2. 低龄学生比高龄学生的老化态度积极

见表 10:老化认知与老化化验在年龄上无显著差异;老化应对上,18 岁及以下学生自我维度得分显著高于 19—20 岁学生。年龄越大,离衰老与死亡也更近,这种自我体验也越真切,这验证了年龄/年级增大,大学生因面对的人生课题增多(包括老化)而更加矛盾。⑧ 但护理专业的高年级学生且随着年龄增长常伴

---

① Kite ME, Wagner LS(2002) Attitudes toward older adults. In: Nelson TD(ed) Ageism: stereotyping and prejudice against older persons. The MIT Press, Cambridge, pp 129—161.

② Barrett AE, von Rohr C(2008) Gendered perceptions of aging: an examination of college students. Int J Aging Hum Dev 67:359—386. doi:10.2190/AG.67.4.d.

③ Joseph T. Drake. Some Factors Influencing Students' Attitudes toward Older People. Social Forces, Vol. 35, No. 3(Mar., 1957): 266—271.

④ Anna E. Kornadt, Peggy Voss, Klaus Rothermund. (2013). Multiple standards of aging: gender-specific age stereotypes in different life domains. Eur J Ageing (2013) 10: 335—344DOI 10.1007/s10433—013—0281—9.

⑤ Kerry A. et al. 2014, Measuring anxiety about aging across the adult lifespan. International Psychogeriatrics, 26(1):135—145.

⑥ Harrison, Carolyn Ann. (1994). Aging and women's search for meaning after midlife. Dissertation submitted to the faculty of the Claremont Graduate School for the degree of Ph. D. in the Graduate Faculty of Education: 1—2.

⑦ Yoav S. Bergman. Cross-cultural ageism: ageism and attitudes toward aging among Jews and Arabs in Israel. International Psychogeriatrics(2013), 25:1, 6—15 C International Psychogeriatric Association 2012 doi:10.1017/S1041610212001548.

⑧ 李洁:《大学生人生态度现状与转化策略》,载《青年研究》2014 年第 5 期:12—22 页。

表 2　性别/年龄/专业/学干与否/老化教育经历/户籍地/父母宗教信仰对老化态度的影响

(* P<0.05，** P<0.01，*** P<0.001)

变量		老化认知				老化体验						老化应对				认知-体验-应对	
		社会		认总		自我		他人		体总		自我		应总			
		M±SD	T	M±SD	T	M±SD	T	M±SD	T	M±SD	T	M±SD	T	M±SD	T	M±SD	T
性别	女					2.82±.55	−3.338***	2.71±.30	−3.114***	2.71±.30	−3.114***	3.08±.41	−2.527**	3.19±.32	−2.891**	2.83±.21	−3.946***
	男					3.22±.68		2.93±.47		2.93±.47		3.30±.45		3.40±.37		3.01±.25	
年龄	18											3.20±.43	2.256*				
	19											3.05±.42					
专业	文	2.59±.38	−2.604*	2.70±.27	−2.479*	2.81±.62	−2.535*										
	理	2.76±.32		2.82±.22		3.07±.61											
学干	是							2.83±.39	2.376*			3.23±.42	2.472*	3.45±.32	3.104**	2.92±.22	2.301*
	否							2.70±.30				3.06±.77		3.17±.33		2.83±.22	
教育经历	有					2.82±.57	−2.736*										
	无					3.11±.60											
户籍	城											3.16±.44	2.138*				
	农											3.00±.37					
父母信仰	有					2.49±.67	−3.073**			2.56±.48	−2.154*						
	无					2.92±.56				2.80±.30							

随着对老年人积极的态度。①

3. 理科生比文科生的老化态度积极

见表2:老化认知与老化应对在专业上无显著差异;老化体验上,理科生在自我维度得分显著高于文科生。高中文理科生在认知风格的偏好上存在显著差异,理科生倾向于场独立型学习风格,而文科生倾向于场依存学习风格,②所以,文科生易受外界环境中负面老化态度的消极暗示。

4. 学生干部比非学生干部的老化态度积极

见表2:老化认知在是否学干上无显著差异;老化体验上,学生干部在自我与总维度得分均显著高于非学生干部;老化应对上,学生干部在自我维度与总维度得分均显著高于非学生干部。学干有比非学干更优的人格特质和心理健康水平,③较少采取消极应对方式,④少有抑郁倾向。⑤ 因此,当他们面对老化的人生课题时也会比非学生干部的态度更为积极乐观。⑥

5. 有学校老化教育经历学生比没有学校老化教育经历学生的老化态度消极

见表2:老化认知与老化应对在老化教育经历上无显著差异;老化体验上,有老化教育经历的学生自我维度得分显著低于没接受过老化教育的同学。国外许多尝试改变其他代群负面的与年龄相关的态度的实验结果是矛盾的:有的发现积极变化能够通过指导获得,⑦⑧有的发现仅提供指导并没

---

① Hweidi, I. M., & Al-Obeisat, S. M. (2006). Jordanian nursing students' attitudes toward the elderly. *Nurse Education Today*, 26, 23—30.

② 王瑶:《高中文理科生认知风格与英语阅读策略的相关研究》,蒙古师范大学硕士学位论文2015年:103—105页。

③ 王挺,沈永健:《高校学生干部的人格特质》,载《中国健康心理学杂志》2010年第1期。

④ 陶金花,田芳:《高校学生干部人格特质和应对方式调查研究》,载《中国健康心理学杂志》2010年第11期:1377—1378页。

⑤ 张铭:《高校学生干部心理健康状况研究》,载《中国社会医学杂志》2008年第4期:235—237页。

⑥ 李洁:《大学生人生态度现状与转化研究》,上海人民出版社2016年版,第237页。

⑦ Allan, L. J., & Johnson, J. A. (2009). Undergraduate attitudes toward the elderly: The role of knowledge, contact and aging anxiety. Educational Gerontology, 35(1), 1—14.

⑧ O'Hanlon, A. M., & Brookover, B. C. (2002). Assessing changes in attitudes about aging: Personal reflections and a standardized measure. Educational Gerontology, 28(8), 711—725.

有显著变化。①② 本结果则属于后者，但整体上，研究揭示伴随指导的实验活动有利于与老年歧视作斗争。③

6. 城市大学生比农村大学生的老化态度积极

见表2：老化认知与老化体验在户籍地上无显著差异；老化应对上，城市大学生自我维度与总维度得分均显著高于农村大学生。在面对未来老化压力时，城市大学生所采取的应对方式要比农村学生更为积极，显示出前者较高的心理健康水平，④但与农村大学生因经历过多的磨练而比城市大学生更会采取积极应对方式的结论相反。⑤

7. 父母无宗教信仰的学生比父母有宗教信仰的学生的老化态度积极

见表2：老化认知与老化应对在父母宗教信仰上无显著影响；老化体验上，父母无宗教信仰学生自我与体验总维度得分显著高于父母有宗教信仰学生。与部分研究一致：信仰宗教的人们倾向于有较小的死亡焦虑；与另一些研究相反，下降的死亡焦虑也与有接近死亡经历、增加的灵性(spirituality)相关。⑥ 受到父母信仰宗教的影响，大学生也可能信仰宗教以发泄对现实的不满和寻求解脱或寻找心理寄托和精神安慰。⑦

8. 曾患重病和有生理疾病的大学生比从未患病大学生的老化态度积极

见表2：老化认知上，曾患重病学生生理维度得分显著高于身体健康的

---

① Carmel, S., Cwikel, J., & Galinsky, D. (1992). Changes in knowledge, attitudes, and work preferences following courses in gerontology among medical, nursing, and social work students. Educational Gerontology, 18(4), 329—342.

② Cottle, N. R., & Glover, R. J. (2007). Combating ageism: Change in student knowledge and attitudes regarding aging. Educational Gerontology, 33(6), 501—512.

③ Klein, D. A., Council, K. J., & McGuire, S. L. (2005). Education to promote positive attitudes about aging. Educational Gerontology, 31(8), 591—601.

④ 徐叶彤等：《体育锻炼与城乡大学生身心健康差异研究》，载《甘肃联合大学学报(自科版)》2004年第3期：65—66页。

⑤ 李士保等：《城乡大学生应对方式与父母教养方式的关系及影响因素研究》，载《中国行为医学科学》2016年第5期：398—399页。

⑥ Jane A. Simington. Attitudes towards the Old and Death, and Spiritual Well-being. Journal of Religion and Health, Vol. 35, No. 1(Spring, 1996): 21—32.

⑦ 王道明：《大学生宗教信仰的现状、成因及对策》，载《中国电力教育》2011年第8期。

人；老化体验上，健康状况不同无显著差异；老化应对上，有生理疾病的学生应对总维度得分显著高于曾患重病和身体健康的学生。身心健康丧失是老化应对面临的首要任务，①虽然会让人感到痛苦，不如身体健康的同学乐观，②但只要战胜疾病与痛苦就会获得应对丧失的经验与智慧，获得成长与改变。③

表 3　健康状况/恋爱状况对老化态度的影响

变量		老化认知				老化应对		
		生理	心理	社会	认总	自我	他人	应总
健康状况	1 有疾病	2.50±.51						3.55±.34
	2 曾患重病	3.08±.58						3.11±.22
	3 无疾病	2.63±.47						3.22±.33
	F	3.677*						3.388*
	ph	2>1、3						1>2/3
恋爱状况	1 曾经恋爱							3.31±.37
	2 正在恋爱							3.13±.31
	3 从未恋爱							3.20±.31
	F							3.605 *
	ph							1>2

* P<0.05，** P<0.01，*** P<0.001。注：阴影部省略了不显著数值，下同。

9. 曾经恋爱大学生比正在恋爱大学生的老化态度积极

见表 3：老化认知与老化体验在恋爱状况上无显著差异；老化应对上，曾恋爱学生应对总维度得分显著高于正在恋爱学生。恋爱能够促进自信与乐观情绪

① [日]井上滕也等：《老年心理学》，江丽临译，上海翻译出版公司 1986 年版，第 1 页。

② 李洁：《大学生人生态度现状与转化策略》，载《青年研究》2014 年第 5 期：12—22 页。

③ 查尔斯．科尔等著：《死亡课——关于死亡、临终与丧亲之痛》，榕励译，中国人民大学出版社 2011 年，第 100 页。

产生，在很大程度上改变着大学生的思想、心理和行为，影响着其人格发展，[①]有恋爱经历的人也会更成熟地应对老化问题。

10. 双亲带大或祖辈带大学生比其他环境长大学生的老化态度积极

见表4：老化认知与老化体验上，成长环境不同无显著差异；老化应对上，双亲带大学生自我维度得分显著高于母亲带大学生，祖辈带大学生自我维度得分显著高于母亲带大、祖辈与双亲带大的学生，双亲带大学生总维度得分显著高于母亲带大、祖辈与双亲带大的学生。可见，父母皆在位的家庭依旧是对子女成长并习得积极老化应对方式的最为有利的一种成长环境，青少年的家庭背景、经济收入、教养方式及家庭成员的多样性等因素中，没有一个对青少年适应性的影响能超过其在家庭中与他人关系的质量这一因素的影响力。来自单亲家庭及缺少父母支持和关爱的青少年，相对更易受到反社会的同龄人压力的影响。[②] 隔代家庭中，祖父母已经取代父母的角色给予了孩子同等的爱与教育。与富有爱心的成人结成密切的关系是儿童健康成长和正常社会化的第一步，这些成人（祖父母、父母或其他看护人等）就是儿童思维方式和行为方式的新榜样。[③]

11. 家庭经济富裕学生比其他家境学生的老化态度消极

见表4：老化认知与老化应对在家庭经济上无显著差异；老化体验上，家庭经济贫困、一般和小康的学生自我维度得分要显著高于家庭经济富裕的学生。显然，高收入常常伴随着对老年人更多地负面态度，[④]且比较富裕、拥有更高社会地位或受过更好教育的人相比，教育程度低、工作地位低和收入低的个人更易遭受健康状况差、死亡率较高。[⑤]

---

① 王东莉：《论恋爱对大学生人格发展的影响》，载《青年研究》1993年第7期：29—31页。

② [美]劳伦斯·斯滕伯格著：《青春期—青少年的心理发展和健康成长》，上海社会科学院出版社2007年版，第194、390页。

③ [美]理查德·格里格等著：《心理学与生活》，王垒等译，人民邮电出版社2003年版，第308页。

④ Hweidi, I. M., & Al-Obeisat, S. M. (2006). Jordanian nursing students' attitudes toward the elderly. *Nurse Education Today*, 26, 23—30.

⑤ 周华珍：《家庭富裕程度对青少年健康的影响分析》，载《山东青年政治学院学报》2012第6期：22—28页。

表 4 成长环境/家庭经济对老化态度的影响

变量		老化认知			老化应对		
		自我	他人	体总	自我	他人	应总
成长环境	1 母亲				2.83±.48		2.96±.36
	2 父亲				3.07±.30		3.20±.14
	3 双亲				3.17±.45		3.29±.35
	4 祖辈				3.37±.41		3.37±.29
	5 双亲与祖辈				3.03±.37		3.20±.14
	6 其他				3.09±.43		3.26±.18
	F				2.604*		3.509*
	ph				3/4>1;4>5		3>1/5
家庭经济	1 贫困	2.94±.76					
	2 一般	3.01±.83					
	3 小康	2.79±.85					
	4 富裕	1.5±.71					
	F	2.832*					
	ph	1/2/3>4					

* $P<0.05$, ** $P<0.01$, *** $P<0.001$

12. 忘年交朋友多的学生比没有忘年交朋友的学生的老化态度积极

见表 5:老化认知上,忘年交朋友比较多的学生社会维度得分显著高于忘年交朋友不算多和没有的学生。老化体验与老化应对上忘年交朋友无显著影响。学生态度会在对一个老年人进行了生活史访谈后发生积极变化,①因为,回忆(reminiscence)可以帮助学生与老年人产生联系。②

① O'Hanlon, A. M. ,& Brookover, B. C. (2002) Assessing changes in attitudes about aging: Personal reflections and a standardized measure. Educational Gerontology, 28:711—725.

② Shellman, J. (2006). "Making a connection": BSN students' perceptions of their reminiscence experiences with older adults. *Journal of Nursing Education*, 45, 497—503.

表 5 忘年交朋友/老化教育渴望程度对老化态度的影响

变量		老化认知				老化体验			老化应对			认知-体验-应对
		生理	心理	社会	认总	自我	他人	体总	自我	他人	应总	
忘年交朋友	1 很多			2.89±.16								
	2 较多			2.81±.31								
	3 不算多			2.60±.35								
	4 很少			2.69±.36								
	5 没有			2.56±.41								
	F			2.705*								
	ph			2>3/5								
教育渴望	1 非常					3.29±.62	2.76±.30	2.90±.32			3.05±.27	2.88±.20
	2 比较					2.70±.56	2.67±.30	2.67±.29			3.16±.32	2.81±.22
	3 无所谓					2.97±.58	2.79±.37	2.84±.36			3.29±.34	2.89±.22
	4 不希望					3.09±.53	2.84±.26	2.91±.26			3.25±.35	2.95±.22
	F					5.167**	2.391*	4.686*			2.747*	3.017*
	ph					1/3>2	3>2	3/4>2			3>1/2	3/4>2

$^{*}P<0.05$, $^{**}P<0.01$, $^{***}P<0.001$

13. 无所谓和不希望学校提供老化教育的学生的老化态度更为积极

见表 5:老化认知在老化教育渴望程度上无显著影响。老化体验上,非常希望和无所谓的学生自我维度得分显著高于比较希望的学生;无所谓的学生他人维度显著高于比较希望的学生;无所谓和不希望的学生体验总维度得分高于比较希望的学生。老化应对上,无所谓的大学生应对总维度得分显著高于非常希望和比较希望的大学生。老化态度上,无所谓同学得分显著高于比较希望的学生;不希望的学生得分显著高于比较希望的学生。学习诉求是个体对生活的理想期待与现实状况之间存在着巨大差距和极其不平衡而产生的一种紧张的情绪体验,并且在心理、言语与行为上都表现出要消除这种紧张情绪体验的倾向,它往往是个体继续学习与行为的动力源泉,①所以,非常渴望老化教育的学生同时也表现为积极老化态度的极度匮乏。

14. 父亲年龄大的学生比父亲年龄小的学生的老化态度积极

见表 6:老化认知上,父亲年龄为 60—69 岁的大学生生理维度得分显著高于父亲年龄在 40—59 岁之间的大学生。老化体验与老化应对在父亲年龄上无显著差异。父母已进入老年而子女尚未成年的老龄化家庭中,子女能随时随地获得与老化和老年人相关的真实信息和第一手资料,除了消极方面,更多从父母的爱中获得有关老年人在认知和情绪方面的"积极效应",丰富多彩的生活,他们的自立、睿智、豁达等。这不仅可以促使子女重新认识身边的老人,更关心他们,同时还可以激发他们从现在开始选择健康的生活方式,使自己未来更成功地老化。②

15. 父亲文化程度高的学生比父亲文化程度低的学生的老化态度积极

见表 6:老化认知上,父亲文化为初高中/中专、大学/大专的大学生生理维度得分显著高于父亲文化在小学以下的大学生。老化体验与老化应对在父亲文化程度上无显著差异。父亲是一个被忽略的促进儿童发展的因素,在婴儿社会性、情绪和智力发展中有着与母亲同等重要的作用。③ 父母(尤其是父亲)文化

---

① 李洁:《青年研究路径的教育学探寻》,载《学术探索》2012 年第 6 期。

② Henkel, A. (2006). Increasing student involvement in cognitive aging research. Educational Gerontology, 32,505—516.

③ David R. Shaffer:《发展心理学——儿童与青少年》,中国轻工业出版社 2005 年版,第 423 页。

程度相对较高的家庭更重视青少年的道德教育，①且更注重教育知识的学习，教育手段更科学合理，其子女心理发展更为健康。②

表 6　父亲年龄与文化程度对老化态度的影响

变　量		老化认知			
		生理	心理	社会	认总
父亲年龄	1 40 以下	2.60±.70			
	2 40—49 岁	2.63±.86			
	3 50—59 岁	2.31±.79			
	4 60—69 岁	3.75±.87			
	F	3.505*			
	ph	4>1/2/3			
父亲文化	1 小学及以下	1.80±.42			
	2 初高中中专	2.72±.82			
	3 大学大专	2.62±.93			
	4 硕士	2.25±.50			
	F	3.705*			
	ph	2/3>1			

* $P<0.05$，** $P<0.01$，*** $P<0.001$

16. 父母亲健康较差学生的老化态度最消极

见表 7：老化认知与老化体验在父亲健康状况上无显著差异。老化应对上，父亲健康良好和已去世的大学生自我和总维度得分显著高于父亲健康一般和较差的同学。老化认知与老化应对在母亲健康状况上无显著差异。老化体验上，母亲健康良好和一般的学生自我维度得分显著高于母亲健康较差的同学。父母生病或死亡会给学生带来巨大精神压力或创伤，使他感到缺少完整家庭的支持，

① 杨韶刚等，《父母文化程度与职业对青少年道德同一性的影响研究》，《教育导刊》2009 年第 5 期：30—32 页。

② 吴敏等，《父母文化程度、职业、期望值及教育方式等因素对大学生心理健康水平的影响》，《郑州大学学报（医学版）》2007 年第 6 期：1186 页。

造成他的忧郁、焦虑心理。①

17. 父母从事技术工作学生的老化态度最积极

见表7:老化认知与老化体验上,父母职业不同无显著影响。老化应对上,父亲从事技术工作大学生自我维度得分显著高于父亲务农/工、文职工作、自由职业和无业的大学生。母亲从事技术工作的大学生自我维度得分显著高于母亲从事其他职业与无业的大学生,母亲从事文职工作大学生自我维度得分显著高于母亲无业的大学生;母亲从事技术工作大学生总维度得分显著高于母亲务农/工、从事管理工作和无业的大学生,母亲从事文职工作大学生总维度得分显著高于母亲无业的大学生。技术工作者多为场独立型认知风格,在解决问题时,较多受身体内部线索影响,不易受外来因素干扰,更有主见,处事有自主精神,②受父母认知风格影响,学生老化应对方式也倾向积极。

表7　父母健康状况/职业对老化态度的影响

变　量		老化体验			老化应对		
		自我	他人	体总	自我	他人	应总
父亲健康	1良好				3.17±.43		3.28±.33
	2一般				2.98±.37		3.11±.26
	3较差				2.87±.38		3.03±.37
	4去逝				3.45±.51		3.40±.40
	F				4.921**		4.859**
	ph				1>2/3;4>2/3		1>2/3;4>2/3
母亲健康	1良好	2.89±.60					
	2一般	2.96±.53					
	3较差	2.48±.49					
	F	3.845*					
	ph	1/2>3					

① 刘淳松:《大学生心理健康水平与家庭背景因素的关系》,载《云梦学刊》2004年第2期:88页。

② 郑颖:《场独立-场依存认知风格研究现状及其教育意义》,载《今日南国》2010年第7期:202—203页。

（续表）

变量		老化体验			老化应对		
		自我	他人	体总	自我	他人	应总
父亲职业	1 务农/工				3.04±.37		
	2 技术人员				3.30±.46		
	3 管理人员				3.24±.42		
	4 文职人员				2.98±.40		
	5 自由职业				3.07±.44		
	6 无业				2.98±.28		
	F				2.587*		
	ph				2>1/4/5/6		
母亲职业	1 务农/工				3.04±.36		3.18±.25
	2 技术人员				3.43±.51		3.43±.43
	3 管理人员				3.10±.50		3.19±.40
	4 文职人员				3.15±.42		3.26±.34
	5 自由职业				2.92±.40		3.03±.26
	6 无业				3.11±.43		3.22±.34
	F				2.898*		3.314**
	ph				2>1/3/4/5/6;4>6		2>1/3/6;4>6

* P<0.05，** P<0.01，*** P<0.001

18. 祖辈年龄大或已去世的学生比祖辈年龄小的学生的老化态度积极

见表 8：老化认知上，祖辈都去世的同学生理维度得分显著高于祖辈年龄在 60—89 岁之间同学；祖辈年龄为 60—69 岁、80—89 岁和祖辈都去世的大学生认知总维度得分均要显著高于祖辈年龄在 60 岁以下的大学生，且祖辈都去世的大学生认知总维度得分也显著高于祖辈年龄在 70—79 岁的大学生。老化体验与老化应对在祖辈年龄上无显著影响。老化和变老的过程无情地与死亡联接；死亡是伴随老化的最重要的心理上“不想要”的结果；①抑郁是一种对丧失的公认的反应；②某个经历了许多伴随老化和死亡的丧失的人会联想到与自己变老、将死亡以及最终必然发生的“死亡之后”相关的深深悲伤的情感，③但若能通过悲痛与死亡来理解生命的强大与脆弱以及生命的有限性，可以帮助我们认清生命的意义，帮助我们成长与成熟，从而改善我们的生活。④

19. 祖辈经济状况好的学生比祖辈经济状况差的学生的老化态度积极

见表 8：老化认知与老化应对在祖辈经济状况上无显著差异。老化体验上，祖辈经济富裕和一般的大学生他人维度得分显著高于祖辈经济状况贫困大学生。退休养老金是老年人的主要收入来源，所占比例约为 84%，另有 9%来自子女、孙辈或其他亲属的补贴。而与此同时，老年人的支出费用中位居第五的则是给子女、孙辈或其亲属的帮助，这一项占到了 7.1%。⑤ 这种家庭成员之间采取经济、服务或礼品类形式的交换关系从古至今都存在着，这是一个物质的、精于计算的和情感的动机混合的支持与服务。过去的老年人像现在一样很少简单地依赖别人，除非他们的身体衰老严重。他们会尽可能地支付并为他人做出服务，如照顾孙子、病人，并在经济上支持年轻人。随着预期寿命延长，三代或更多代需要共同生活，这种交换机会将变得更为频繁，⑥但这种代际互惠在贫困家庭很难实现，在我国有 15.5%的老年人生活在贫困线以下，亟需政府与社会各届的资助。⑦

---

① Greenberg, J., Schimel, J., & Mertens, A. (2002). Ageism stereotyping and prejudice against older persons. Denying the face o f the future. Cambridge, Massachusetts: The MIT Press.

② Kubler-Ross, E., On Death and Dying. New York: Macmillan, 1969.

③ Templer, D. I., Lavoie, M., Chalgujian, H., and Thomas-Dobson, S., "The Measurement of Death Depression," J. Clinical Psych., 1990, 46, 10, pp. 834—838.

④ 查尔斯·科尔等著：《死亡课——关于死亡、临终与丧亲之痛》，榕励译，中国人民大学出版社 2011 年，第 14 页。

⑤ 周海旺等：“上海老年人口生活质量的变化趋势与对策研究”，载《人口与发展》2009 年第 1 期：87—94 页。

⑥ Thane Pat. Social histories of old age and aging. Journal of Social History. Fall 2003, 37(1): 93.

⑦ 薄新微：《老年群体的层级结构与养老保障模式研究》，吉林大学学位论文 2007 年。

表 8　祖辈年龄/经济状况对老化态度的影响

变　量		老化认知				老化体验		
		生理	心理	社会	认总	自我	他人	体总
祖辈年龄	1 60 以下	2.33±.47			2.36±.12			
	2 60—69	2.69±.50			2.76±.22			
	370—79	2.59±.44			2.69±.26			
	4 80—89	2.64±.52			2.76±.31			
	5 90 及上	2.83±.71			2.78±.24			
	6 都去世	3.58±.17			2.99±.31			
	F	3.844**			2.289*			
	ph	6>1/2/3/4			2/4/>1；6>1/3			
祖辈经济	1 贫困						2.60±.37	
	2 一般						2.78±.34	
	3 小康						2.68±.28	
	4 富裕						3.00±.20	
	F						2.902*	
	ph						2/4>1	

* P<0.05，** P<0.01，*** P<0.001

20. 父辈与祖辈关系较好或有区别大学生的老化态度较积极

见表 9：老化认知上，父母对祖辈态度有区别的大学生生理维度得分显著高于父母与祖辈关系非常好、比较好和一般的大学生。老化体验上，父辈与祖辈关系比较好的大学生自我维度得分显著高于父辈与祖辈关系非常好的学生。老化应对上，父辈与祖辈关系有区别的大学生自我维度与总维度得分均显著高于父辈与祖辈关系非常好、比较好和一般的大学生。父辈与祖辈之间若能和谐相处，这种孝亲行为就会为孙辈模仿而习得。模仿他人行为不是一种简单地促进学习过程的方法，而是转化行为模式的本质方法。①

21. 对祖孙关系没印象的大学生的老化态度最积极

见表9：老化认知上，祖孙关系没印象的大学生生理维度得分显著高于祖孙关系非常好、比较好和一般的大学生。老化体验上，祖孙关系无显著影响。老化应对上，祖孙关系没印象的大学生自我与总维度得分显著高于祖孙关系非常好、比较好、一般和不怎么好的大学生。这与祖孙关系越好，老化态度越积极的假设相反，与其他研究一致：当毕业的护生与老年人的接触增加时，他们对老年人的态度变得越来越不积极。② 大部分护士对与老年护理工作感到很满意，但当面对抑郁和精神分裂的老年人时，很少有人主动选择老年护理职业。③

22. 偏爱祖辈的大学生的老化态度更积极

见表9：老化认知上，偏爱祖辈大学生心理维度得分显著高于偏爱父辈的大学生。老化体验与老化应对上偏爱祖辈或父辈无显著差异。当子女家庭责任的价值观发生变革，社会变得逐渐有年龄意识，将人们分成相同年龄的同辈群体，因此，青年人与老年人联系的可能很小，④而那些与老年人有更多接触的人会倾向于较少的刻板印象，⑤且个人与老年人接触的经历不仅预期对老年人的积极态度，也与增加的从事老年工作的意愿相关。⑥

---

① Bandura, A. &Walters, R. H. (1963). Social learning and personality development. New York: Holt , Rinehart, &Winston, Inc. :52.

② Armstrong-Esther, C. A. , Sandilands, M. L. , & Miller, D. (1989). Attitudes and behaviors of nurses towards the elderly in an acute care setting. *Journal of Advanced Nursing*, 14, 34—41.

③ Glasspoole, L. A. , & Aman, M. G. (1990). Knowledge, attitudes, and happiness of nurses working with gerontological patients. *Journal of Gerontological Nursing*, 16(2), 11—14.

④ Mark D. Olson. (2007). Assessing attitudes toward older adults and interest in Gerontology among social work students. Dissertation submitted to the Ellen Whiteside McDonnell School of Social Work for the degree of PH. D. :16.

⑤ Hale, N. (1998). Effects of age and interpersonal contact on stereotyping of the elderly. Current Psychology: Developmental, Learning, Personality, Social, 17(1), 28—47.

⑥ Mark D. Olson. (2007). Assessing attitudes toward older adults and interest in Gerontology among social work students. A dissertation submitted to the Ellen Whiteside McDonnell School of Social Work for the degree of PH. D. :69.

表 9　父辈与祖辈关系/祖孙关系/偏爱祖辈或父辈对老化态度的影响

变量		老化认知				老化体验			老化应对		
		生理	心理	社会	认总	自我	他人	体总	自我	他人	应总
父祖关系	1 非常好	2.68±.48				2.74±.52			3.11±.42		3.24±.34
	2 比较好	2.61±.46				2.98±.63			3.05±.40		3.17±.29
	3 一般	2.59±.54				2.97±.57			3.18±.41		3.28±.36
	4 有区别	3.67±.35				3.25±.35			4.28±.35		4.00±.28
	F	3.463*				2.729*			6.270***		4.784**
	ph	4>1/2/3				2>1			4>1/2/3		4>1/2/3
祖孙关系	1 非常好	2.65±.48							2.90±.32		3.24±.39
	2 比较好	2.60±.48							3.12±.48		3.16±.27
	3 一般	2.64±.47							3.03±.34		3.25±.31
	4 有区别	3.17±.24							3.14±.42		3.40±.14
	5 没印象	3.67±.34							4.28±.30		4.00±.24
	F	3.071*							4.759**		3.608*
	ph	5>1/2/3							5>1/2/3/4		5>1/2/3

* P<0.05，** P<0.01，*** P<0.001

五、青春晚期大学生老化态度教育干预

首先，树立老化教育观念。一个文化重视老年学教育显示了对老年人积极的态度；①老师表现出对老年人的积极态度，对学习者的积极影响是倍加的。②所以，教育工作者（教师/研究者/管理者）在观念上重视老化教育是干预成功的前提。青春晚期大学生老化态度总体不太积极在很大程度上缘于其童年期与青

① Damron-Rodriguez, J., Kramer, B., & Gallagher-Thompson, D. (1998). Effects of geriatric clinical rotations on health professions trainees' attitudes about older adults. *Gerontology & Geriatrics Education*, 19, 67—79.

② Sheffler, S. J. (1998). Clinical placement and correlates affecting student attitudes toward the elderly. *Journal of Nursing Education*, 37, 216—218.

春早期的老化教育缺失,因此要尽早地在孩子童年期与青春期设计老化教育以帮助他们形成对老年前景的积极态度。

其次,变革老化教育方法。1. 因材施教,重视对女生/文科生/高龄学生/健康学生/农村学生/特殊家庭学生(父母不健康或低学历/单亲/富裕/代际关系差)等消极群体的干预。2. 选择主题、教材和教学方法及考试的过程中注意信息-自我意识-帮助的技巧三管齐下,要敞开心扉与脆弱的孩子交流,不能让他们倍感孤立。① 3. 将现代教育技术融入传统教学。如讲座/电子媒介/在线课程/教育播客/数字课程/娱乐视频等。② 4. 运用情境学习方法(Context-Based Learning)。研究发现,参与情境学习的学生从第一年到第四年在对个人老化的态度上有一个明显的积极增长,这说明情境学习能加强面向个人老化的内在成熟。③ 5. 开发高质量代际互动项目。是年轻人与老年人之间互动的质量而非频率与对老年人的态度和行为积极相关。④

最后,营造老化教育环境。态度最初在社会层面形成,然后才在个人层面形成,⑤所以,教育环境营造非常重要。家庭要注重父母孝亲的榜样教育、祖辈积极形象的感染和和谐代际关系的建设;学校要创设老化教育课程及其实施条件以构建有目的/组织/计划的老化教育;政府要调整代际间的社会契约以适应我们新的老年年龄结构,令各生活阶段的人们相互支持而非相互竞争,⑥如完善养

---

① 查尔斯·科尔等著:《死亡课——关于死亡、临终与丧亲之痛》,榕励译,中国人民大学出版社2011年,第179页。

② Anne Y. Branscum et al. (2013). Changing Millennials'Attitude Toward Older Adults. JFCS—105—1—11—Branscum_Scholarship＃1_130002. qxp 3/19/13 :18

③ Beverly Williams. (2007). Undergraduate Nursing Students'Knowledge of and Attitudes Toward Aging:Comparison of Context-Based Learning and a Traditional Program. Journal of Nursing Education. March 2007, Vol. 46, No. 3:115—120.

④ Bousfield, C., & Hutchison, P. (2010). Contact, anxiety, and young people's attitudes and behavioral intentions towards the elderly. Educational Gerontology, 36, 451—466.

⑤ Leonard, R., & Crawford, J. (1989). Two approaches to seeing people with disabilities. *Australian Journal of Social Issues*, 24, 112—125.

⑥ Elizabeth Fussell. The Transition to Adulthood in Aging Societies. Annals of the American Academy of Political and Social Science, Vol. 580, Early Adulthood in Cross-National Perspective(Mar., 2002):16—39.

老制度、宣传敬老孝亲文化和构建老化教育终身化体系。

“70、80、90”后青年的道德自我建构

一、研究缘起

在十年有余的研究生涯中，笔者已与众多研究合作者有缘相遇。在这些有缘人中，笔者又常常会遇到一些经历比较特殊的“70 后”、“80 后”和“90 后”青年。这些青年无论是已成年并步入社会工作多年，还是尚未成年仍在象牙塔中栖息，每当他们遇到从未经历过的负性生活事件（例如职业转换、家庭变故、婚恋情感等），他们总是能够从天昏地暗的痛苦和不知所措的迷茫中，学会自强自立，勇敢地承担一切，并努力为美好的明天而奋斗。而之所以，他们能有如此励志的人生，一切都要归功于“自我”——一个上天赋予的具有神秘力量的礼物。所有的挫折与困难在一个“自信、进取、独立、坚强”的“自我”面前都显得那么地渺小和卑微。这些特殊青年的故事更让笔者坚信，只要有一个强大的自我，就会有一个不一样的人生，至少是一个幸福快乐的人生。同时，笔者也发现，能够塑造一个强大自我的土壤除了那些顺境之外，尤为特别的恰恰就是上天赐予的那些逆境；而为了保证个体能够从他或她成长的土壤中所汲取的是一股积极正面的力量，就离不开在日常生活中坚守那些得到大众认可的、正确的，甚至高尚的道德准则。正因为这些发现，笔者也从中获得了自我的成长，这便是读他人的故事的魅力所在。所以，最终将“自己的问题”与“他者的问题”“公众的问题”的对接、①个人探究兴趣与外部社会需求的互通，共同引领笔者聚焦于青年道德自我建构这一主题。

① 吴康宁在《教育研究应研究什么样的“问题”——兼谈“真”问题的判断标准》（原文载《教育研究》2002 年第 11 期）一文中，曾从教育理论发展或教育实践改善是否迫切需要及研究者本人有无研究的欲望和热情两个维度，将教育研究者所确定的“研究问题”大致分为“异己的问题”“私己的问题”“炮制的问题”和“联通的问题”四种类型。其中，“联通的问题”是教育理论的发展或教育实践的改善迫切需要去解释与解决而且研究者本人也有研究欲望与研究热情的问题。此时，研究者“自己的问题”“个人的问题”已经同“他者的问题”“公众的问题”相互对接。研究者所从事的教育研究既是教育理论发展过程与教育实践改善过程的“真实的”组成部分，也是研究者自身生命运动的“真实的”组成部分，这种研究问题因此被判定为“真”问题。一个真正“好的”研究问题，无论对教育理论发展或教育实践改善来说，还是对研究者自身发展来说，都应当是“真”问题。

二、研究目的

首先是个人目的。一是，通过研究他人生涯的道德自我建构历程来更好地反思自己生涯历程，促进自己的生涯更好发展；二是，通过研究青年生涯的道德自我建构历程为研究者从事思想政治教育工作提供某种科学的理论与方法体系，以保障大学生思想政治教育工作的有效性。

其次是应用目的。理清研究合作者生涯的道德自我建构历程；分析研究合作者生涯的道德自我建构中存在的可能缺陷与不足；促进研究合作者道德自我与生涯更好的建构与发展；为有相关经历的读者提供反思的素材。

再次是学术目的。丰富生涯道德自我建构的相关理论；尝试提供一种道德自我建构的分析框架；为思想政治教育的学科建设提供可借鉴的依据。

三、研究方法

(一) 为何选择叙事研究

叙事研究属于质性研究方法，它是研究人类体验世界的方式。叙事研究是通过研究对象的叙事来描述其个人生活中的重要事件，并将其以故事的形式展现出来，其中蕴涵着叙事者个人的实践经验及其实施情形，研究者则透过这些故事，运用解释学与现象学的反思，梳理、统整、建构各项经验的性质或意义，并努力探究其缘起与来由。① 之所以选择叙事研究的主要原因是“叙事构成生涯建构的基础”：叙说是理解生命的媒介；故事是生涯建构的内容；叙说故事能够建构生涯的意义。

其次，有关道德自我建构的相关研究非常少（研究者以“道德自我建构”为关键词在中国知网上搜索，仅查到两篇有关职业道德自我建构的期刊文章：一篇是文学作品研究，《论〈爱玛〉中道德自我建构的女性主义特征》（陈秀渊，2013）；另一篇是思想政治教育研究，《多元生存环境下大学生思想道德自我建构的优化策略》（向立志等，2013））。虽然，以“道德自我”与“建构”为主题搜索也有 153 条记录，② 其中高度相关的研究有：硕士论文《试论道德自我的现代建构》（徐莉，2007）和

---

① 徐冰聘：《叙事研究方法述要》，载《教育理论与实践》2005 年第 8 期。

② 2016 年 2 月 1 访问。

《道德自我与中国哲学史建构——唐君毅"中国哲学史"研究》;期刊杂志:《建构学生道德自我初探》(林彬等,2000)、《论道德自我的文化建构观》(万增奎,2010)、《道德同一性的心理发展与建构》(万增奎,2008)、《大学生道德自我之建构策略探讨》(段慧兰等,2010)、《关于建构青少年道德自我认同感的思考》、《修养传统与道德自我的建构》(樊浩,1996)、《自我认同与道德自我的建构》(万增奎,2008)、《虚拟社会中大学生道德自我的建构》(杨青,2013)、《新媒体时代大学生道德自我之建构》(毛玲,2015)、《论当代大学生道德自我之建构》(魏雷东,2007)、《道德同一性及其建构》(万增奎,2009)、《儿童道德自我建构:品德教学的应然追求》(祁桂凤,2015)。但这些研究主要采用的是文献研究与理论探究方法,另有少量定性研究,但是没有一项是运用质性方法对个体的道德自我建构过程探索的研究,而这恰恰是本项研究所要突破的地方。

(二) 如何进行叙事研究

首先,进行深度访谈。正如帕顿(Patton)所言:"无论是对访谈者还是对受访者来说,一次好的访谈是揭露其想法、感受、知识和经验的过程。经历过引导性的、反思深思的过程,会影响受访者,且让他们知道一些有关自己本身、但在访谈之前并不知道或至少未觉察到的事。以两个小时或更长时间,对某种经验、方案或一个人的生活,作透彻的反省深思,会激发一个人的改变。"①其次,进行文本解读。分两步:聚焦经验和登录本土概念。

对于"本土概念",笔者会用引号标出以示区别,其字体为:小四、楷体_GB2312。"引文"编辑为:五号,楷体_GB2312。这种字体区分一直贯穿了整个文章的始末。AF、BM、CM、DF、EF、GM、HM、IF、JM、KM、LM、MF 是笔者对该内容出处所做的编码:A、B、C、D、E、F、G、H、I、J、K、L、M 为十三位青年的访谈转录文本的字母代码,"F"和"M"是性别代码,前为女性,后为男性。

四、自我建构与道德自我

(一) 自我建构的内涵

"自我建构"(self-construal)这一概念最早于 1991 年由马克库斯(Markus)

---

① Patton, Michael(2002). Qualitative Interviewing. Qualitative Research and Evaluation Methods. Thousand Oaks, CA: Sage Publications.

和克他亚马(Kitayama)提出,指的是个体在认识自我时,会将自我放在何种参照体系中进行认知的一种倾向。马克库斯将个体这种从自我和他人关系的角度来理解自我的认知结构,称为"自我建构"(self-construal)。人们或是将自我看作与他人相分离的独立实体,或是将自我置于社会关系网络的一部分。个体在定义自我时的不同角度,带来了人与人在认知风格、社会交往、个人自主等方面的差异。他们认为在西方个人主义文化中人们更强调独特,区别于他人,鼓励个体发现、表达自我;东方集体主义文化中人们强调联系,与他人建立和谐的人际关系,因此在此基础上把自我建构分为两种自我建构类型:独立自我建构(independentself-construal)和关联自我建构(interdependentself-construal)。①

辛格利思(Singelis)则将自我建构定义为个体是将自我与他人明确区分还是联系在一起的有关思想、情感与行为的集合。② 他设计开发了自我建构量表(SCS),得到了学术界非常广泛的应用。从定义可以看出,辛格利思主要是将思想、情感和行为等方面结合起来研究自我建构,他的出发点也是自我与他人之间的关系,延续了马克库斯和克他亚马的研究,但是比马克库斯和克他亚马的自我建构更为具体,明确了人们主要是在思想、情感与行为等方面自我建构,为自我建构的深入研究指明方向。

古地库恩斯特(Gudykunst)和吉姆(Kim)等将自我建构定义为一种个体自我水平,相当于个人主义到集体主义的文化变异维度,并且进一步证实了独立自我建构与个人主义文化相对应,关联自我建构与集体主义文化相对应。③

布鲁瓦(Brewer)等对自我建构理论做了进一步的推进,他们认为独立和依存同为人类的两种基本需求,每个人都共存于这两种自我建构中;此外,他们将自我建构进一步划分为三个部分:个体自我(individual self)即个体从自身独特

---

① Markus H R,Kitayama S. Culture and the self; implications for cognition,emotion,and motivation. Psychological Review,1991,98(2),224—253.

② SingelisJ. M1994/The measurement of independent and interdependent self-construals". Personality and Social Psychology Bulletin,Vol. 20,58Q—591.

③ Gudykunst,W. B. ,Matsumoto,Y. Jing-Toomey,s. ,Nishida,T. ,Kim,K. ,&Heylllan, s. ,1996/'The influence of cultural lndividuatism〈ollectivi5m,self-eonstmats,and individual values on communication styles across cultures'^Human Communication Research,VoL22,510—543.

性定义自我；关系自我（relational self）即个体从自己与亲密他人的关系中定义自我；集体自我（collective self）即个体从自己和所从属团体的关系中定义自我。

台湾学者陈佩妊和林杏足在研究自我建构的多元开展中将自我建构定义为个别生命体如何知觉自己，其中包括认知层面与能力有关的自我效能及情感层面存在价值的正负向知觉感受。①

综上所述，人们对自我建构的理解是个体从自我与他人的关系角度来分析的，同时都认为自我建构是一个自觉自我的过程，但是他们在个体在建构自我过程中哪种自我类型占主导方面存在一些分歧。

（二）道德自我的内涵

道德自我是一个倍受各个学科关注的概念，其研究成果分散在哲学、伦理学、心理学、社会学、教育学等诸多学科中。对于“道德自我是什么”这个问题，学界出现了“仁者见仁，智者见智”的状况，其涵义丰富多样，至今没有一个为研究者所普遍接受的明确概念。虽然社会学和教育学对“道德自我”也有所论述，但叙述分散，不成体系。整体说来，哲学、伦理学和心理学领域对“道德自我”的研究比较成熟。哲学领域对道德自我的研究重点主要是从普遍意义考察和论证道德的存在及其重要意义；心理学领域对道德自我的研究主要有三个方面，一是构建道德自我的要素结构模型，二是揭示道德自我在自我发展中的功能及其心理图式，还有一个方面是研究道德自我发展的模式；伦理学领域则是用一种体系化的方法研究道德自我，将道德自我看成是体与用的合一。

在哲学领域，杜威的道德哲学对“道德自我”概念构成的影响较大。杜威最早指出道德自我是在道德上重构令人困惑的情境的过程的一个组成部分。因此，当某个特殊情境中发生交易时，这个自我既影响发生的事情又受发生的事情的影响。这一点在我们所做的事情的性质与我们给情境所赋予的特征的性质之间确立了一种重要的有机联系。由于道德自我与情境的这种互动关系，道德自我常常在情境中得以发展。杜威的道德哲学理论不仅指出了道德情境对道德自我的影响，还指出了道德情境是促进道德自我发展的要素之一。杜威还把道德选择作为

---

① 陈佩柾、林杏足：《自我建构的多元开展——从个体、关系到脉络》，辅导季刊（台湾）2006年第1期。

道德自我的最典型特征。而在做出某一道德选择之前首先进行的是道德判断，人们之所以很少选择做自己完全办不到的事情，就是因为人会对自身的能力与实现目标的可能性进行比较，这种比较就是道德判断的过程，然后再做出适当的道德选择。道德判断在这一过程中起着重要的作用，因为每种不同可能性在呈现给想象时诉诸自我构造中的不同因素，从而为品格的各个方面提供了发挥作用的机会，最终的道德选择推动了道德自我的发展，在某种程度上使之成为新的自我。杜威的道德哲学理论中的"道德情境"和"道德选择"成为"道德自我"的两大要素。

在心理学领域，我国学者对道德自我的要素进行了相关研究。我国抗战时期，唐君毅先生在他的《道德自我之建立》一书中阐述了如何通过自律的方式超越现实自我，从而建立其道德自我。虽然唐君毅先生并没有对"道德自我"的概念作定论，但是他指出："相信你有自由创造你的未来之自由，这是去开始自觉的道德生活之基础。"①2001 年，华东师范大学的杨国荣教授在《论道德自我》中指出道德自我以感性生命为存在的前提，又包含意识与人格的综合统一，在总体上表现为身与心、天与人、个体性与社会性的互融，并内含着时间中的绵延统一。杨国荣教授的研究是对唐君毅先生理论的深入，他赞成道德自我在道德实践中往往以自律为存在方式，同时他还指出就道德意识的层面而言，道德自律的过程展开为意志选择、理性评价、情感认同等之间的相互作用。这样选择与评价就进入了"道德自我"研究的领域。2005 年，华中师范大学的柳潇、曹清燕、周紫薇在对青少年道德自我的研究中指出"道德自我是自我意识中的道德方面，是个体对自己道德状态的看法和把握。它包含自我道德认识、自我道德体验、自我道德控制三种成分。"②另有学者在他们三人的研究基础上提出道德自我是自我意识中的道德方面，是个体对自己道德状态的看法和把握。它包含道德认识、道德体验、道德判断、道德选择、道德反思五种成分。其中道德判断和道德选择能力是衡量道德自我水平的重要标志。③ 上述学者在对"道德自我"概念的探索中，都很重视道德自我对道德情境与个体的协调，以及道德判断、道德选择在此过程中的相互作用。

---

① 唐君毅：《人生三书·道德自我之建立》，中国社会科学出版社，2005 年版，第 15 页。

② 柳潇，曹清燕，周紫薇：《道德自我：青少年道德人格发展的核心》，《理论界》2005 年 11 期，第 111 页。

③ 沈文虹：《小学生道德自我发展的研究》，苏州大学学位论文 2008，第 9 页。

长期以来,我们习惯于根据传统的道德教育心理学理论,将道德教育过程分为“知、情、意、信、行”五个基本过程,欲通过道德认知的提高、道德情感的培养、道德意志的锻炼、道德信念的形成和道德行为的训练等各个环节来培养受教育者良好的道德品质或道德人格,但这种道德教育似乎难以产生教育者所期待的理想的教育实效。究其原因,很重要的一点就是道德教育过程中对道德自我的忽视。20世纪90年代以来,以布拉斯(Blass)为代表的道德教育理论家认为,决定道德人的关键因素不是道德认知或道德判断的发展阶段,而是个体的道德观、道德标准和道德信念与自我意识的融合程度。科尔比(Colby)和戴蒙(Dimon)在对道德典范的研究中也发现,道德自我是道德人的决定性因素。因此,本研究中所说的道德自我,不是指道德知识、道德情感或道德判断,而是个体道德人格发展的核心。

道德自我是道德实践的主体,它以感性生命为存在前提,又包含意识与人格的综合统一,在总体上表现为身与心、天与人、个体性与社会性的互融,并内含着时间中的绵延同一。① 作为生命的存在,道德自我具有个体性的规定,表现为身与心的统一;作为现实的存在,道德自我又具有社会性的规定,它所具有的个体性与社会性规定,在社会历史的现实结构中进一步展开为自我之间、自我与社会之间的关系。道德自我在实践中以道德自律为存在方式,以道德人格为外在形态;就其特点来说,具有完整性、可塑性、自主性、实践性和自我同一性。②

本研究将选取心理学领域的结构要素视角,结合布鲁瓦的三重自我建构理论与唐莉对青少年道德自我的结构确认,初步构架出本研究所需要的分析框架,即道德自我的内涵结构。所谓布鲁瓦的三重自我建构理论包括个体自我(individual self)(指从自身独特性,从自己与他人的区别来定义与理解自我的倾向;与自我概念中能够将个体自身与周围环境区分开来的特征组合相联系;通过人际间的比较获得;与保护个体自身利益的动机相联系);关系自我(relational self)(指从自己与亲密他人的双向关系中定义与理解自我的倾向;与自我概念中涉及与重要他人关系的部分相联系;通过人际反馈过程获得;与保护重要他人的利益、维护与重要他人之间关系的动机相联系)和集体自我(collective self)(指从团

① 杨国荣:《论道德自我》,载《上海社会科学院季刊》2001年第2期。

② 段慧兰、陈利华:《道德自我内涵及特点分析》,载《求索》2010年第11期。

体成员身份来定义与理解自我的倾向；与自我概念中涉及自己与团体之间关系的部分相联系；通过将自我归属于某个群体，并将该群体与其他群体相比较的过程获得；与保护和提高团体利益的动机相联系）。而唐莉则通过对西南师范大学、西南农业大学、西南师范大学附属中学共96人发放开放式问卷，以及对其中4人进行个别访谈的研究结果确定了青少年道德自我的结构要素（图1）。

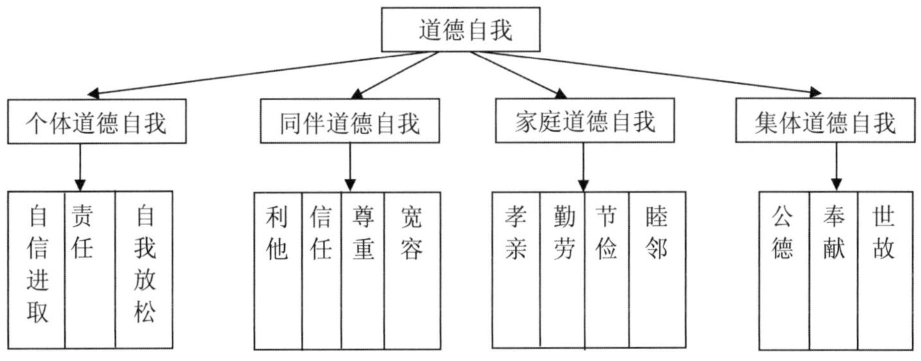

图1　青少年道德自我的结构要素图

基于已有的研究，本研究确立了道德自我的初步结构要素（图2）。由于本研究采取的是叙事研究方法，且所研究的对象不仅有“90后”大学生，还有“70后”和“80后”职场青年，因而道德自我的结构要素内涵一定更为丰富，比如，关系道德自我中会有夫妻关系与亲子关系的道德自我发展；在集体道德自我中则有单位组织道德自我的发展；而在个人道德自我发展中可能还会有自律、自立、

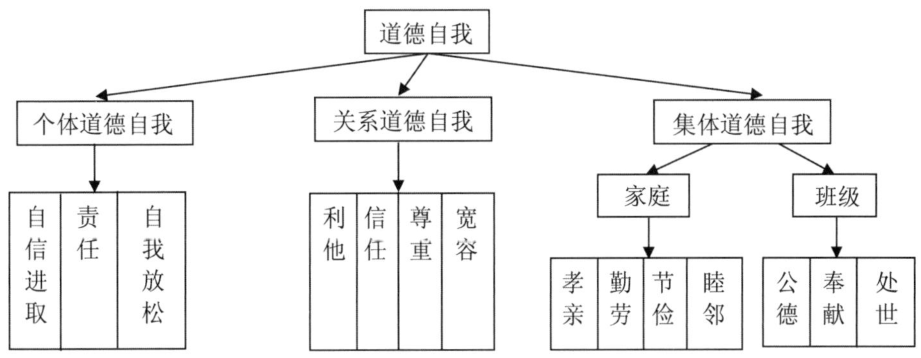

图2　本研究初步建构的道德自我的结构要素图

良心等道德内容。所以，在本叙事研究的最终结论中，还会再次确认本研究的道德自我的结构要素图。

五、生涯历程与道德自我建构叙事(略)

六、研究结论

(一) 道德自我建构的历程与特点

1. 个体道德自我建构的历程与特点

(1) 个体道德自我建构的历程

首先，“70后”、“80后”、“90后”从小就受到之紧密生活在一起的祖父母或父母的影响，奠定了其个体道德自我形象一生发展的基础。比如，就性别道德自我而言，“70后”中，AF从小就受到奶奶的影响，一直在向奶奶学习柔中带刚、独立和“女主内”的性别道德自我形象；BM受到父母之间的默契与恩爱的影响让他建构了一个仔细、大度、宽容、平等的性别道德自我；CM受到农民父母不分彼此地为家庭的建设与经营而努力奋斗的影响，养成了不论男女都承担着养育子女、勤劳持家的性别道德自我形象；DF不仅延续了母亲的女性气质——“照顾”家里责任，也继承了父亲的男人性格——“闯劲”。“80后”中，FM受到父亲的影响，要做一个对妻子孩子、对家庭忠诚的男人；GM受到父亲的教诲，要做一个多读书，自强自立的男人。“90后”中，JM受到父亲侠义风范的影响，想要做一个有阳刚之气、有责任心、乐于助人的男人。

就性格道德自我而言，“70后”中，AF将奶奶宠辱不惊的心态、高贵的闺秀气质和忍度化的为人处事原则，演绎成了现代人所需要的乐观、进取、创意的品质；母亲的“敬业精神”和职业成就在BM的心中留下了深深的印象，无形中成为他学习的榜样；CM吸取了父母勤劳致富、努力改变命运的生活方式；DF延续父亲的闯劲，到大上海开拓自己的事业。“80后”中，FM受到爷爷的影响，想象爷爷一样通过打拼成为风云人物，稍微有点作为；GM受到父亲影响，要做一个有毅力、努力上进的人；HM受到母亲的鼓励教育，从小立志要从学入仕，做大官；“90后”中，IF因为父母的教育，是一个非常听话、孝顺的女孩；JM受到母亲的影响，是一个求知欲很强，十分好学的人；LM受到姥姥的影响，是一个性格坚韧、乐于助人的人。

其次，“70后”、“80后”、“90后”在自己成长经历的不断作用与强化的影响之下，其个体道德自我形象不断地成熟与丰满。尤其是每一次生涯转换或重大的生活事件加速强化了他们的个体道德自我。比如，“70后”中，AM毕业之后创业那段日子磨炼了她乐观、进取、坚强的意志，随后在职业生涯转换的日子里，她又继续发扬了这些品质，成功在这个金融行业立足；BM通过自己的努力获得研究生学历并找到一份不错的银行工作，并发扬敬业的精神成为员工中地位与收入的佼佼者；CM中专毕业之后千辛万苦地在上海立足的生涯经历继续强化了他勤劳进取的品质；DF中师毕业当老师，通过自己的努力考到上海读研究生，并通过自己的努力落户上海，并继续在上海打拼事业。“80后”中，EF在职业生涯的几次转换中，不断地意识到交友和读书的意义，也逐渐找到了自我的定准；FM同样在职业生涯的转换中，在不断寻找定位中，找到了自己未来要努力的方向；GM在职业军旅生涯中，学会了坚持、努力和忍耐；HM在高中、大学和工作这三个阶段都在挫折中学习反思，不断地进步和超越自我；“90后”中，IF因为频繁遭遇家庭变故，高考又复读了四年，过早成熟的她一进大学就定下人生目标，努力地实现自己的目标；JM也因为家庭贫困、父亲早逝，过早地承担起家庭的责任而显得比同龄人更为成熟自信，也更为努力进取；KM因为从小就喜欢玩和结交朋友，所以长大之后便将旅游、读书和结交朋友作为人生三大目标；LM因为恋爱受挫和高考失利，一下子变得成熟起来，明白人生起落是正常的事情，起的时候不要太高傲，落的时候不要太自卑；MF经历了初中时代的荣耀、高中时的失落和大学时的自信，慢慢地变得越来越成熟。

(2) 个体道德自我建构的特点

首先，个体天性和家庭原因成为个体道德自我建构的主要因素。例如，“70后”中，AF的祖辈是旧上海滩的贵族，尤其是听奶奶的故事让她从小就有很多小资情结，在她看来“小资是一种生活方式……其实这不是学来的，这是骨子里面的”。这种与生俱来的优越感和自信也促成了她后来在学习上成绩比别人都好，一直很冒尖，哪怕后来在职读书，成绩也非常好，每个学期都拿奖学金。同时，这种天性使然令她在自己的生涯发展过程中，也一直保持着乐观、进取的心态，无论是自己创业还是打工，她都能够很快从一个团队中成为佼佼者。她不希望自己成为和父亲那样悲观、厌世的人，而是成为和奶奶那样坚强、柔中带刚、独立的女性。BM从小就对数字非常敏感，有天赋的他得到了父母的精心培养，从小学到大学再到研究生，将自己对数学、计算机的爱好发挥到了极致，最终非常顺利地从事着自己喜爱的职业。CM天性保持着农民的勤劳、朴实和友善，对读书、融入城市生活的渴望。DF在父母的爱与影响之下，养成了爱自由、爱拼的个性，而这一切成为了她从家乡到上海立足的推动力。“80后”中，FM的爷爷和爸爸都曾经自己创业，这种熏陶之下让他觉得自己天生就有经济头脑，希望自己在职场打拼几年，积累足够的经验与人脉之后创业；GM在父亲和爷爷的影响之下，觉得自己天生毅力很强，能够通过忍耐、坚持，最后闯出一番事业；HM的家庭算是当地条件不错的，这给他带来了骨子里的自信，这种自信让他面对困难挫折总是抗打击能力强，不断反思学习进步。“90后”中，IF作为女孩子，天生就乖巧、听话，由此得到了父母的喜爱，也成为了她日后学习和工作中的性格特质；JM天生就对知识有强烈的求知欲，只要有不懂地就一定要把它弄懂，这种学习精神逐渐延伸到他的生活当中，对人对事的态度也一样执着和认真；KM天生就喜欢玩、见识各种新鲜的事物，因此，这让他立志做一个见多识广、心胸开阔的男人；LM受到女强人姥姥的影响，性格坚韧、乐于助人，这让他在一个群体中的进取心和自信心都很强；MF天性性格自卑懦弱，再加上父母的娇惯，她变得依赖性更强。

其次，个体道德自我的若隐若现。个体自我是一个恒定不变的实体，是以“真我”为核心，即公开与私密的自我应该保持一致。① 但是对于中国人而言，公开的自我这要是对他人“演戏”的自己，私密的自我是对他人“保密”的自己；公开的自我是与他人对话的自己，私密的自我是与自己对话的自己。传统中国人从小就懂得表现的言行是一回事，心里想的是另一回事，即言行与心意严重脱节或者矛盾，也能坦然处之，面不改色。更进一步说，中国人视言行不一致为正常，甚至认为是修养好或识大体。② 例如，AF和DF两位70后女生虽然所受到的家

① 杨国枢、陆洛：《中国人的自我》，重庆出版社2009年版，第77页。

② 杨国枢：《中国人的心理与行为：本土化研究》，中国人民大学出版社2004年版，第205页。

庭教育理念依然是传统的父权式家庭,但同时现代化女性解放的意识也灌输到她们的骨子里。这种矛盾在AF的身上体现为,一方面,她要像奶奶那样坚强、独立,成为一个有内在的女人,而另一方面,却始终认为一个女人不可能像男人那样永远下去,当有了家庭、孩子就要回归私人领域;而DF也同样如此矛盾,一方面她想像父亲那样闯出一番事业,有属于自己的公司,而另一方面,当有了丈夫和孩子,便要主动承担起照顾家庭的责任。显然,她们二人的生活中只有她们自己时,乐观、进取的性格道德自我便充分显露,而当他们二人的生活进入了有老公和孩子的世界时,他们的性格道德自我便即刻隐匿,性别道德自我便出场,以此换取个体道德自我和谐。而"70后"BM和CM两位男性则个体道德自我内部则没有表现出这样的矛盾冲突,仅在外部表现出个体道德自我与关系道德自我和集体道德自我的冲突,即只要个体道德自我与关系道德自我和集体道德自我发生稍稍不协调时,他们便会让个体道德自我屈就与另一方,以便来换取暂且的和谐。BM的换位思考和CM的融入尤其体现了这一点。"80后"中,EF在学生时代只知道学习,因为成绩很好而高傲,从而忽略了与同学之间建立良好的关系,从学校到职场之后才发现,人际交往对于工作和生活的重要性,所以,在单位里遇到人际矛盾之后,她开始隐匿个体自我道德,要么逃避,要么学会中立,不要硬碰硬。GM高中毕业就一直从军,所以他的个体道德自我一直处于隐匿状态,在军纪严明的部队里,他唯有忍耐、承受、坚持。HM从小就很自信、狂妄,一直是个体道德自我突出的人,进入了大学一开始也是如此,直到他遭受到了挫折(他人的打击),他才明白在一个集体中,高调与沉稳是一对矛盾,何时高调与何时沉默是一门学问,不仅需要时机也需要适度。"90后"中,IF本身是一个听话的女生,个体道德自我一直也是屈从于长辈或集体,到了工作中她更加学会了察言观色的本领。JM原本是一个棱角分明、追求真理的孩子,到了高中半社会化的学校,遭遇到了一些挫折后,他才发现做人做事要学会变通,与不同性格的人交道需要不同的方式,于是,为了完成他的领导工作,他开始在集体中学会隐匿个体道德自我。KM从小就是一个喜欢玩和交往的孩子,在人际交往方面他从来没有遇到过问题,但随着出国交换等经历,他开始学会在集体中隐匿个体自我道德,维护自己作为中国人在外国人心目中的礼貌形象。LM在中学时代因为太出色而养成了自我为中心的个体道德自我,当环境变化,新的集体并不认同他时，他便不知道如何应对这种关系，遭遇了挫折的他开始隐匿个体自我，在高中和大学时代表现为逃避，而在工作场所则表现为沉默，不敢与陌生人说话。MF 在初中时因为成绩很好，受到了老师和同学们的认可，个体道德自我比较自信和突出，而高中到考大学时，成绩下降且高考失利，让她的道德自我在集体中一直处于自暴自弃的隐匿状态，直到大学一年级后，通过参与班级或学校的活动，受到了老师和同学的认可，慢慢地找到了她的位置，此时，个体道德自我和集体道德自我达到了一种和谐。

2. 关系道德自我建构的历程与特点

(1) 关系道德自我建构的历程

① 他人道德自我建构历程

首先，他人道德自我建构的建立期（学生时代）。总体上而言，“三代”青年在学生时代就已经开始建立起与他人的道德自我关系。“70 后”青年在职场已经打拼了十年左右，依据近因效应，他们普遍对学生时代的关系道德自我建构谈到的都不太多，而对于自己职业生涯的关系道德自我记忆却比较深刻。比如，AF 在学生时代成绩非常优秀，常常得到来自老师的认可和关照，所以，她很喜欢与懂得欣赏自己的领导或老师交朋友；BM 在学生时代一直专注自己的兴趣和爱好，理科思维的他并没有太多描述与他人关系的建立；CM 在学生时代成绩非常优秀，获得了老师和同学的认可，一直也是班里的干部，能够与他们和谐相处；DF 在学生时代也是一个成绩优秀的人，她并没有描述与他人建立关系的困难。“80 后”青年相对工作时间较短，对学生时代的记忆也稍多一些。例如，EF 对自己在学生时代因为成绩好而高傲地不屑于与他人结交朋友而感到后悔，等到她工作后才发现朋友对他的重要性，所以她现在非常珍惜每一个认识朋友的机会，想要把过去逝去的关系弥补回来；FM 在大学的时候就已经形成了与他人相处时讲规则，即便产生冲突也从不发火；GM 是一个比较特殊的案例，学生时代的他是一个很内向，不善于主动交往的学生，因为他在一个安静的环境长大，家长从来不会大吵大闹。

“90 后”普遍还没有进入职场，目前的记忆都停留在学生时代，对于小学、初中、高中阶段的记忆特别清晰。例如，IF 从小是留守儿童，所以特别渴望他人的关注，包括父母、老师和同学，她在生活中很容易受亲密关系的影响；JM 小时候在班里因为成绩好，老师和同学都喜欢他，关系也不错，而进入高中寄宿制学校后，又开始学习和不同性格的同学和老师交往，从中获得了很多交往经验；KM从小喜欢玩，结交的朋友都属于玩的类型，后来因为父母老师的管束，中学时代开始用功学习后又结交了爱学习的朋友，包括自己的学霸女友，再到大学以及留学期间又结交了各种各样的朋友，这些朋友在不同的时候都能给予他不同的体验和帮助，所以，他非常喜欢和善于交友；LM从小就受姥姥的影响，特别喜欢帮助别人，因此别人也愿意和他交往；MF从小因为独生子女、胖和转学等原因，一直都无法与他人建立良好的同伴关系，内心感到非常的孤独和自卑，而到了中学时代也只能和那些同样被孤立的少数人结交成朋友。

其次，他人道德自我的转变期（职业生涯前期或大学阶段）。“70后”和“80后”经历了从学校进入职场的转变，因而他人道德自我也开始了转变。“70后”中，AF从大学毕业之后就和同学一起自己成立了一家电脑贸易公司，她同时要维持自己与合伙人、客户，以及与下属员工之间的三方面关系，但基本上她的交友原则是在与他们成为朋友前提的基础之上再实现自己的利益目标，正所谓“手腕”。BM的转变期应该是发生在研究生读书生涯，面对全国各地的同学，他交友的心态开始变得开阔起来。CM在学生时代能够与没有利益关系的同学搞好关系，在职场中后，面对带有歧视眼光且有利益关系的同事时，开始转变策略，学会融入他们。DF进入职场之后，在工作中开始追求创意，用优异的工作成就树立在同事和领导心中的形象。“80后”中，EF进入职场后，开始开放地接纳各种各样的朋友，积极与他们保持良好的关系；FM进入职场明确了自己的人生目标之后，积极地积累人脉，向优秀的人学习；GM进入部队后，开始改变原来内向的性格，变得喜欢和五湖四海的朋友交往；HM从小就喜欢在一个群里建立领导权威，进入大学之后就开始走关系，成就自己的从学入仕的理想，从挫折中学到了为人处事的经验，而进入工作单位之后，他把这些经验用到极致，迅速得到领导的常识和提拔。

与“70后”和“80后”有所不同，“90后”叙述中的他人道德自我转变的时期集中于大学阶段。例如，IF上了大学后，对于和他人已建立起来的亲密关系非常重视和珍惜，想方设法地要保持联系；JM进入大学之后，心胸变得更加开阔，学会与不同性格的人交往，并将他们团结在他周围发挥各自的优势，共同完成一项工作；KM进入大学之后继续广交朋友，和朋友互帮互助，而留学交换的经历又更加开阔了他的心胸，学会了与不同文化背景的人交往，从不同人的立场来考虑问题；LM在经历了高中任班长失败的经历之后，学会了在一个群体里不再高傲，而是以低姿态进入，然后逐渐发挥自己的优势；MF在高中阶段的压抑让她对自己失去了信心，而进入大学之后，开始在参与班级和学校的活动中找到自己的位置，开始变得自信，也能与他人保持良好的关系。

再次，他人道德自我的调适期（职业生涯中期）。“70后”和“80后”在职业生涯中期大多遇到了人际关系问题。如“70后”中，AF遇到了从老板转变为打工者角色，所以她开始学习如何做一名优秀的员工，与同事成为朋友，同时也成为领导心目中的骨干。BM研究生毕业参加工作后，依然和以前专注自己的爱好和学业一样专注自己的工作，取得了很好的成绩，但是却忽略了与同事、领导之间的交流沟通，遇到了麻烦，最后通过自己的调整转变，学会换位思考，积极和大领导、同事沟通，逐步理顺了自己的生涯发展。虽然CM一直强调搞好关系的重要性，但年轻气盛的他在工作中依然过分得罪了同事，导致他工作中出现了麻烦，这次教训让他学会了先建立人情关系后谈工作的重要性。DF当老师的时候只要自己工作优秀就可以，但是在自己创业之后，她发现了朋友的重要性，于是开始在有意识地积攒人脉。“80后”中，EF在跳槽后的头两份工作中，遇到了非常复杂的人际关系，不善于处理的她吃了不少亏，最后她从中学习到了中立、不要硬碰硬的经验，这些经验让她在第三份工作中处理人际关系时如鱼得水；FM在国企中遇到了非常复杂的人际关系，但她一直保持着不发火，赔笑或走人的方式方法；GM军校毕业后成为一名职业军人，想要闯出一番事业，但到了工作岗位，才发现要先忍耐，学会做人的道理，方能成大事；HM进入首钢升至处长助理之后，发现升迁无望，便开始调整自己的战略，进入商业，实现自己的互联网之梦。

大学校园对于尚未毕业进入职场的“90后”青年来说就相当于半社会化历练的熔炉，在他们的视野里，大学与中小学相比是完全不一样的新环境，因此在他们的叙述中可以发现，他们的人生道路上遭遇了第一次与众不同的他人道德自我的转变。而对于“70后”和“80后”青年来说，进入职场是他们的身份从未成年人向成年人过渡的标志，是他们的人格从依赖型向独立型迅速蜕变的转折点，因而在他们的视域中，职场才是完全不同于学生时代的新环境，所以，对于他们而言，职业生涯前期是他们渡过的非常关键的一次他人道德自我的转变期。随着他们逐渐从一名职场新手转变为一名职场老手，进入职业生涯中期后，他们的他人道德自我也进入了调适期。在未来的故事中，当他们逐渐成为一名职场资深专家之时，他们的他人道德自我也会渐渐发展到成熟稳定期，直至面临退出职场，他们的他人道德自我又将面临人生又一次新的前所未有的转换期。

② 情感道德自我建构历程

首先，情感道德自我的萌芽期。青春期通常是少男少女情窦初开的时期，"70后"中，像DF现在的男友就是他初中时的同学；虽然AF、BM和BM都没有谈及他们情感发展的轨迹，但大抵都会有这样的经历。"80后"中，GM曾经暗恋过一个女生；HM在大学时谈了个女友。"90后"中，JM在大学也喜欢一个女孩子，但没有表白；KM和LM在高中时都谈了女朋友。

其次，情感道德自我的现实期。恋爱的初期一般都是美好的，但是生活的现实却是残酷的，纯真的爱情总是被残酷的现实所扼杀。比如，"70后"中，AF虽然没有提及没有归宿的爱情经历，但言语之间也显露了一个聪明女人要寻找一个相对匹配的男友的麻烦；BM作为一个理科生，与女生之间的交往经历明显不足，能感觉到他在这方面的空白；CM毕业之后也遇到了自己作为农村人、贫穷所带来的找媳妇的现实困难，所以他非常珍惜现在的爱人不计较他贫困的家庭背景；DF与他男友的爱情就经历了双方家庭参与其中的残酷现实，分分合合，几多欢喜、几多忧愁。"80后"中，EF因为长相、身材的缘故一直还没有找到爱情；FM因为事业未成，母亲又希望他找本地姑娘，深感压力山大；GM在部队里谈过一个女孩子，但因为异地恋，无果而终；HM在大学谈的女友与他分手，选择了另一个他认为不怎么样的男生。"90后"中，IF因为年龄的缘故一直羞于恋爱，而且家庭的现实困境也不允许她追求浪漫的恋爱，她的爱情观相当现实；JM同样也因为家庭贫困的原因，不敢向喜欢的女子表达爱情；KM和LM都在高中谈了一个女友，因为家长的阻挠干涉都分手了，而这些失败的经历也会影响到他们的情感道德自我的发展。

再次，情感道德自我的调整期。现实再怎么残酷，也需要人们去适应它，继续追求美好的情感生活。"70后"，DF在家庭与男友之间摇摆，最终寻找到了平衡点，既维持了她的爱情，又维护了她的亲情；AF 则开始学会调整自己，找不到合适的人，宁缺勿滥；CM 则通过两人的相处寻找到了爱情的真谛：宽容、造就、有共同的追求；BM 还在继续的摸索之中。“80 后”，EF 开始去减肥、相亲，以扩大交往圈；FM 也顺应母亲的要求，努力实现自己的目标；HM 目前已找到合适的爱人，非常喜欢她。

故事的后半段可以充分发挥想象，当“70 后”和“80 后”青年进入中年，普遍履行了为人父母和子女应尽的角色责任与义务之时，他们的情感道德自我也自然进入了成熟稳定期，直至空巢期来临，自身的健康、经济地位、伴侣或亲属关系及社会关系逐渐丧失，他们的情感道德自我才会亲历衰老与死亡中面临又一次重大考验与挑战。

(2) 关系道德自我建构的特点

① 和谐人际成为其关系道德自我建构的重要内容

在中国的社会中，人与人之间相处最重要的，就是保持和谐。保持和谐相处最好的方法，就是“不分彼此”、“处处为别人想”，“把别人的事当自己的事”，甚至达到“人我合一”的状态。①

在任何社会中，都会有各种不同的关系，不同社会的人对这种关系又有不同的看法。中国的社会正如费孝通所说是一种差序格局的社会，即“以己为中心，像石子一般投入水中，和别人所联系成的社会关系不像团体中的分子一般大家立在一个平面上的，而是像水的波纹一样，一圈圈推出去，愈推愈远，也愈推愈薄”。② 这样一来，每个人都有一个以自己为中心的圈子，同时又从属于以优于自己的人为中心的圈子。这样可以看出中国人的人际关系其实是一张网，你在以他人为结点串联自己的网，同时他人也以你为结点串联他人的网。

追求人际和谐是“70 后”、“80 后”和“90 后”生涯历程的主旋律。“70 后”中，AF 把与人交往看成是一个人生存的本领，通过先与他人成为朋友然后再从这种亲密关系中获得自己的物质利益，甚至是情感利益，这是她所谓的生存法则。BM 是从事技术工作，相对需要人际互动的成份要少许多，但现实工作中，技术

① 杨中芳：《如何理解中国人》，重庆出版社 2009 年版，第 139 页。

② 费孝通：《乡土中国》，人民出版社 2008 年版，第 23 页。

与业务是不可分开的两个要素，自然也离不开这两个部门人际的互动，所以他也开始尝试换位思考，与其他部门同事建立良好关系，此外，在职学习了金融之后，以后还可能转行做金融的他也更加热衷于交更多朋友、获取更多信息。CM 的交友观是最具中国特色的，融入他们，先与他们建立良好的人情关系，才能更好地做好工作。DF 为了建立自己的公司，更需要以学缘、业缘、趣缘和地缘为基础构成的庞大的人际网络。“80 后”中，EF 现在非常珍惜每个朋友带来的朋友；GM 一起乐于交友，希望能够帮助更多朋友；HM 为了实现自己从学入仕的理想，一直都在学习如何走关系。“90 后”中，IF 从小是留守儿童，缺少亲情关怀，所以她非常重视亲密关系的建立；JM 非常喜欢乐于助人，愿意主动与人交往合作；KM 从小就喜欢结交朋友，他人生的三大目标也是旅行、读书和交友；LM 的人生观是多一个朋友多一条路。

即便是在建构男女之间的亲密关系上，“70 后”、“80 后”和“90 后”青年也是以双方能够和谐相处为追求目标。例如，“70 后”中，AF 对男女角色在家庭内的分工期望是“男主外，女主内”，女人总归要回归家庭以求得夫妻关系的和谐。BM 则是典型的上海男人，在他的意识对职业女性有诸多尊重，他认为，夫妻双方若在性格和角色分工上能够互补将有益于美满家庭的建设。CM 寻找到现在的妻子很大程度上是考察了双方性格的互补以及在生活与工作上有志同道合的兴趣与目标。同样，DF 也是希望老公是她创业路上的坚强后盾。“80 后”中，EF 则希望未来的男友能够成为家庭经济的支柱以维持和谐的家庭生活，GM 则希望自己象父亲一样爱自己的老婆，尊重她，HM 则有大男子主义思想，希望老婆依附于他，成为照顾家庭的小女人。“90 后”中，IF 希望未来的老公象父亲一样关爱她，JM 则希望未来的老婆能够和自己聊得来，有匹配的精神追求，KM 则希望女友与自己是互帮互助、相互扶持着前进，LM 则希望女友象她妈妈一样，漂亮、照顾家庭。总的来说，在中国传统文化的影响之下，“三代”青年中大部分人期望的和谐亲密关系依旧是“男主外，女主内”的模式，少部分人受到现代性别平等文化的影响，所期望的和谐亲密关系是“男女平等，互帮互助”的模式。

② 互惠互助和真诚是建构亲疏关系道德自我的主要因素

德国社会学家格奥尔格·齐美尔(Georg Simmel)在他的鸿篇巨著《社会学》(1908 年)中指出：“当个体的各种利益追求推动他们去建立社会单位时，就会产生出各种形式，社会交往指的就是这种广泛变动的形式。个体只有在社会单位中才能够谋求实现——感官的或者理性的、持久的或者即时的、有意的或者无意的、冲动的或者理念诱导的——利益。”从这段话中我们可以体现出两个层面的意思：第一，人类出于发展和繁衍的需要，必须建立某种程度的社会关系；第二，人类总是想从社会关系中得到利益。可见，社会交往遵循的第一原则就是互惠互助，而这也是参与工作的“70后”和“80后”青年建构亲疏关系道德自我的主要决定因素。例如，“70后”中，AF与那些非常合拍的闺蜜、领导，以及与她学业、工作有关系的老师、同事或客户，都能保持很好的朋友关系，并从这种紧密的关系中获得自己想要的各种物质利益或精神利益，然而她非常不愿意与那些以自我为中心、不负责任的人交往。BM在工作中希望能够和业务部门的同事交往，在业余学习金融后又希望能够与相同背景的人有更多交往，因为这样能够交流信息、提供帮助。CM认为在工作中一定要先建立人情关系，比如探望生病的下属，不要得罪强势的人等，这些做法都是为了能够在工作中得到他们的配合，因为工作成就是团队合作的结果，并不是一个人的成就。DF之所以要建构以学缘、业缘、趣缘和地缘为基础构成的庞大的人际网络，也是为了能够互惠互助，在这个过程中实现自己的利益目标。“80后”中，EF希望能够从朋友那里获得物质和情感方面的利益，所以她非常珍惜与每个朋友的交往；FM与朋友交往特别看重互惠互利的规则；GM在交友时特别注重真诚，以及乐于助人；HM特别会走关系，懂得权谋之术。

与“70后”和“80后”相比，尚未步入社会、走上工作岗位的“90后”们更注重“真诚”在友谊中的份量。例如，IF非常看重与朋友之间的情谊，因为各种原因失去联系的好友，她都会想办法再建立联系；JM虽然比同龄人都要早熟，但是他还是会保持童真，愿意追求一份真诚的友谊；KM在国外求学的经历让他深深的觉得只要付出真诚，就会得到珍贵的友谊。

3. 集体道德自我建构的历程与特点

（1）集体道德自我建构的历程

① 家庭道德自我建构历程

首先，家庭道德自我形成阶段（出生到大学之前）。“70后”、“80后”和“90后”在这个阶段的家庭道德自我总体上是一种家族自我，并非狭隘意义上的小家庭，而是由祖父辈为核心的家族。大家庭的和睦、长辈对子女的爱与教育、子女对长辈的孝顺等都是基本的家庭道德自我内涵。例如，“70后”中，AF小时候的记忆都是旧时代祖辈大家族的辉煌及没落的故事，尤其是讲述了奶奶一个人养一大家子的故事让她钦佩；BM、CM的记忆中也写满了自己家族世代奋斗改变贫穷命运的历史。“80后”中，EF因为外公的党员身份，从小生活在大别墅里，在佣人婆婆和父母的照料下生活，她对于家庭教育中亲子关系形成了自己的观念；FM的爷爷奶奶及父亲母亲两代家庭建设的成与败是他最好的学习范本，他学习到了对妻子的忠诚、对子女的教育与责任和对父母的孝心；GM从父母营造的家庭温暖中学习到了如何与爱人相处，如何对待子女，如何对待长辈。“90后”中，IF从小留守在家，对家庭温暖非常渴望，等到父母回到身边，非常懂事听话、孝顺；JM经历连番遭遇家庭变故，从中懂得了亲情的重要，学会了承担家庭的责任。

其次，家庭道德自我强化阶段（大学或研究生阶段）。这种强化阶段在“70后”CM、DF的身上体现得尤其明显，因为他们都经历了离乡背景、独自在异乡打拼、立足的生涯历程，此时的他们都感觉到了家庭的重要性，这让他们更加渴望有一个像家庭一样的集体，因此，他们也是最早建立并享受和谐家庭集体的温暖的两位，同时也是最有孝心和责任的两位。同时，在远离他乡求学的“90后”大学生IF、MF身上体现得非常明显，IF非常渴望回家享受家人团聚的幸福，MF则非常享受有父母娇惯的日子。

最后，家庭道德自我开始消解阶段（职业生涯开始到现在）。这个消解在“70后”AF和BM的身上表现得最为明显。由于现代化文明的发展，女性进入职场获得了经济的独立，使她们有了在家庭婚姻关系中获得人定位观念都发生了翻天覆地的变化，再加上计划生育政策的推行，城市单身贵族、丁克族逐渐崛起，家庭道德自我也发生了消解和淡化，例如多子多福、有子即宝、女子无才便是德等道德观念的瓦解，取而代之的则是独立、自由等。“80后”中，EF进入职场之后发现自己父母那一代好单纯、纯洁，什么都不懂地把她教出来，在她身上体现了家庭道德自我因为时代的变迁开始消解；FM勤俭持家的家庭道德自我在他这一代已荡然无存，自我的享受成为生活的追求；HM到了工商业气氛浓厚、重视小我利益的大上海后，山东家乡重视儒学以血缘关系为核心的大家族道德自我逐渐瓦解。

② 团体(或单位)道德自我建构历程

首先，团体(或单位)道德自我形成时期(出生到大学期间)。例如，“70后”中，AF的单位道德自我形成于小时候，在石库门长大的她耳濡目睹奶奶在特殊的时候用她的手腕维持了整个家庭的完整，只有舍才有得；CM从小就生活在农村，由于家境贫困，为了生存，他的爸爸妈妈在整个乡村集体中都是维系着老好人的形象，而他自然而然地学习了这种生存法则，并将它运用到了生活当中。“80后”HM从小生活在山东农村，深受儒学思想的影响以及农业社会人情关系的熏陶，进入大学之后利用人情社会的走关系，将学生会的管理工作推向了高峰，这些经历让他充分学习到了权谋之术。

“90后”由于还未进入职场，他们的团体道德自我在形成时期大致分为三个阶段：一是出生至初中，二是高中时期，三是大学时期。总体上他们在团体的道德自我追求是和谐的人际关系，但因为环境的变化和成长阶段的心理特征变化，他们在高中阶段和大学阶段往往都会遇到新的人际困惑和问题，因而会发生一些转变。最明显的是LM和MF。他们在进入高中之后，由于不能适应新环境带来的人际关系不和谐而遭受了打击，从而也改变了他们的团体道德自我，从自信到自卑沉默。而到了大学LM还是延续了高中时的沉默与安静，甚至还将这种沉默与安静带到了实习的工作单位；而MF一开始也是自暴自弃，直到她在班级和学校的团体活动中找到自己的位置和自信。

其次，团体(或单位)道德自我强化时期(职业生涯前期)。例如，“70后”，AF到了单位之后，继续用手腕团结着她周围的同事，从他们身上学习知识，获取信息，从而很快在行业或单位里立足，成为中层管理者。而CM到了单位之后继续与同事搞好关系，维持他的老好人形象，逐渐融入他们的生活方式，并通过努力工作又得到领导的认可，逐渐进入单位的管理层。“80后”HM进入单位之后，不仅如鱼得水，而且边学习边反思，迅速达到了从政的顶峰。“90后”IF在实习的过程中学会了察言观色的集体道德自我。

最后，团体(或单位)道德自我转变时期(职业生涯中期到现在)。例如，“70后”，BM读研究生时开始有全国各地的同学同住在一个寝室，此时的他转变了狭隘的地方保护主义，以开放的心态接受各地文化风俗习惯，后来到了工作岗位，为了做出成就，一方面发挥他的敬业的个体道德，另一方面也在学会换位思考，融入单位集体。CM在单位中也遇到了有背景的人搞办公室斗争，从这次斗争中他进一步认识到了建立良好的人情关系对于工作开展的重要性。DF在一个集体里非常喜欢自由和创意，所以老师的工作非常适合她，因而后来读研究生不走学术路线和工作逃避朝九晚五的企业工作模式也成为必然。"80后"GM成为职业军人之后发现要想成就一番事业，在工作还需要再忍耐、坚持；HM在工作中发现国企从政需要论资排队，不知道要多久才能熬到，所以他马上跳槽转行到互联网行业，在学习了一段时间后与他们合伙创业。

（2）集体道德自我建构的特点

① 集体自我建构的不断消解

在传统的中国社会里，社会的基本结构与功能单位是家族，而不是个人。家族是传统农业社会之经济生活和社会生活的核心，其保护、延续、和谐及团结便备极重要，因而形成中国人几乎凡事以家族为重的家族主义。① 家族是传统中国社会中惟一重要的团体或集体，而且对一辈子都生活在其中的个人，从小即施以长期严格管教。② 改革开放以来，在市场经济的推动下，社会的基本结构开始从家庭逐渐分解到个人，个人作为独立的个体可以在经济生活中扮演重要角色，家庭集体主义开始渐趋瓦解。个体由于自幼开始走出家门接受教育，在家庭中的时间越来越少，家庭对个体的影响也在弱化，同时，原有的家庭众成员由于需要独立出去工作也没精力过多去对孩子灌输家庭观念。所以无论从社会经济发展角度，还是个体分离情况都可以看出，家庭集体的自我开始消解。例如，本研究有两位"70后"的生涯故事最为典型。AF的祖辈是家势显赫的上海商人，CM的祖辈是一贫如洗的乡村农民；到了他们这一代，两位通过自己的努力成为新上海白领青年，他们身上的家庭集体自我观念已经随着城市现代化进程的发展消解殆尽。

② 文化变迁是集体自我建构的重要因素

---

① 杨国枢：《中国人的心理与行为：本土化研究》，中国人民大学出版社2004年版，第244—255页。

② 王玉波：《历史上的家长制》，台北古风出版社1988年版，第61页。

在现代化社会变迁的过程中，中国人的集体取向的互动方式与人格特质已经产生了变化。中国人原有的集体自我取向主要是传统中国农业经济与社会的产物，它形成是为了便于有效地适应务农的经济与社会生活。在传统农业社会逐渐转变为现在工商社会的过程中，中国人的集体取向势必会失去其原有的强度，改变其本来的特征。① 在这种集体自我和个体自我此消彼长的过程中，个体自我取向的方式，明显更有利于适应现代化经济社会的生活。这种社会经济大趋势的变化，加速了集体自我的不断消解。例如，作为在上海生长的 AF 和 BM 而言，他们深深懂得只有在集体中突出个体自我才是社会竞争的生存之道。

同时，中国作为历史悠久的文明古国，在幅员江阔大地上，各地都保存着自己的文化根基，这种文化根基不是简单的经济浪潮可以迅速席卷一空的。作为从内陆迁移到上海的 CM 和 DF 而言，受到家乡文化的影响，很自然地建构了一套适合当地文化的集体主义价值观。但是，在了上海若依旧用原有的一套集体主义价值观来行事，显然会遭遇重创，所以要想适应新的文化体系下，必然要转变原有的集体道德自我模式，重新建构一套新的自我模式。这种导致集体道德自我模式转变的主要因素就是文化的变迁。

（二）道德自我发展的结构与特征

1. 道德自我发展的结构

综合对“三代”青年的道德自我建构的解析，本研究对象的道德自我发展的结构可以用如下表 1、表 2、表 3 归纳出来。

表 1　“70 后”道德自我发展的结构内容

		AF	BM	CM	DF
个体道德自我	性别	柔中带刚 独立 女主内	大度 宽容 平等		闯劲 责任
	性格	自信 进取	敬业 享受	勤劳 进取	进取、坚持 自由

① 杨国枢：《中国人的价值观国际研讨会论文集》，台北汉学研究中心 1992 年版，第 65 页。

（续表）

		AF	BM	CM	DF
关系道德自我	他人	自信、尊重 合作、互助 责任、换位思考	开放、包容 换位思考	搞好关系	互助 开放
	情感	独立		宽容、迁让 共同追求	复杂、依恋 爱
集体道德自我	家庭	友善、勤劳 责任	美满	和睦、孝亲 讲原则	爱 孝亲
	团体	手腕			
	单位	互惠互助	沟通 换位思考	融入	爱岗 敬业

表 2　“80 后”道德自我发展的结构内容

		EF	FM	GM	HM
个体道德自我	性别	不要孩子 对方买房子	忠诚	自强、自立 多读书	大男子主义
	性格	进取 享乐	进取、努力 享乐	毅力	自信、进取 好学反思
关系道德自我	他人	珍惜、开放 互助	讲原则 不发火	互助 真诚	走关系
	情感	忧	忧	不成熟	受打击、喜欢
集体道德自我	家庭	权威 责任	感恩 责任	照顾	和睦
	团体				走关系
	单位	逃避 不要硬碰硬	忠信 努力	忍耐	会做人就会 做事

表 3 "90 后"道德自我发展的结构内容

		IF	JM	KM	LM	F
个体道德自我	性别	听话 文静	阳刚 责任	见多识广 胸怀广阔		安稳
	性格	努力、坚持、乐观、认真、耐心、有计划	有目标、乐观、勤劳、好学、追求完美、虚心、宽容、冷静反思、自控力、独立、适应力	自信、进取、心胸开阔、客观分析	自我 独立	依赖、享乐、认真负责
关系道德自我	他人	真诚	尊重、助人、感恩、包容、真诚、平等、换位思考、主动	互助 真诚	助人	自卑 同情心
	情感	自卑、恋父、现实	自卑、责任 人品学识第一	单纯、真实、消极	愤怒、自卑、放下	开心、伤心
集体道德自我	家庭	孝、爱 和睦	责任感 对子女的教育责任	互助、互进、重视教育、孝亲	包容、孝顺、付出	贤妻良母、好丈夫、权威
	团体	搞好关系		关系很好	自我到自卑	
	单位	察言观色	主动		沉默、安静	自卑、服从

首先，从如上三个表格来看，"三代"青年道德自我发展的结构与本研究最初的假设基本一致，但研究结果又超越了最初假设的结构。例如，在个体道德自我中，自信、进取（好学、追求完美、努力）、独立自主（反思、自控力、适应力、冷静思考、有目标、有计划、自由、自我）、责任（敬业、认真负责）、勤劳、毅力（坚持、耐心）、自我放松（享乐）是性格道德自我的主要内容；听话、文静、柔中带刚、安稳是传统女性道德自我内容，阳刚、见多识广、大男子主义是传统男性道德自我内容，而大度、平等、宽容（心胸开阔、胸怀广阔）被认为是现代男性道德自我内容，本属于男性特质的"闯劲"也已成为现代女性道德自我内容，责任、独立不仅成为性别道德自我内容，也成为现代男女性格道德自我内容。在关系道德自我中，利他（换位思考、互助、感恩）、尊重（平等、同情心、不发火）、包容（开放）、信任（真诚、

珍惜)、合作(主动、讲原则、走关系)是积极的他人道德自我内容,自卑是消极的他人道德自我内容;现实(稳重、责任、独立、宽容、迁就、有共同追求、人品学识第一)和真实(单纯、开心、喜欢)是积极的情感道德自我内容,而不成熟(忧、愤怒、伤心、自卑、恋父)是消极的情感道德自我内容。在集体道德自我中,和睦(美满、友善、爱、包容)、勤劳、孝(感恩)、责任(权威、讲原则、照顾、互助互进、教育、贤妻良母、好丈夫)等是家庭道德自我内容;处世(会做人就会做事、手腕、融入、走关系、不要硬碰硬、察言观色、主动、安静、沟通、服从)、奉献(互惠互助、换位思考)、职业道德(爱岗敬业)等是积极的团体或单位道德自我内容,而逃避、自卑是消极的团体或单位道德自我内容。上述内容可总结如下图3所示:

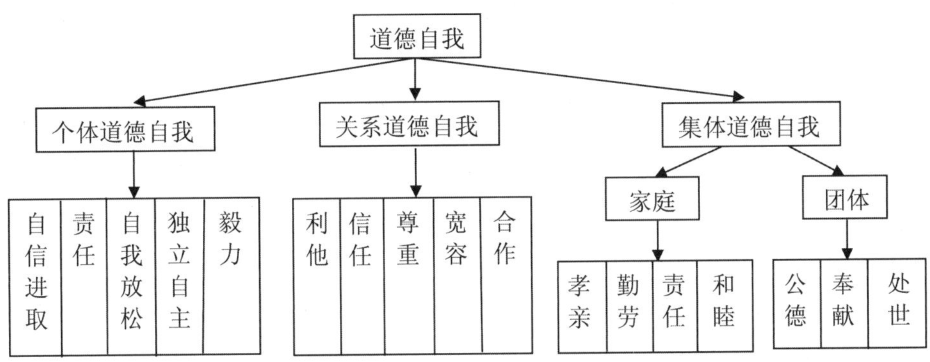

图3　道德自我的结构要素图

显然,从上图来看,与最初假设的道德自我结构相比(见图3.1),个体道德自我中多了"独立自主"和"毅力",关系道德自我中多了"合作",家庭道德自我中"责任"取代了"节俭"。

个体道德自我内容发生变化的原因或与本研究对象均进入或半进入成年期有关。由于他们的人格相对独立,所以个体道德自我中自然多了独立自主和毅力等体现成年人性格特征的内容。例如,独立是指单独的站立或者指关系上不依附、不隶属,依靠自己的力量去做某事;自主是指自己作主,不受别人支配。心理学中自主就是遇事有主见,能对自己的行为负责。毅力也叫意志力,是人们为达到预定的目标而自觉克服困难、努力实现的一种意志品质;它是人的一种"心理忍耐力",是一个人敢不敢自信、会不会专注、是不是果断、能不能自制和可不可忍受挫折的结晶，是一个人完成学习、工作、事业的“持久力”；当它与人的期望、目标结合起来后，它会发挥巨大的作用。

关系道德自我多了“合作”是因为现代民主社会对个体生存与发展的必然要求——在人生来皆平等的民主社会，个人与个人、群体与群体之间为了达到共同目的，必需彼此相互配合、联合行动。“合作”的品质在个体心理学家阿德勒看来，它“是唯一可以防止引发神经性疾病的方法……人生中所有的问题，要想得到解决，都需要有合作的能力……合作能力……并不存在遗传问题。人们是有合作潜能的，而且这种潜能与生俱来，但对每个人都一样，要想让这种潜能充分发挥出来，就必须经过后天的培养和训练”。① 而且，根据阿德勒的观点，“一切我们所要求的举止、理想、目标、行动和性格特征，所为的就是它们应当为我们人类的合作服务”。②

家庭道德自我中，对“责任”本义的理解通常可以有两方面：一是指分内应做的事，如职责、尽责任、岗位责任等；二是指没有做好自己工作，而应承担的不利后果或强制性义务。有责任心就是关心别人，关心整个社会。在本研究中，研究对象所提到的“责任”偏向于对家人的关心，是自己作为家庭一员的角色（为人子女、父母或伴侣等）而应尽的分内之事及应承担的后果。笔者通过思考认为，“责任”取代“节俭”大抵有两方面原因：一是改革开放四十年以来，我国社会经济水平普遍增长，出生于“70年代”、“80年代”和“90年代”这三个时代的子女普遍没有体验过物质极度贫乏的生活，也没有吃过多少苦，他们对节俭没有多大的概念；二是即便是现代城乡贫富差异拉大，有些农村家庭相当贫困，而来自这些贫困家庭的青年也确实遇到了被歧视的经历，但他们在求学改变命运的过程中正努力地摆脱家庭贫困的帽子并获得了一定的回报，所以尽管他们在日常生活中极为节俭的，但在家庭道德自我内容中却没有明显表露，这可能与他们努力使自己融入城市生活的方式有关，最为明显的两个例子如“70后”CM和“90后”JM。

其次，通过对“三代”青年道德自我建构的解析，道德自我的建构是个体道德

---

①　阿德勒：《自卑与超越》，顾天天译，重庆出版社2015年版，第147、155页。

②　[美]班克特著：《谈话闻法：东西方心理治疗的历史》，李宏昀等译，上海社会科学院出版社2006年版，第135页。

自我、关系道德自我和集体道德自我三个要素互动的结果。如下图4所示：

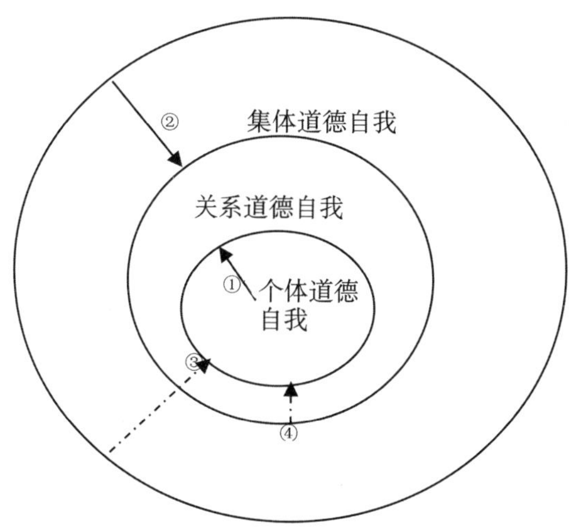

图4　道德自我要素的互动图

如上图4所示，个体的道德自我建构由内而外包括三个方面即个体道德自我、关系道德自我和集体道德自我。三者在建构时所涉及的人际网络也是由内而外逐渐增加的过程，但复杂程度不是逐渐增加的过程而是因人而异。总体上来看，“70后”、“80后”和“90后”目前道德自我建构的主要内容是关系道德自我，而个体道德自我是研究对象发展的目标，但在发展过程中是若隐若现，集体道德自我则开始淡化不断趋向消解。

图4中，实体箭头①和②分别代表现阶段，在道德自我建构中，个体道德自我趋向于关系道德自我和集体道德自我趋向于关系道德自我，即当关系道德自我与个体道德自我和集体道德自我发生冲突时，个体道德自我和集体道德自我都服从于关系自我。虚线箭头③和④分别代表未来的研究对象可能的道德自我建构张力，即集体道德自我和关系道德自我渐趋服从于个体自我，也就是说未来研究对象的个体道德自我可能会不断崛起，统领集体道德自我和关系道德自我，从而达到一种和谐的道德自我建构。

正因为，个体道德自我、关系道德自我和集体道德自我之间是此消彼长的互动的关系，所以，它们三者的结构内容也是相互渗透、相互影响的。例如，“责任”既是个体道德自我内容，也是家庭道德自我内容；关系道德自我中“利他”的奉献精神也是集体道德自我内容。

2. 道德自我发展的特征

(1) 道德自我发展过程具有弹性、可变性,同时具有相对稳定性

个体道德自我、关系道德自我和集体道德自我之间是此消彼长的互动的关系,具有一定的弹性。即在遇到不同的事件时,它们三者都有可能处于主导地位,并非只有一种一直处于主导地位。在特定的一段时间来看,三者会有一定的稳定性,即在这段时间内其中的一种道德自我相对处于主导地位多一些。

(2) 道德自我在发展过程中受个体内外多重因素影响

影响个体的道德自我发展的内部原因有:个体的性别自我定位(男子汉、女人)、性格自我类型(内向或外向、独立或依赖)、价值追求等,还有个体的年龄、职业、身体状况和文化程度等客观因素。影响个体的道德自我发展的外部原因有:家庭养育环境(亲子关系、夫妻关系、家庭经济状况、家庭成员结构等)、地域文化变迁(儒家传统文化、海派文化)、重要他人(父母、祖父母、兄弟姐妹、其他亲戚、老管家等)、大众媒介(书、网络、电视等)、校园文化(物质/精神/制度文化等)、团体组织(社团、班级、社会组织等)、社会环境(经济、制度、教育)等。这些诸多内外因素中,对不同个体的道德自我发展的影响不同,但是这些原因相互之间又可能是相互作用、相互影响的。如家庭养育环境的不同会影响到个体的性别自我定位和性格自我类型,进而会影响到他或她的价值追求;而地域文化的变迁也可能导致个体改变其他诸多内部因素。

(3) 道德自我发展的时代印记

从"70后"、"80后"和"90后"的道德自我发展过程来看,明显具有时代的印记。比如,"70后"小时后经历过计划经济的尾巴,而本以为拼命考上大学会有一份安稳工作,却又遇到改革开放取消包分配制度,成为自主择业的第一代;"911"成为当时对AF的职业生涯发展产生了重要影响的重大国际事件,还有80年代末至90年代末逐渐火热的互联网行业也同样影响了他们的道德自我建构。80年代生的青年从小就开始在享受改革开放之后的经济福利;从一上学开始就在为自主择业作准备;经历了IT泡沫和金融业崛起。"90后"青年从小就徜徉在互联网信息爆炸的时代,思想自由不受束缚;考大学依然是自主择业的主要途径,但已非唯一途径;自主创业成为这个时代的时尚;同时这也是一个电商

崛起的“互联网＋”时代、“微”时代、“移动”时代。不同时代的人，其道德自我发展必定会有所不同，例如，个体的道德自我在年轻一代身上普遍表现为更注重享乐、自由，且集体道德自我因为时代变迁而逐渐消解；而年老一代身上则背负了更多对他人责任的束缚。但总体而言，作为追求自我实现的个体应遵守的基本道德品质依然没有变。例如，在社会中，只有一个明白了人生意味着奉献的人，才有勇气面对困难，才有较多成功的机会；同样，只有对人生保持积极的态度，有合作精神且独立自主的人，才能推动人类社会的文明进步。①

七、若干建议

通过对“70后”、“80后”和“90后”这“三代”青年道德自我建构与发展的解析，本研究欲对我们的“三代”青年及其教育提出若干工作建议，以帮助他们建立积极的道德自我，从而实现他们人生的幸福与美满。

（一）对“三代”青年的建议

1. 积极建构个体道德自我

首先，学会自我悦纳，克服自卑心理。很多时候，人们产生自卑心理，不敢直面人生的重要原因是无法悦纳自己。自我悦纳是指个体能正确评价自己、接受自己，并在此基础上使自我得到良好的发展。自我悦纳不仅指接纳自己人格中的优点、长处，更要接受自己的缺点与不足。在接受不足这个情况的基础上，努力改进自己、完善自己，而不是妄自菲薄，失去信心。所以，还是套用阿德勒的那句话，“每个人的心中都有不同程度的自卑感，因为我们都想让自己的生活境遇变得更好一些。可是，如果我们充满信心，用简单实际有效的方法去改变我们的生活境遇，那么自卑感就可以慢慢消除”。②

其次，学会自我激励，积极应对挫折。从本研究来看，令那些受访者产生自卑心理的一个很重要的原因是遭遇挫折，无法从挫折中走出来（比如本研究中的LM就因为爱情失意而影响高考，到现在还有心理阴影）。一般而言，挫折是指人们在有目的的活动中，遇到无法克服或自以为无法克服的阻碍，使其需要或动

---

① 阿德勒：《自卑与超越》，顾天天译，重庆出版社2015年版，第14页。

② 阿德勒：《自卑与超越》，顾天天译，重庆出版社2015年版，第33页。

机不能得到满足的情况,而心理学上指个体有目的的行为受到阻碍而产生的必然的情绪反应。俗语说,“这个世界没有过不去的坎,只有转不过的弯”,也就是说最大的敌人还是自己,只有学会自我激励,才能积极应对挫折。因为,自我激励就是一种能够依据活动的某种目标,调动、指挥情绪的能力,它能够使人走出生命中的低潮,重新出发。本研究中的“80后”JM就是一位很会自我激励,应对挫折的人(因为我这个人不怕打击的,你打击我,我开始琢磨如何反打击。它使我思维更加复杂了。我受到的一系列挫折教育,使我的性格非常坚强)。

最后,学会认识并完善自我,塑造健全人格。自我亦称自我意识或自我概念,主要是指个体对自己存在状态的认知,是个体对其社会角色进行自我评价的结果。在我们的经验中,觉察到自己的一切而区别于周围其他的物与其他的人,这就是自我,就是自我意识。这里所说自己的一切指我们的躯体,我们的生理与心理活动。可以说,自我调节着人的思想、情感和行为,它在人格中处于核心地位,同时也是个体维持心理健康、形成健全人格的核心问题。因此,认识并完善自我,即监视情绪时时刻刻的变化,能够察觉某种情绪的出现,观察和审视自己的内心世界体验,并不断地发展一个自信、进取、独立、乐观的自我,才能成为自己生活的主宰。

2. 主动发展关系道德自我

按马斯洛的需要层次理论,人在满足了较低层次的生理需和安全需要之后,便会追求较高层次的社交需求(Love and belonging needs),即对友谊、爱情以及隶属关系的需求。只有满足了社交需求之后,人的自我才能向更高层次的尊重与自我实现顺利发展。所以,要满足社交需求,就必须主动发展关系道德自我,即学会在两性关系、亲子关系、朋友关系等中发展利他、信任、尊重、宽容和合作等道德品质,以建立健康持久的良性关系道德自我。例如,在两性关系在,对于传统的大男子主义和女主内的依赖心理,个体都应该学会摒弃,消除性别刻板印象,树立现代性别平等意识,即建立承认两性差异为基础的性别平等意识。正如奥地利哲学家魏宁格(Otto Weininger)所说:世界上只有绝对意义上的“男人”和“女人”……若将“M”和“W”表示绝对意义上的男性素质和女性素质,那么现实中根本不存在这两种纯而又纯的性格类型,每个人都是这两种素质的混合体。一个人的基本性格取决于两者的比例及其构成方式:男性素质占据主导地位是地，便给人以男人的感觉，反之则给他人以女人的感觉……男女当中都存在着与生理性别相反的性格（例如女气十足的“男人”和阳刚强悍的“女人”），从这个意义上说，男女的性格无不反映了“性别的中间状态”……这一点不但决定了两性的社会关系和伦理关系，而且确定了两性的哲学本体论意义。①

3. 不断完善集体道德自我

人是社会的人，需要在一个群体找到自己的位置，即归属感。这个群体包括家庭、团体或单位等。对个体而言，有一个幸福温暖的家庭是他或她有足够动力去实现自我的加油站，因此，在家庭集体中，发展和睦、勤劳、孝、责任等道德自我，是个体营造一个幸福温暖家庭的必备品质。例如，子女过分地依赖父母、贪图享乐，不懂得勤劳与孝亲，以及父母过分地越俎代庖、宠爱子女，不懂得爱与责任，这两种都是严重影响和谐家庭建设的负面行为。这种家庭关系中成长起来的孩子会产生优越感，自我中心、自负忽视别人和社会习俗、缺乏社会兴趣（指一种与他人和谐生活、友好相处的先天潜能），而这又将导致孩子的生活意义狭窄，心理能量低下，引发自卑情结（被自卑压倒的孩子容易陷入神经症，抑郁、悲观、消沉）。“在所有人类的过失中，在神经症和心理变态中，在犯罪、自杀、酗酒、吸毒和性倒错中……都可以看到社会兴趣的极大丧失”。② 在阿德勒看来，童年受到溺爱与被忽视和有生理缺陷一样，在未来面对职业选择、社会活动、爱情婚姻，自我与精神等人生发展任务之时，都极大可能产生错误的生活风格[如统治支配型（缺少社会意识，很少顾及别人利益，追求优越意识特别强，不在乎利用或伤害别人以达到自己的目的）、索取支配型（少努力去解决自己问题，依赖别人照顾）、躲避型（缺少信心，不想面对现实，回避失败和挫折，沉浸在自我的幻想世界中才能维持自我优越感）]。只有童年成长在民主和谐的亲子关系中才可能在成年以后形成社会有益型（能面对生活，与别人合作，为人和社会服务，贡献自己的力量）的健康生活风格。此外，对个体而言，能够获得一个社会群体的认可，是他获得尊重与自我实现的源动力，因此，在社会团体或单位中，发展处世、奉献、职业道德（爱岗敬业）等积极的道德自我，是个体能够获得社会群体认可的必需品质。例如，个体在一个群

---

① [奥]魏宁格著：《性与性格》，肖聿译，译林出版社 2011 年版，第 5 页。

② 阿德勒：《自卑与超越》，顾天天译，重庆出版社 2015 年版，第 185 页。

体中过于自我，则会遭遇群体的孤立，自然也得不到大家的认可和尊重。

总而言之，如果每一位青年都能保持积极的人生态度，学会成为一个有合作精神的独立自主的人，那么人类文明的进步将永无止境。①

（二）对青年教育的建议

1. 针对青年学生推进学校教育改革

“教育改革就是教育现状所发生的任何有意义的转变”。在这里所说的学校教育改革主要指宏观战略上的转变，体现在以下四个方面：

——坚持以人为本、推进素质教育。这是教育改革发展的战略主题，是贯彻党的教育方针的时代要求，其核心是解决好培养什么人、怎样培养人的重大问题，重点是面向全体学生、促进学生全面发展，着力提高学生服务国家人民的社会责任感、勇于探索的创新精神和善于解决问题的实践能力。

——坚持德育为先，把社会主义核心价值体系融入国民教育全过程。加强马克思主义中国化最新成果教育，引导学生形成正确的世界观、人生观、价值观；加强理想信念教育，坚定学生对中国共产党领导、社会主义制度的信念和信心；加强民族精神和时代精神教育，增强学生爱国情感和改革创新精神；加强社会主义荣辱观教育，培养学生团结互助、诚实守信、遵纪守法、艰苦奋斗的良好品质。加强公民意识教育，树立社会主义民主法治、自由平等、公平正义理念，培养社会主义合格公民。把德育渗透于教育教学的各个环节，贯穿于学校教育、家庭教育和社会教育的各方面。构建大中小学有效衔接的德育体系，创新德育形式，丰富德育内容，不断提高德育工作的吸引力和感染力，增强德育工作的针对性和实效性。

——坚持能力为重。优化知识结构，丰富社会实践，强化能力培养。着力提高学生的学习能力、实践能力、创新能力，教育学生学会知识技能，学会动手动脑，学会生存生活，学会做事做人，促进学生主动适应社会，开创美好未来。

——坚持全面发展。全面加强和改进德育、智育、体育、美育。坚持文化知识学习和思想品德修养的统一、理论学习与社会实践的统一、全面发展与个性发展的统一。加强体育，牢固树立健康第一的思想，切实保证体育课和体育锻炼时

① 阿德勒：《自卑与超越》，顾天天译，重庆出版社 2015 年版，第 14 页。

间，加强心理健康教育，促进学生身心健康、体魄强健、意志坚强；加强美育，培养学生良好的审美情趣和人文素养。重视可持续发展教育、国防教育、安全教育。促进德育、智育、体育、美育有机融合，提高学生综合素质，使学生成为德智体美全面发展的社会主义建设者和接班人。

2. 针对青年成人完善终身教育体系

终身教育（lifelong education）是指人们在一生各阶段当中所受各种教育的总和，是人所受不同类型教育的统一综合。包括教育体系的各个阶段和各种方式，既有学校教育，又有社会教育；既有正规教育，也有非正规教育。终身教育主张在每一个人需要的时刻以最好的方式提供必要的知识和技能。终身教育体系是指教育系统和社会机构为社会成员提供终身参与有组织学习机会的教育制度安排和网络。对于进入社会，在职场打拼的青年来说，其道德自我建构的源动力来自于其内在需要的驱动，如对职业发展、家庭建设、社会生活，以及自我实现与精神发展中出现的问题的应对需求，因此，终身教育体系的建立应当以应答他们的需求、为他们提供相应的学习支持为宗旨。

当代大学生和平观：结构要素、基本现状与教育建构

一、问题提出

20 世纪 30 年代，“和平教育”这一术语最早出现在幼儿教育学家蒙台梭利的《教育与和平》；二战后，伴随世界范围内和平运动的高潮，在联合国教科文等众多国际组织和学者的大力推动下，该术语被广泛使用并演变为一种教育思潮和教育实践。随着时代的变迁，和平教育的内涵不断发生演变。在 20 世纪中期，日本遭受原子弹轰炸后倡导“核弹教育”；第三世界因贫穷和欠发达而引发暴力冲突，所以倡导“发展教育”以学习解决结构性暴力问题的不同策略；爱尔兰倡导“理解教育”，即天主教和新教教徒试图通过教育来化解敌对状况；韩国和新西兰倡导“和解教育”和“健康教育”；美国的和平教育主要向学生呈现现代战争的危害性，并主张国际组织对防止战争爆发的作用。① 该时期各国和平教育的目

---

① ［意］马丽亚·蒙台梭利. 教育与和平［M］. 喻华慧译，中国发展出版社，2017。

的都是帮助人们了解暴力的根源及如何消除暴力。

到了20世纪末，各国的和平教育开始转向主要传授给学生暴力预防的策略，以便帮助他们避免毒品、性骚扰、家庭暴力等的伤害。该时期，德里克·海特(Heater，1984)、①贝杰斯特·阿克(Ake，1994)、贝蒂·瑞尔顿(Reardon)、②阿林·斯特姆菲-斯蒂兹(Aline，1993)、③鲍尔·莱德里奇(Lederach，1999)、④赫伯特·凯尔曼(Kelman，1992)、⑤伊恩·哈里斯(Harris，2004)、⑥戴维·约翰森等(Johnson et al.，2005)⑦对和平教育的内涵、目标、方式、活动、教材和课程设置等进行了研究。虽然他们在和平教育的基本理论问题上仍存在分歧，但他们的努力依然推进了和平教育实践向纵深发展。

进入21世纪，世界各国将面对新的社会形势以及人们对待和平的新态度，而已有的和平教育理论与实践模式是否能适应这些新情况、新问题的出现，则有待新的研究予以验证。就我国而言，2004年轰动全国的马加爵事件、2007年“女版马加爵”张超事件、2013年复旦林森浩投毒案、2015年江西永新围殴女生事件，还有2017年江歌遇害案……这些频繁发生的校园暴力冲突事件不断给予我们警醒：对当代大学生的和平观培育与和平主义行为塑造迫在眉睫！蒙台梭利曾强调：教育的首要目的是人格的完善和人类的进步，只有培养教育出热爱和平的个体，才能实现世界和平。⑧ 伊恩·哈里斯、阿林·斯特姆菲-斯蒂兹、贝蒂·

---

① Derek Heater. Peace through Education: The Contribution of the Council for Education in World Citizenship[M]. London: The Falmer Press, 1984:25.

② 王正青等.冲突时代的和平教育国外学者研究综述[J].外国教育研究，2009(11)。

③ Aline M. Peace Education in America(1828—1990)[M]. New Jersey: The Scarecrow Press, 1993:3.

④ Lederach J. P. Missionaries Facing Conflict and Violence: Problems and Prospects[J]. Missiology An International Review, 1992, 20(1).

⑤ Kelman H. Interactive Problem Solving as a Metaphor for International Conflict Resolution: Lessons for the Policy process, Peace and conflict[J]. Journal of peace psychology, 1999, 5(3).

⑥ Ian M. Harris. Peace Education Theory[J]. Journal of Peace Education, 2004(1).

⑦ David W. Johnson et al. Essential Components of Peace Education[J]. Theory into Practice, 2005(44).

⑧ [意]马丽亚·蒙台梭利.教育与和平[M].喻华慧译，中国发展出版社，2017。

瑞尔顿、约翰·加尔通等也一致认同，“通过教育传授和平知识、冲突化解技能等构建和平的最好途径”。然而，在选择科学而适宜的和平教育策略之前，我们首先要澄清的问题是：当代大学生和平观到底呈现出怎样的结构和样貌，是什么因素影响了他们的和平观形成？总观已有文献，对这些问题进行深入全面探究的课题几乎为空白，因此，本研究将对此作出初步回应。

二、理论基础

（一）和平的基本概念

“和平”源于英语“Peace”，而“Peace”源于拉丁语“Pax”或“Pacis”。印度教和佛教称和平为“Santi”，汉译佛典一般译成“寂静”，意在强调人们内在的和平，即安静的意思。在希伯来语中，“和平”即“shalom”，意指子民向上帝祈求平安，这与阿拉伯文中的“sala'am”比较接近。《维基百科》对“peace”一词的解释强调如下方面：避免冲突；在异质社会群体之间摆脱对暴力的恐惧；在不断升级的双边冲突、和平谈判中，领导人通过达成和平条约来实现区域和平和经济增长；没有战争和暴力敌意；涉及妥协，为了创造真正的互相理解，需要积极的倾听和交流。①

传统观念中，“和平”一般与“战争”相对，指一种没有战争的状态。人们一般参照战争、暴力、冲突来定义和平，如法国学者雷蒙·阿隆认为和平是“政治单位之间暴力形式的竞争的某种持续性中止”。② 随着和平研究的发展，著名和平学家瑞格比(2004)认为积极和平主要包括经济剥削与发展、环境与资源保护、普遍人权与社会正义等问题。③ 目前普遍公认的定义是1991年8月6日颁布的《广岛和平声明》：和平当然不仅仅是消除战争；实现和平同样也意味着消除饥饿、贫困、暴力、对人权的威胁、难民问题、全球环境污染，以及许多其他对和平的威胁，并且它还意味着创造了一种人们能够过上富足有意义生活的环境。④ 因此，现

---

① 维基百科：https://en.wikipedia.org/wiki/Peace，2018-11-11.

② ［美］詹姆斯·多尔蒂.争论中的国际关系理论［M］.邵文光译，世界知识出版社，1987：136页。

③ ［英］安德鲁·瑞格比.和平、暴力与正义：和平研究的核心概念［J］.学海，2004(3)。

④ Betty A. Reardon. 1998，Comprehensive peace education：Educating for global responsibility，New York：Teachers College Press.

代社会，人们对和平的定义已趋向于从多层面、多角度考虑，不仅涵盖政治、经济、文化、军事等领域，也涉及个人、家庭、社会、国家、国际和世界层面，且在深度上也拓展到个体心灵内部、深层次社会结构和文化结构等范畴。

（二）和平观的结构要素

和平观的"观"在汉语中作名词使用，指人们对事物的看法（认知与理解）和态度（情感与评价）。因此，如同世界观、人生观是对世界、人生的看法和态度一样，和平观是指个人在已有的知识储备的前提下对和平的看法和态度。从罗马帝国时期最早提出和平概念的思想家奥古斯丁，到文艺复兴时期的马基雅维利、启蒙运动时期的康德、一战前后的昆西・赖特，再到二战后的约翰・加尔通、大卫・巴拉什和查尔斯・韦伯，他们眼中的和平内涵已从狭义的"战争的不在场"走向了广义的"积极和平"；研究范围从国家、国际层面拓展到文化、社会、个人层面；实现手段由暴力转向非暴力；实现可能由悲观的"末日的终结论"走向了积极的转化的"永久和平论"。其中，最成熟和全面的和平理论是约翰・加尔通的和平与冲突论及大卫・巴拉什和查尔斯・韦伯的战争原因分析和和平构建论。

约翰・加尔通将和平与冲突从空间上划分为六个方面：自然、人、社会、世界、文化、时间；通过研究体系内部、体系之间、暴力、消极和平和积极和平五个方面，进一步归纳整理到影响（实现）和平的三个要素，即直接暴力/和平、结构暴力/和平、文化暴力/和平。在构建和平时，他特别强调个人层面上的和平，即通过个人在微观层次（个人和家庭内部）的努力来实现和平，然后才是宏观层次的和平。① 大卫・巴拉什和查尔斯・韦伯则通过"六层面分析、七视角构建、五方面转化"系统阐释和平内涵：在分析战争原因时，从个人、群体、国家、决策层面、意识形态、社会和经济六层面来论述；在构建消极和平时，从外交、谈判和冲突化解，通过力量达到和平，裁军和武器控制，国际组织，国际法，世界政府，道德和宗教七个视角来分析；在构建积极和平时，从人权、经济福祉、生态福祉、非暴力、个人转化与未来五方面来讨论。② 综上所述，本研究和平观的结构要素可解构为

---

① [挪]约翰・加尔通. 和平论[M]. 陈祖洲等译. 南京出版社，2006：45、59页。

② [美]大卫・巴拉什等. 积极和平——和平与冲突研究[M]. 刘成等译，南京出版社，2007：6—7页。

三级(见表 1)。

表 1　和平观的结构要素

	一级结构要素	二级结构要素	三级结构要素
和平观的结构	和平认知	直接和平/暴力	自然、人、社会、世界、文化、时间
		结构和平/暴力	
		文化和平/暴力	
	和平评价	个人层面	个人与自我、个人与他人、个人与社会
		国家层面	经济、政治、文化、生态等
		国际层面	
		全球层面	全人类共同的福祉问题

三、研究设计

(一) 研究假设

假设 1:大学生对和平的总体认知不全面。直接暴力是有意损害他者(包括自然)的基本需求;结构暴力将这些伤害以剥削和压制的形式植入社会和世界结构中;文化暴力(如宗教、语言、法律、意识形态、艺术和科学等)使直接暴力和结构暴力合法化。而消极和平则是对上述这些的否定。① 虽然和平研究的范围由国家之间的战争逐步转向了国家内部社会结构暴力,和平的内涵也由消极和平逐步走向了积极和平,但人们往往只是把和平与战争、直接暴力和冲突联想起来,忽视了隐藏在社会结构内部的暴力和文化暴力,即多数人对积极和平的内涵并没有真正把握。

假设 2:大学生对和平的总体评价不积极。和平研究的使命是消除一切战争、暴力、和冲突,尊重生命,追求真正的自由、正义、平等,实现人与自然的和谐发展,但和平研究者却往往被误解为理想主义者、泛和平主义者,即人们对和平持消极态度。

假设 3:不同背景大学生对和平的认知与评价存在显著差异。青年群体异

---

① [挪]约翰·加尔通. 和平论[M]. 陈祖洲等译. 南京出版社,2006:45、59 页。

质性有增强趋势，①不同群体的和平观不同。不同背景包括院校、性别、年级、政治身份、宗教信仰、出国经历、和平教育的频次。

（二）研究工具

依据和平观的结构要素，并借鉴已有研究，笔者自编《大学生和平观问卷》为研究工具。初始和平观问卷包括对和平的认知和评价。对和平的认知包括对和平和非和平即暴力两方面的认知，其中非和平事件的认知是对和平内涵认知的进一步补充说明（因为和平的内涵很难界定，但它却总是与暴力、冲突紧密相联，所以从逆向思维的角度切入分析对非和平的认知，更能充分展现大学生对和平的认知）。对和平的评价包括从个人、国家、国际、全球（对世界范围内的任意一种文明、与人类生存发展息息相关的生态的看法）四个层面的价值判断了解大学生和平观。

2017年5月，笔者用初始问卷对上海市松江大学城五所高校（华东政法大学、工程技术大学、上海立信会计金融学院、上海外国语大学、上海视觉艺术学院）的350名大学进行测试，回收有效问卷274份。经项目分析，最终形成正式问卷，分四部分：个人基本信息；接受和平教育经历；对和平的认知；对和平的评价（包含个人、国家、国际三大层面，全球层面被融入到国家和国际问题之内）。问卷采用五级评分制，分值越高认知越全面、评价越积极；内部一致性信度良好（$0.6<\alpha<0.9$），结构效度显著（$P=0.000<0.001$）。

（三）研究样本

2017年6月，笔者在复旦大学、同济大学、交通大学、华东师范大学、华东政法大学、工程技术大学、上海立信会计金融学院、上海外国语大学、上海视觉艺术学院（以下简称：复旦、同济、交通、华师、华政、工程、立信、上外、视觉）等九所上海高校发放1300份正式问卷，总计回收1145份，其中有效问卷为930份，有效回收率为81%。

被调查者范围分布为：上外149人（16.0%），工程146人（15.7%），立信140人（15.1%），华政136人（14.6%），同济106人（11.4%），视觉74人（8.0%），复旦73人（7.8%），交通70人（7.5%），华师36人（3.9%）；大一301

① 李洁.大学生人生态度现状与转化策略[J].青年研究，2014(5)。

人(32.4%),大二241人(25.9%),大三269人(28.9%),大四119人(12.8%);男生392人(42.2%),女生538人(57.8%);无宗教信仰841人(90.4%),佛教47人(5.1%),基督教20人(2.2%),天主教11人(1.2%),道教8人(0.9%),伊斯兰教3人(0.3%);共青团员770人(82.8%),中共党员97人(10.4%),群众53人(5.7%),其他政治身份10人(1.1%);出国经历为0个月654人(70.3%),0—3个月203人(21.8%),3—6月47人(5.1%),6—12月17人(1.8%),12个月以上9人(1.0%);每学期接受和平教育0次299人(32.2%),1次419(45.1%),2次155人(16.7%),3次30人(3.2%),4次及以上27人(2.9%)。

四、研究结果

(一) 当代大学生对和平的总认知状况

见表2:大学生在直接、结构和文化和平总分各为1.16,2.21和0.58,总认知得分3.95;均值各为0.58、0.55和0.58,总认知均值0.56。直接、结构和文化暴力各维度总分为2.19,4.99和2.85,总认知得分10.03;各维度均值0.73、0.42和0.57,总认知均值0.50。可见,各维度认知得分不高,但直接暴力认知相对最高。

表2　和平认知各因素维度均值及总分

和平	M	SD	S	S/M/SD	暴力	M	SD	S	S/M/SD
直接和平	0.58	0.13	1.16	S=3.95 M=0.56 SD=0.11	直接暴力	0.73	0.13	2.19	S=10.03 M=0.50 SD=0.16
结构和平	0.55	0.11	2.21		结构暴力	0.42	0.12	4.99	
文化和平	0.58	0.11	0.58		文化暴力	0.57	0.18	2.85	

(二) 当代大学生对和平的总评价状况

见表3:大学生在个人、国家和国际各层面总分为11.06,39.22和17.34,总评价得分67.62。个人层面的个人与他人均值3.69;国家层面的政治和经济方面的均值3.47;社会方面的均值3.60;文化方面均值3.65;国际层面的政治/经济/文化方面的均值3.47。总评价均值3.56。评价各维度得分均超过中值,个人和国家(文化/社会)层面得分相对较高。

表 3　和平评价各因素维度及总量表得分

	维度	M	SD	S	S/M/SD
个人层面	个人与他人	3.69	0.71	11.06	S=67.62 M=3.56 SD=0.41
国家层面	政治/经济	3.47	0.52	39.22	
	社会	3.60	0.60		
	文化	3.65	0.83	17.34	
国际层面	政治/经济/文化	3.47	0.54		

（三）不同变量对当代大学生和平认识的影响

1. 男性、伊斯兰教和其他政治身份的大学生对和平的认知得分较低

T 检验和方差分析显示，性别、宗教信仰、政治身份对大学生和平认知的各维度得分影响显著。具体而言，女性在和平认知的各维度得分均显著高于男性；事后检验显示，在直接暴力维度，基督教、佛教、道教、无宗教信仰的大学生在直接暴力维度得分均显著高于信仰伊斯兰教的大学生；在文化暴力维度，无显著性标志出现；其他政治身份的大学生在结构暴力维度得分显著高于政治身份是中共党员、共青团员、群众的大学生。

2. 视觉学院、大一、出国经历最长的大学生对和平的认知得分较高

方差分析显示，除和平教育的频次外，学校、年级、出国经历对和平认知均有显著影响。具体而言：视觉大学生在结构暴力维度得分显著高于华政学生，视觉、上外、立信、复旦、交通的大学生在结构暴力维度的得分显著高于同济大学生。大一学生在文化暴力维度得分显著高于大三学生。有 12 个月以上出国经历的大学生在直接暴力维度的得分显著高于没有出国经历、有 3—6 个月、6—12 个月出国经历的大学生；没有出国经历、有 0—3 个月出国经历的大学生在直接暴力维度得分显著高于有 6—12 月出国经历的大学生。

（四）不同变量对当代大学生和平评价的影响

1. 男性和无出国经历大学生和平评价得分较低，不同年级大学生评价不同

T 检验和方差分析显示，宗教和政治身份对和平的评价不存在显著差异；性别、出国经历和年级对和平的评价存在显著差异。具体而言，在女性在个人层面、国际层面的评价得分显著高于男性。有 0—3 个月出国的大学生得分显著高

于没有出国经历的大学生。在国家层面的政治经济方面，大一得分显著高于大二得分；在国家层面的社会方面，大四得分显著高于大一、大二、大三学生。

2. 上外大学生的和平评价较高；接受和平教育的频次不同评价不同

方差分析显示，学校和和平教育的频次对和平评价有显著影响。具体而言，在个人层面，上外大学的学生得分显著高于华政、工程大的学生，立信学院的学生得分显著高于工程大的学生。在个人层面，每学期接受1次和平教育的大学生得分显著高于没有接受过和平教育的大学生；在国家层面的社会方面，没有接受过和平教育的学生得分显著高于每学期接受3次和平教育的大学生，每学期接受1次和平教育的学生得分显著高于每学期接受3次和平教育的大学生；在国家层面的文化方面，每学期接受1次和平教育的学生得分显著高于没有接受过和平教育的大学生；在国际层面上，每学期接受1次和平教育的学生得分显著高于每学期接受3次和平教育的大学生，每学期接受2次和平教育的学生得分显著高于每学期接受3次和平教育的大学生。

五、结论与讨论

（一）大学生对和平认知不全面，对结构和平/暴力和文化和平/暴力认知不足

大学生对和平事件比对非和平事件认知更好，但两者得分均略高于中值，说明大学生的和平认知不全面，研究假设1成立。大学生直接和平/暴力认知得分最高，其次是文化与结构和平/暴力。直接和平/暴力中，对人的基本生活需求认知得分、人的和平发展得分最低；结构和平/暴力中，对自然得分最低。这说明多数学生并不能认识到和平是包括个人和自然的和平。这符合约翰·加尔通的观点，人们只是孤立关注人的生物学、心理学、结构主义和文化主义，却忽略了这些因素与和平即暴力之间的相互作用，而身体和思想的分界却能直接导致直接暴力/和平。①

（二）大学生对和平评价较积极，其中个人层面评价最积极，国际层面评价最不积极

大学生和平评价得分超出过中值43.9%，说明大学生的和平评价较积极，

---

① [挪]约翰·加尔通. 和平论[M]. 陈祖洲等译. 南京出版社，2006：45、59页。

研究假设 2 不成立。该结果恰好印证了“不知者无畏”的道理。大学生对个人与他人的自我认同方面的结构与文化和平/暴力评价最积极,对国家层面的意识形态、决策层面、生态环境、宗教、法律、语言、艺术和科学方面的结构与文化和平/暴力的评价次之;对国际层面的国家联盟、外交、谈判和冲突化解、国家间的博弈、国际组织、国际法、世界政府、涉及全人类的经济与生态福祉的结构与文化和平/暴力评价最不积极。这符合大卫·巴拉什和查尔斯·韦伯的观点:我们现在所构建的国际层面的和平是消极和平,需要从人权、经济与生态福祉、非暴力角度来构建积极和平。①

(三) 女生相比男生对和平的认知更全面,对和平的评价也更积极

女性更具有推动和平的动力。约翰·加尔通在探讨性别与直接暴力的关系时,使用身体(男性-女性)、思想(高-低情商)、结构(水平-垂直关系/等级制的)、文化(向心-离心/扩张主义的)的四因素作为独立变量构建了和平与暴力之间的关联变量。研究假设女性是容易动情的、水平的、向心的,这些是与和平相连的,男性是不易动情的、垂直的、离心的、这些是与暴力相关。最终得出女性在暴力方程式中可以起到减少直接暴力、结构暴力和文化暴力的作用,即女性:男人=和平:暴力。②

(四) 伊斯兰教信仰的大学生对和平的认知程度最低

本研究中伊斯兰教信仰的大学生和平认知不如其他宗教信仰或无宗教信仰的大学生,但已有研究却显示基督教、佛教、道教和伊斯兰教都是推动和平的重要力量,并无显著差异。基督教是从“性恶论”的角度出发解释战争,需要通过“爱德”来实现和平;③佛教则从“诸法无我”的核心思想,主张通过“人心”的慈悲仁爱、戒杀止暴、静心行善的德行化解冲突和矛盾。④ 道教强调“道法自然”,反对武力、贵人重生,追求人、社会、自然的和谐发展。⑤ 伊斯兰教是基于人类同根

---

① [美]大卫·巴拉什等.积极和平——和平与冲突研究[M].刘成等译,南京出版社,2007:6—7 页。

② [挪]约翰·加尔通.和平论[M].陈祖洲等译.南京出版社,2006:45、59 页。

③ 杨永等.基督教、佛教的和平主义思想比较探析[J].理论探讨,2006(7)。

④ 学诚.佛教的和平观[J].法音,2003(3)。

⑤ 毛丽娅.《太平经》蕴含的和平思想[J].宗教学研究,2009(3)。

同源的理念,《古兰经》中强调人类同祖同宗,全人类都是亚当的子孙,只是自然条件的差异造成了不同的民族,所以要在这个多元世界里互相欣赏、取长补短,共生共荣。①

（五）其他政治身份的大学生结构和平/暴力认知高于党员、团员和群众

刘成教授认为结构暴力是贫穷、疾病、压制性体制和社会歧视给人类带来的痛苦和灾难,是社会政治和经济结构中存在的问题,以及由此造成的政治权利和经济利益分配上的不公平现象。② 而这些不公平的现象产生的经济、法律、政治、社会体系和标准,会在制度上直接致使部分人群不能实现他们的需求和发展他们的潜能。③ 所以,其他政治身份的同学相较于中共党员、共青团员和群众更可能清楚认识到社会不公平现象。

（六）语言类学校和出国经历最短的大学生在和平评价的个人层面更积极

上外是一所语言类高校,在跨文化教育方面比较突出,使得大学生拥有得天独厚的群体性接触条件;而有出国经历的大学生也有一定的跨文化交流经历,所以更加有包容性,且对和平的认知也更全面。正如戈登·阿尔波特(Allport,1991)的发现,群体性接触是减少偏见的必要条件。④

（七）大一的和平认知更全面且对国家层面的评价更积极,大四对社会评价更积极

这可能与大一、大四所处的特殊性阶段有关,大一刚刚参加完高考填报志愿进入被录取的大学,所以他们的知识结构里不仅还有高考时储备的政治课知识,而且还经历了筛选学校时对各种院校的级别、所在地理位置经济发展水平等的考虑,因而对国家的政治和经济方面的结构暴力比较敏感;大四面临就业或继续求学,处于从学校走向社会的过渡期,在社会化的过程中对社会的结构暴力也认识了更多,所以得分最高。

---

① 马明良.伊斯兰教的和平观[J].文化,2004(6)。

② 刘成.“和平学研究的新进展”笔谈[J].史学月刊,2016(7)。

③ 宋广玉.南大专家“市民学堂”讲述“和平学”更需重视“结构暴力”危害.南京日报,2009年12月6日第A02版。

④ Irwin Katz et al. 1991,Gordon Allport's “The Nature of Prejudice”,Political Psychology,Vol. 12(1).

（八）每学期接受1或2次和平教育的大学生和平评价最积极

研究显示，并不是每学期接受和平教育的频次越多越好。究其原因其一可能是违背了把握适度的思想政治教育艺术，①其二符合皮亚杰的认知平衡理论，即人的认知是在不断的冲突和平衡中进步发展的，旧的平衡转向新的平衡必然经过冲突和不平衡阶段，这是由于认知结构受到干扰或影响所引起的。②

六、建议

（一）以和平态度的养成与和平能力的提升来构建和平教育的目标

调查显示，仍有三成多大学生从未接受过和平教育，且每学期接受和平教育的频次与和平评价有负相关的趋势，这说明没有和平教育不利于和平观的培育，而过多的灌输和平教育又会适得其反，显然大学生对和平的态度不积极。因此，和平教育的首要目标是转变学生的和平态度。有两个基本点：一是把握思想政治教育的适度艺术（既不能"过"，也不能"不及"，否则会出现"超限效应"，引起教育对象的不耐烦或逆反心理，形成心理阻抗，从而影响教育效果）；二是帮助学生从和平知识的学习中建立起积极和平的意义观点体系（奥苏贝尔认为，学生学习的实质是意义学习，即符号所代表的新观念与学生认知结构中已有的适当观念建立起联系的过程③）。其次，和平教育可以分为应用性和理论性两个方面，真正的和平教育不仅是对关于和平的意义、和平与战争的历史知识传授，还有和平素养与和平能力的培养，具体包括跨文化理解能力和冲突和解能力两方面。

（二）以马克思主义和传统文化中的和平观来构建和平教育的内容

调查显示，大学生整体对和平认知不够全面，所以构建和平教育的内容非常重要。首先要加强马克思主义的和平观教育。马克思主义和平观是一种世界和平观，它站在人类解放的高度，科学地回答了什么是世界和平以及怎样实现世界和平的问题。④ 其次是加强中国传统文化（儒家、道家和佛家）中的和平观教育。

① 陈万柏等. 思想政治教育学原理[M]. 高等教育出版社，2015：223页。

② 杨芷英主编. 思想政治教育心理学[M]. 中国人民大学出版社，2014：124页。

③ 袁振国. 当代教育学[M]. 教育科学出版社，2010：98页。

④ 房广顺等. 马克思主义世界和平观以及其在中国的发展[J]. 中国社会科学研究论丛，2014(3)。

中国传统文化中的和平观包含了有关人、自然、社会、国家的和平理论和价值判断，像“国虽大，好战必亡”的箴言，及“以和为贵”、“和而不同”、“化干戈为玉帛”、“国泰民安”、“睦邻友邦”、“天下太平”、“天下大同”等和平理念世代相传。① 所以，以马克思主义和传统文化中的和平观为教育内容，有利于从深层的文化结构角度切入，在大学生的意识里潜移默化的打上积极的和平文化烙印。

（三）针对异质化的大学生群体特征探索多样化的教育方法

青年群体的异质性意味着单一、僵化的教育方法无法达到和平教育想要实现的目标与效果，因此需要和平教育者探索多样化的教育方法。而院校、年级、性别、宗教信仰、政治身份、出国经历和接受和平教育的频次对大学生的和平观均有显著影响的研究结果，为这一探索提供了现实的依据。例如，在进行和平教育的过程中，教育者可以注重性别差异，利用异性效应，通过女性的和平能力来对男性进行教化；可以针对年级差异，根据大一到大四的不同阶段特点来开展有目的、有组织、有计划的和平教育活动；可以关注学生是否有出国经历，利用有出国经历的学生对未出国学生进行跨文化理解能力的提升；可以通过了解学生的宗教信仰，用马克思主义和传统文化中的和平观去转化那些受各种宗教信仰影响而对和平的理解呈现出消极倾向的大学生的和平态度；各个院校要根据自己的特色开展张弛有度、有针对性的和平教育，且特别关注其他政治身份的学生的学习需求等。

---

① 习近平. 习近平谈治国理政[M]. 北京外文出版社，2014：265 页。

专题三　青年生活世界的深层次结构观照

若将青年的生活世界看做其文化生成的场域，那么其深层次观念结构才反映了青年生活世界或者说青年文化的本质。下面两项研究便是笔者尝试从不同视角对这一深层次观念结构的深入诠释。

青少年犯罪的生成机制与治理路径：基于文化心理学的诠释

据统计，近年来，我国未成年人犯罪每年以超过两位数的百分比递增，平均达到12%，我国未成年人犯罪的绝对人数占全部刑事犯罪人数的9%～10%左右。中国青少年犯罪研究会的统计资料显示，青少年犯罪总数占全国刑事犯罪总数的70%以上，其中14岁至18岁的未成年人犯罪又占到青少年犯罪总数的70%以上。[①] 去年，中国青少年研究中心在全国12个省区对管教所中的未成年犯、社区服刑未成年人、专门学校学生和普通学校学生等进行调查，数据显示未成年人犯罪仍然是严重的社会问题，并且，现阶段

① 刘京辉：《我国青少年犯罪的特点及原因分析》，载《赤子》2009年第24期。

未成年人犯罪趋于低龄化。对14—18岁的未成年人犯罪调查结果显示，约35％是16岁犯罪，31.2％是15岁犯罪，14周岁未成年人犯罪所占比例有所增加，达到20.11％，而在2001年，14岁未成年人犯罪比例为12.3％。① 这些触目惊心的数字吸引了国内外众多学者的关注目光。这些学者分别从法学、心理学、社会学、文化学、生物学等学科视角出发探索了青少年犯罪的成因和应对策略，并在青少年的人格、心理及行为特征，青少年与家庭关系，青少年与同辈关系，青少年与学校关系，青少年犯罪情境，青少年犯罪与社会转型，青少年犯罪与亚文化等方面取得了丰硕成果。然而，由于这些研究成果的视角单一，往往把青少年犯罪的原因割裂为个人、家庭、学校、社会、文化四个层面，其中个人层面多为青少年阶段的特殊生理心理特点（如性早熟、自我意识弱、法制观念淡漠等）；家庭层面则是家庭环境质量低下（如家庭经济地位低、家庭关系紧张、教养方式偏差等）；学校层面则是学校教育功能退化（教师素质低下、教育方式偏差）等；社会层面则是不良同辈群体影响、社会转型问题、有效社会控制的缺位、法制不健全等；②文化层面则是文化多元化（城乡文化、中西文化、传统文化与现代文化等文化并存的多元化格局造成文化适应问题与犯罪动机合理化）、③文化世俗化（如"黄色"、"灰色"和"黑色"三色污染），以及犯罪亚文化（一是强烈的反社会性；二是在社会斗争中最有主动攻击的精神；三是注重拉帮结派，不注重是非，如以游民为中心的江湖文化和当代以暴力和色情为中心的不良文化等④）的负面影响等。显然，由于缺少跨学科的交叉视角（笔者以"青少年犯罪"和"文化心理"为关键词，在中国知识资源总库、万方数据资源系统、维普中文科技期刊数据库所查询的文献记录结果均为零篇），这些研究成果尚不能完全揭示个人、社会（家庭、学校、社区等）和文化这三个相互关联的系统共同作用下的青少年犯罪的生成机制。因此，本节将引入文化心理学这一跨视域交叉研究

---

① 张灵：《我国未成年犯罪呈低龄化趋势》，载《京华时报》2015年4月21日。

② 井世洁：《城市青少年犯罪原因的实证研究——以上海市S区为例》，载《青少年犯罪问题》2009年第5期。

③ 崔会如：《论青少年犯罪的文化背景》，载《青少年犯罪问题》2002年第4期。

④ 刘俊杰：《犯罪亚文化对青少年犯罪的影响及对策》，载《群文天地》2002年第12期。

的方法,①尝试探索到底是何种深层次的文化心理机制在学校、家庭和社会背后操纵着人们的思想、情感与行为,以及我们又该选择怎样的治理路径。②

一、青少年犯罪:生成机制

通过对中国青少年犯罪现象的基本特点的分析发现,中国青少年犯罪的文化心理生成机制主要有如下方面。

(一) 重"身"轻"心"的结果

研究显示,青少年罪犯多数心理不健康,精神病质的指数高,如偏执、幼稚、本位主义、内省差、任性、行为颠覆、过分敏感、易猜疑、往往偏重攻击行为等。③而在青少年犯罪类型中,青少年性罪错(是指处于性成熟期的青少年,由于性知识的贫乏或对性行为的社会意义不甚明了,为满足自身生理的需要而实施的有关性方面的错误行为或者违法犯罪行为)案要占到青少年涉嫌犯罪案件的近六成,导致这一现象的内在原因即青少年性早熟引起的心理需求没有得到满足。而且,据这些青少年罪犯自述,在面对来自学业、恋爱、人际关系等各种生活压力和困惑时,他们很少或几乎从未及时、有效地获得过来自他们的家庭、学校和社会的关爱与支持,而自卑、无助和幸福感缺失则是他们精神生活的常态。可见,青少年犯罪的文化心理原因之一是人们长期以来漠视青少年心理发展,导致其身心发展不平衡,即重"身"轻"心"的结果。

重"身"轻"心"这一心理行为它所根植的是中国自古以来形成的"民以食为

---

① 文化心理学(Culture Psychology)是20世纪末兴起的一种心理学新取向,它主张通过分析人类的社会文化来考察和研究人类的心理行为。它不仅要关注个体心理,更要关心集体表征(collective representation)。集体表征就是共同文化圈中人们相似的价值观念和意义系统,即人类内在的普遍的和共同的心理结构,是与个体心理活动相对应的文化世界。参见:Shweder R. A. (2000)The psychology of practice and the practice of the three psychologies. Asian Journal of Social Psychology,2000(3):207—222。

② 作为对主流的科学心理学的一种反正,文化心理学在功能上弥补了主流心理学对人的文化存在的忽视的缺陷,它放弃了(西方)种族中心主义的观念和"共有的心理机制"的假设,以一套有别于主流心理学的方法(以现象学、解释学和民族志等质性研究方法为指导)打通了一条从文化角度探索人及其心理的道路。参见:闫杰:《文化心理学视野下的心理咨询与治疗的本土化》,载《教育理论与实践》2008年第9期。

③ 唐彦:《犯罪心理与矫治新论》,中国政法大学出版社2003年版,第101页。

天”的传统文化。美籍华人孙隆基认为,民以食为天就是一种身体化的倾向。这种文化心理隐匿在整个中国社会的各种关系之中。就人我关系而言,它是个体生存意义追求的根本,正所谓“安身立命”,也如老子所说“为腹不为目”;就个人与国家的关系而言,它是“顺民心态”的基础,即只要“有一口饭吃,中国老百姓就不会选择造反,只要上面保障下面皆有所养,下面就不会因人格平等这类灵魂化的心理需要去为自己争取人权”,①因此老子把治国比作烹调术——“治大国,若烹小鲜”;就家庭关系而言,它是“养育观念”和“夫妻情感”的核心,前者是指只要满足下一代生理上的需求,吃好穿暖,便尽了做长辈的责任,正所谓“养即教”,后者是指“要抓住男人的心,首先得抓住男人的胃”;就社会关系而言,它是“情感关系”的枢纽,只要“请客吃饭”,就可能控制他人的“心”,赢得“人情”,抓住“商机”,获得“帮助”。虽然,在孙隆基看来,中国的这种“食(吃)”文化到如今并没有消亡之趋势,反而有愈加繁荣之迹象(比如越发精致的烹调术和发达的餐饮业),但是,随着现代社会经济、科技、文化和教育发展水平的提高,中国人在满足温饱需求之后必然会转向以精神生活质量为目标的生活追求。因而,在追求人之身心和谐发展的社会文明进程之中,就不可避免地会产生一种现象:社会中掌权的成年阶级在家庭、学校和社会中处理与青少年之间的关系之时,仍然会沿袭重“身”轻“心”的传统文化心理,尤其是将青少年的心理问题“身体化”处理——冷了多穿衣、饿了多吃饭、痛了要看病、累了多休息,以“抚养”代替“教育”,几乎从不深入他们的内心世界去探究“病因”。长此以往,得不到心灵慰藉的未成年之弱势群体在遭遇人生危机之时,极大可能因积病成疾而一触即发:或选择自我伤害,结束自己的生命;或者选择伤害他人,走上违法犯罪的道路。

（二）“权威”与“孝”的高压品

据调查显示,青少年罪犯的家庭一般分两类:第一类是失管家庭,这类家庭的父母或者离异、或者务工在外、或者缺乏管教的能力。父母离异或外出务工会导致家庭结构和家庭功能都不健全,这是现代化社会变革的结果,而缺乏管教能力则与父母素质不高或持有重身轻心的观念有关;第二类是高压家庭,这类家庭的父母一方面对孩子严加管教,不给孩子任何选择和发言机会,另一方面因方法

① [美]孙隆基著:《中国文化的深层结构》,广西师范大学出版社 2006 年版,第 46 页。

失当或不守诺言而使孩子失望和叛逆，甚至选择对着干或逃离家庭，过早投身家庭之外寻找安慰和满足。[①] 高压家庭是典型的强权、非民主家庭，在这样家庭的青少年如果“不顺从、不听话”（即没有“孝心”），通常会遭致来自家长的当众羞辱漫骂、责备与冷酷的惩罚性体验。这种强权的消极教养方式往往侵害了他们年幼的自尊心、信任能力和集体感，“培养”了他们的自卑、仇恨甚至社会攻击倾向。更可怕的是我们的学校面对青少年的“违规违纪”也会同样采取当众羞辱与体罚性行为，而每一次当众羞辱就是对他们人格尊严的一次践踏，反复的羞辱体验则将导致其人格尊严的丧失。在学校与家庭联手高压、逼迫之下，一旦青少年觉得没有了人格尊严，就会很容易产生破罐子破摔的绝望心理，此时他们离轻生和犯罪的距离也就不远了。德国心理学家海因茨·亨塞勒于 1974 年在他的《自恋的危机——自杀的心理动力》一书中写道：在人与人发生冲突或个人遇到严重挫折时，自我价值将受到严重威胁，从而使人产生愤怒、焦虑、痛苦、孤独、无能为力、绝望的感觉。这时候，人体内的自我保护机制将被调动起来。在正常情况下，人通过攻击性行为来宣泄和缓解上述情感危机。然而，由于在某些人那里，攻击被阻滞或转向了自我，他们所陷入的情感危机不但不能得到缓解，反而愈加严重。于是，他们便会产生一种渴望想象，渴望进入一种无痛苦、解脱了一切烦恼的‘和谐’状态，而这种渴望和想象最终将导致自杀。具有自杀倾向的人一般对一种侮辱性的结局心存恐惧，为了逃避这样的结局，他们选择了自杀，与此同时，他们也用这一行动实现了报复别人的目的。简言之，在亨塞勒看来，自杀不仅是一种自我攻击行为，而且是一种自我保护和自卫的行动，它构成一个人维护自身尊严和自我价值的最后尝试。导致自杀最深层次的原因是自杀者的自我价值受到了严重伤害，他们由于找不到别的途径来维护这种价值，不得不做出如此激烈的反应，采取最极端的方式——自杀——来进行最后的抗议。[②] 据报道，去年 4 月，山东一位 14 岁花季少女为了抗议学校强制性剪短发的规定而跳楼自杀了，她选择了用弱小生命捍卫自己尊严的方式。可是又有谁统计过，有多少孩子为了维

---

① 费梅苹：《次生社会化：偏差青少年边缘化的社会互动过程研究》，上海人民出版社 2010 年版，第 97 页。

② ［瑞士］维雷娜·卡斯特著：《怒气与攻击》，章国锋译，生活·读书·新知三联书店 2003 年版，第 94—95 页。

护自己的尊严，选择了仇恨与报复社会的失足方式呢？或许，很多青少年罪犯都是在与“权威”和“孝”进行了一次又一次无畏的抗争之后，才无奈选择了走向犯罪的深渊。

“权威”与“孝”的心理行为根植于中国两千多年皇权至上的封建社会所形成的“专制主义文化”。中国封建专制文化的主体是以儒家思想为核心的封建政治文化。“自秦以来，垂两千年。虽百王代兴，时有变革，然观其大义，不甚悬殊”。① 历代王朝不断强化帝王的绝对权威及以“三纲五常”为核心的宗法伦理秩序，禁止所谓异端思想和言论自由的存在与传播，甚至用暴力镇压，如秦始皇焚书坑儒，汉武帝罢黜百家、独尊儒术，以及历史累兴的文字狱等。在君主专制数千年相对稳定的发展过程中，封建专制文化也随之逐渐凝聚成一种稳定的价值体系，并且弥散于社会政治生活的各个领域，沉淀于人们的观念、意识和心理之中，凭借着各种文化形式和社会化渠道，连绵不息地一代代传延下来。② 比如，就传统社会而言，在王权专制的高压政策下，形成了中国古代社会国民的“奴性化人格”——这是一种消极自谦，是中国文化框架下的心理表征，反映的是一种自我评估低于他人或外在标准不一致状态，本质上可以理解为通过低调的自我呈现，规避权威、自由，以顺服强的内外控制过程。③ 就传统家庭而言，以家长为中心的“权威”与“孝”紧密相联，再加之表象的父权家庭和以母亲为重心的情感生活（男主外、女主内），④又令子女产生对家庭尤其是母亲的依赖，因而，青少年在社会化过程中形成了“儿童老年化”（听从）和“成人儿童化”（依赖）的人格倾向。⑤ 显然，在这种对权威绝对服从的家庭氛围中，青少年个体已完全处于“不发展状态”即失去了鲜明的个性。同时，以“夫权”为中心的权威令妻子成为丈夫的奴仆，压抑了女性的自我完善与发展。就传统学校而言，孟子说：“师也，父兄也。”而长兄如父。道教训诫：“事师不可不敬，事亲不可不孝，事君不可不

① 夏曾佑：《中国古代史》，河北教育出版社2003年版，第225页。

② 丁建君：《论封建专制文化对我国民主宪政思想的影响》，载《学术交流》2005年第6期。

③ 张灵：《奴性：文化心理学视域下的诠释》，载《学理论》2009年第27期。

④ 李亦园、杨国枢主编：《中国人的性格》，江苏教育出版社2006年版，第201页。

⑤ ［美］孙隆基著：《中国文化的深层结构》，广西师范大学出版社2006年版，第208—215页。

忠，……教戒不可不从。”《太平经》进而阐释：“子不孝，则不能尽力养其亲；弟子不顺，则不能尽力修明其师道；臣不忠，则不能尽力共敬事其君。为此三行而不善，罪名不可除也。天地憎之，鬼神害之，人共恶之，死尚有余责于地下”。总而言之，在君主专制主义的一统天下，每个人都要按长幼、尊卑和内外的等级层次去做人、做事。不过，这种权威式的家族结构或社会结构下对人的教化模式与当时农业社会的经济发展水平是相适应的，但是，在崇尚自我与个性发展的现代商业社会中，这一模式虽然还继续延续却已经很难奏效。这是因为现代城市文明崇尚的是民主、平等与自由，因此哪里有专制、奴役和压迫，哪里就会有反抗与斗争。我们不得不承认，青少年犯罪现象日显突出极可能是这一斗争下的产物——当青少年面对的是高压、高管的强权教育方式时，他们那颗原本叛逆不羁的心就会恣意放纵自己的行为。

（三）“功名”心态作怪

多数调查显示，青少年罪犯呈低龄化趋势，整体文化程度不高，团伙犯罪和重复犯罪尤为突出。这些特征与他们真实的边缘化学习生活境遇息息相关。青少年罪犯多是辍学人群或是在校学习成绩不理想的学生，他们中很多都是在中考或高考战场上失利而被分流到三校（技校、中专和职高）的学生。在世俗的眼里，他们是偏差生、后进生，没有进取心和事业心，也就是没有“功名心态”。因为学习成绩不好，他们在家庭和学校承接了诸多的不良情绪、失败、压抑和悲愤，他们的自我概念受到了严重的打击，他们对自我形象信心不足，甚至形成了较低的自我认同感。为了获得群体的尊重与认同，年纪尚轻的他们只有流落到街头社会。由于认知水平不高，自控能力不强和法律意识淡薄，当他们遇见有相同境遇的同伴圈（犯罪团伙）时，就会很容易受到同伴圈的鼓动、唆使或胁迫而实施犯罪行为，而当他们一次又一次通过盗窃、抢劫、聚众斗殴、寻衅滋事、强奸和故意伤害等犯罪活动修复了自我概念，并实现了自我对物质与精神的满足时，犯罪便成为了他们求得生存与发展的基本方式。最终，青少年在与“功名心态”的互动过程中渐渐踏上了犯罪的不归路。

功名心态源于中国始于随唐的科举文化。在科举时代，功名与身份、利禄、仕途攸关，因此，循科举求功名，就成了千百年来士人齐集、梦寐以求的“正途”。士人汲汲于功名，由此形成的功名心态不仅主宰士人命运的悲欢，而且渗透、弥散到整个社会，积久成为一种集体无意识。① 甚至到了1905年科举废除之后，这种因科举衍生的功名意识在人们的心目中依然居于无可替代的中心位置，它的别样魔力并没有因科举的废除而发生根本性的动摇。即便是到了废除科举和专制制度一个多世纪的今天，尽管社会普遍认同"三百六十行，行行出状元"的职业选择，以及"英雄不问出处"的人才评价与选拔制度，但是竭力改变出身的"功名心态"却仍然依附于新中国建立的培养、选拔人才的高考制度而根深蒂固的存在着，而像重点学校/班级、第一学历等教育制度的盛行也与功名心态的推波助澜分不开。功名已然完全左右着一个人的生涯发展、人生道路和终身幸福。

当前的学校教育中，教育分流主要是按学业考试这一技术手段来实现的，虽然考试本身是教育公平的实践方式，但这一技术所实现的合理性背后却隐藏了阶层差异，即家长文化背景不同、所占社会资源不同，其传递给子女的文化效应及教育资源也不同。② 因此，学业考试失败后的大部分现实结果是这些家庭原有的社会阶层在大多数青少年身上得到复制（据调查，青少年罪犯的父母多数也是文化程度不高、收入不高的劳动者）。而受"功名"心态影响，文化程度不高的他们即使想凭自己的能力成家立业，现实社会也很少能给予他们发展的空间与机会，于是，这些被排除在主流文化之外的青少年只有在非主流文化中寻找自己的价值存在。

（四）"关系"意识的影响

调查显示，共同犯罪是青少年犯罪的主要形式，并且呈明显上升趋势。青少年由于体力、智力和经验等方面原因单个人实施犯罪困难比较大，因此志趣相同的人常聚在一起，搭帮结伙，实施共同犯罪。③ 与此同时，在虚拟社会，网络结社也成为青少年犯罪的新形式。志趣相投或经历相似的人通过MSN、QQ、微信等

---

① 沈洁：《科学、功名与清末民初知识人社会》，载《华东师范大学学报（哲学社会科学版）》2011年第1期。

② 费梅苹：《次生社会化：偏差青少年边缘化的社会互动过程研究》，上海人民出版社2010年版，第238页。

③ 丁英华等：《当前青少年犯罪现象的基本特点与生成演化》，载《青少年犯罪问题》2011年第3期。

网络聊天工具取得联系，共同加入某个网络团体，结伙犯罪。如被媒体披露的“尊龙名社”就是一个青少年犯罪团伙，成员达到了169人，而且还有自己的管理机构，有堂规，入伙还要缴纳堂费。① 从文化心理学视角分析，青少年团伙犯罪突出的现象是受到“关系意识”的影响，而关系意识则根植于中国传统封建专制社会形成的宗族观念文化。

宗族观念，缘于礼，重血缘，建立在固有的民族文化土壤之上，与一定的生产力发展水平相适应，有其长期存在的合理性和有效性。② 正所谓“亲戚亲三代，宗族亲世代”。这种根深蒂固的宗族观念导致乡村的亲属关系错综复杂，往往“一家有难，八方相助”，谁家人多势众，谁家就是道理。也就是说，在宗族观念下，重人治轻法治，人们偏好“拉关系”、“走后门”，而一旦有了关系之后就会讲“人情”，讲“面子”。进而在关系意识的驱动之下，形成了“差序格局”的乡村社会结构——即从自己推出去和自己发生社会关系的那群体人里所发生的一轮轮波纹的差序，它即一个“一根根私人联系所构成的社会网络”，系维着私人的道德。③ 因而，基于宗族观念文化的关系意识在现代化发展中又常常演变为团体主义和地方保护主义——当面对各种利益上的矛盾争端时，村民总是逾越法律之上，因而会频频发生妨害社会管理秩序、侵犯财产权利和人身权利等违法犯罪事件。学者金耀基对此“文化—关系”进一步作了阐释：“个体乃是一个关系的存在，被赋予了一种以自我为中心的自主性，并置身于一个复杂的、富于人情的关系网络中”，中国人以个体同其他个体或群体共有的“归属性特征”来与之发生“多元的”认同关系；“个体拥有的归属性特征越多，就越能拉关系”。可见，拉关系的人际意识能够起到社会资源调动作用，也就是说，中国人潜在的意识中已经“把关系的建构作为一种文化策略来调动社会资源，借以在社会生活中的各个领域达到目标”。④ 而这正是青少年之所以如此青睐于借助团伙形式来实施犯罪的文化心理机制。而且在同伴关系建立之初，“青少年更在乎一种关系带来的平等、自由、尊重、接纳、认同、归属感的获得，当演变为同伴圈实施犯罪之时，这一

---

① 阎慧萍等：《网络结社：未成年人犯罪新趋势》，载《检察日报》2009年11月17日。

② 田成有：《中国农村宗族问题与现代法在农村的命运》，载《法律科学》1996年第2期。

③ 费孝通：《乡土中国》，三联书店1985年版，第28—29页。

④ 金耀基：《中国社会与文化》，牛津大学出版社1993年版，第19—29页。

关系则具有了相互依存和制约的多重性。”①比如，青少年团伙犯罪中的分工合作，还有严格的管理制度等都反映了这一关系的复杂性。

二、青少年犯罪：治理路径

很难说，重身轻心、权威与孝、功名心态、关系意识等文化心理一定是属于传统社会的标签，倘若褪祛当下现代化的表层现象，人们往往会惊奇地发现，推动中国社会发展的功劳离不开这些永恒的所谓传统的文化心理形态。比如繁荣独特的饮食文化、天人合一的养身之道、紧密团结的家族文化、积极向上的草根奋斗故事，还有当下在美国火爆的“虎妈”与“狼爸”式的中国教育等。正如美籍华人孙隆基所说：“无论生长在何种制度下，只要在文化意义上仍然是中国人的话，都呈现出一种共性，这种共性说是‘民族性’也无不可。”②然而不可否认的是，重身轻心、权威与孝、功名心态、关系意识等中国传统文化心理的确在现代化发展中产生了一定的负面效应，成为了青少年犯罪现象的始作俑者。因此，作为社会中掌权的成年阶级(家长、教师及社会管理者等)，结合利用教育和文化的手段转变不良文化心理所带来的负面效应，以引导青少年健康成长，使之拥有丰富的知识、开阔的视野和良好的品格应有不可推卸的责任，同时这也应是运用非正式社会控制进行社会文明治理的新路径、新诉求。具体可从如下方面着手。

(一) 转变重“身”轻“心”的心理，满足青少年的精神需求

青少年时期，是智力和身体发育的高峰时期，是人格趋向成熟的关键阶段，在这一阶段，其生理、心理方面和世界观、人生观等都处于不断变化状态。在生理方面，青少年正处在长身体的阶段，这个阶段骨骼、肌肉、内脏、大脑、内分泌、身高、体质、性机能都在高速发展，活动量大，肌体的消耗和需求量不断增多，性机能不断成熟，性激素分泌增多，性的生理冲动会出现超常现象。伴随着生理发育的急剧变化，青少年的心理特征表现为认知的表面性和肤浅性，情感的不稳

① 费梅苹：《次生社会化：偏差青少年边缘化的社会互动过程研究》，上海人民出版社 2010 年版，第 142 页。

② [美]孙隆基著：《中国文化的深层结构》，广西师范大学出版社 2006 年版，第 2—3 页。

定、易激怒和丰富细腻，以及意志层面的自控能力差等，且认知、情感和意志三要素以及自我意识结构的同一性都处于发展不平衡状态。同时，由于青少年时期是个体生理发育的一个旺盛和迅速发展的时期，而个体心理的成熟和发育却是一个相对缓慢、渐进的过程，其心理水平的提高相对滞后，缺乏合理调配自己活动的能力，因此，在这一时期，个体常常会出现生理发育和心理发展之间巨大的矛盾和冲突，并且由于青少年的心理发展水平尚不成熟，他们在与外界生活环境的接触过程中也表现出很大的不协调性。而且，一般而言，青年的体质—生理的发展先于心理发展，并创造了心理发展的条件（认识的、情感的和意志的），同样，心理发展先于道德和社会发展，并创造了道德和社会发展的条件。[①] 由此可见，青少年本身就存在道德和心理发展相对落后生理发展的不平衡状态，而重“身”轻“心”只能加剧这种不平衡状态，使之心理扭曲、人格不健全，这就为其实施犯罪行为埋下了可怕的诱因。所以，只有转变家庭、学校和社会场域残留的重“身”而轻“心”的文化心理，满足青少年对精神层面的渴求，才能促其身心和谐发展，形成稳定健康的人格。

（二）放下“权威”思想与姿态，与青少年平等对话

中国传统家庭中以父权为基础的权威主义下，父母的管束甚为严苛，在集体主义的影响下，为了维护家庭的复杂结构与功能，父母主要以促使子女社会化为教育重点。这种重“孝”轻“慈”的教化模式下，代际之间形成了他律性的服从关系，因而，子女对双亲往往是敬畏有余而亲爱不足，同时，这种牺牲儿女个性发展需求的不对等代际关系还被移植到其他场域，即“孝道”的范围扩展到家族或家庭以外的社会、国家及天下。而到了现代商业文明的社会，随着家庭模式与功能的变迁，个体主义逐渐取代集体主义，他律性的孝道也日益失去了原有的作用与功能，为新的社会形态和生活方式所抛弃。[②] 然而，如果当今的父母在家庭教育的过程中，仍然延续过去的传统模式，将教育的重点放在如何扮演好为人子女的社会角色，而不是如何适应社会发展的个体取向的生活方式，而且教养的方式是

① ［罗］F. 马赫列尔著：《青年问题和青年学》，社会科学文献出版社1986年版，第180页。

② 杨国枢：《中国人之孝道观的概念解析：中国人的心理》，台湾桂冠图书出版公司1989年版，第46页。

以权威方式训练子女盲目的服从与外表的恭顺，而不是以理喻的方式教导子女理解善待父母及他人的重要与意义，从而学得设身处地的为人处事原则，①那么子女的个性不仅被抹杀，其也很难融入以民主、平等为思想建立的现代文明社会。所以，我们社会中的年长者只有放下“权威”思想与姿态，与青少年平等对话，考虑他们的想法与需求，建立起代际间自律性的、情感双向传递的“新孝道”模式，才能深入其内心世界，晓之以情、动之以理，引导其形成正确的世界观、人生观和价值观，并助其习得符合社会文明的行为规范。

（三）淡化“功名”心态，挖掘青少年潜能

“功名心态”反映了民众对读书学习与实现职业理想、人生价值之关系的认同，即将读书获取文凭等于人生的出路与命运，将读书获取文凭视为实现职业理想与人生价值的唯一且最佳途径。这一认同不仅异化了教育“使人幸福”的终极目标，而且也令人们忽略了人之所以存在的根本意义。且莫说那些被高考分流的“后进生、偏差生”并没有树立科学的人生观，依据笔者对大学生的访谈研究发现，即便是踏入象牙塔的大学生，他们也常常在考上大学之后的很长一段时间内因为人生目标的缺失而呈现迷茫、悲观的消极人生态度。从教育学视角看，“功名心态”下培养人才的方式是重智力轻情商，选拔人才的标准是成绩（学历）高低而不是才能大小，因而常常会压抑和抹杀人的各种发展潜能，这些潜能包括创造潜能、精神潜能、身体潜能、社会潜能、感觉潜能、计算潜能、空间潜能、语言表达潜能等。如果这些潜能在个体未成年时期就能得到相应地、科学地开发，那么他或她就能顺利地应对成长过程遇到的任何问题，如学习困难、交往困惑、沟通障碍、心理问题和突发事件等，成为一个全面发展、人格健全、品行高尚的人才。总之，我们的社会不需要高分低能儿，我们只有淡化“功名”心态，创造条件挖掘并激发青少年的潜能，才能帮助他们实现自我，成就精彩人生。

（四）弱化“关系”意识，培养青少年的公共意识

关系对于青少年获得社会认同和获得生存空间有非常大的影响，因为关系可能促进青少年自主性的萌发。自主性归结为自主的行动，即有目的、有意图且不

---

①　叶光辉、杨国枢：《中国人的孝道——心理学的分析》，重庆大学出版社2009年版，第39页。

受其他因素制约的行动，在哲学家眼里，它是人获得尊严（意志自律或道德自律）和多样性生活体验（个人的自由选择）的根据；①而在教育心理学家看来，它是青少年逐渐从依赖性人格转变为独立性人格，顺利从青春期向成年期过渡的重要心理品质。通过对青少年团伙犯罪的生成机制分析发现，青少年罪犯的自主性发展是在对同伴圈的依附关系的发展过程中获得的，具有很强的群体性、相互影响和制约性特征。比如，同伴圈的核心领袖承担了促进关系的维持和发展的领导功能，在承担领袖角色时获得了其自主性的发展。当然也有一些青少年因对关系的依附而推迟了其自主性的发展，如同伴圈中的随从和跟班。② 显然，这种在传统的关系意识凝结的同伴圈中发展起来的青少年自主性不过是一己私欲不受公德约束的无限放大，它严重地危害了社会的公共利益，是反人类和反社会的。

青少年获得社会认同与生存空间所依赖的社会关系网络应由与传统的“关系意识”相对的现代“公共意识”来主导。公共意识亦称“公德意识”，是人们在社会共同生活过程中对公共生活准则在认识、理解和提高的基础上，通过群体修养和个体磨炼所形成的稳固的看法和观念，它是公民在共同生活的过程中与集体、社会和国家有关的最简单的、起码的公共生活规则意识，反映的是公民与国家关系中，公民个体对自己在国家和社会中所处的政治地位的现实感受和应有认识。③ 公共意识是公民意识的重要内容，包括公众交往公德、公共场所公德、人类环境公德三个方面的基本关系。它是从个人美德到社会美德的一种延伸，构成了公民素质的重要组成部分，也是维护社会秩序，构建和谐社会的基本条件。所以，弱化“关系意识”，培养青少年的公共意识，是有效预防青少年犯罪的文化心理路径之一。

青年精神的多维建构

提到“青年”二字，一定绕不开“精神”的话题，因为，是青年的“精神”铸就

① Beauchamp TL，Childress J：Principles of Biomedical Ethics ，New York /Oxford：Oxford University Press，1994，pp. 57—59.

② 费梅苹：《次生社会化：偏差青少年边缘化的社会互动过程研究》，上海人民出版社 2006 年版，第 143—144 页。

③ 黄娜、何齐宗：《青少年社会公德意识教育》，载《教育学术月刊》2011 年第 6 期。

了青年的存在——青年是在经济和政治的现代化进程中，随着社会与文化的变革出现的……青年与否主要不取决于生理和年龄之类的生物性因素，而是取决于思想和精神等观念性因素，以及是否参与政治革命等社会性因素。① 从已有研究来看，人们每每在谈及青年"精神"并观照其精神世界之建构时，往往离不开心理（认知、情感、意志）、认识（思维）、伦理（道德）和精神（审美、信念、信仰、理想）这四个层面的九大领域。② 大多数研究成果都围绕心理发展、伦理道德、文化生活和精神信仰等领域展开。也就是说，青年精神的建构维度至少应包括人格完善与独立、道德自律与公正、文化自觉与自信、信仰坚守与追求等四个方面。

一、青年精神之建构：人格完善与独立

从成人心理发展与教育的角度来看，一个具有丰富的精神世界的青年首先应是一个可以被称之为的"精神成人"。"成人"的意义不只是指个体生理的成长、成熟以及法律意义上赋予一定的公民权力，更重要的是在精神层面上具有独立意识和独立思想之潜能。③ 也就是说，个体在追求外界物质生活基础上，对于精神层面也在不断追求，以体现人存在的价值。简单而言，"精神成人"就是指个体在实际生活中为人处世，与社会进行沟通的过程中不断挖掘其自身的本能价值，建立自身价值与精神取向的坐标，塑造一个完整人格。实现"精神成人"的过程，就是积极地向着不断成长和自我实现方向行进的过程。它是一种过程，而不是一种状态；它是一个方向，而不是终点。④ 其本质意义即塑造健全的独立人格，体现生命的力量和最高价值，而这正是作为在思想、观念和生活上往往成为"先进的"之代表的青年所应具备的精神之一。

在西方超个人心理学中，人格与精神性（spirituality）的关系密切：一个人格健全独立的人也一定是一个浑身充满积极精神能量的人。超个人心理学代表人

---

① 陆玉林. 论青年的意义构成[J]. 中国青年政治学院学报，2011(1)：1—6 页。

② 李洁. 青年研究"场域"的选择维度[J]. 中国青年政治学院学报，2013(3)：1—5 页。

③ 夏中义. 大学人文读本——人与自我（序言）[M]. 南宁：广西师范大学出版社，2002：2 页。

④ 张敏. 思想政治教育视域下大学生精神成人研究[D]. 陕西师范大学博士学位论文，2011：21—22 页。

物威尔(Wilber)认为，完整的人格发展应当至少涵盖身体、心理、灵魂、精神等四种成分，其中，精神是最为重要的，利于促进自我的整合。① 这意味着，健全的独立人格境界是受精神性所支撑的自我整合与完善，它可以通过“真实性、内在和谐/内心平静、意识、自我认识和体验，以及对生命意义的追求”等内容表现出来。② 换言之，一个具备精神性的人，能够时刻感受到生命的意义与成就感，身心充满了积极成长的正能量，对生活有高度的满意感和幸福感，当然，他或她也一定是一个具备独立人格的人。正如心理学家米勒(Miller)等人所说，精神性是一个人存在的核心，③它能为我们的生命带来意义与方向的一种深刻和有活力的能量；精神性可以使人成长，提升人的生活质量。④

而就精神性如何促进自我的整合而令个体的人格趋于完善，心理学家梅拉维利亚(Meraviglia)作了进一步研究，他认为“精神性是个体对自身具有的动态性的精神的感受和展现，这体现了个体对超越自我发展的需求与信仰，以及实现个体与自我、人类社会、自然界或上帝(神秘力量)的联系。”⑤依据国外心理学对精神性的研究，我国心理学教授郭斯萍则就精神性与自我和谐、自我认知和自我超越的关系进行了阐述，他认为：精神性水平与自我和谐有着密切的关系。自我和谐主要体现在现实自我、社会自我与理想自我三者间的协调一致，高水平精神性可以积极完善地处理三者间的矛盾。精神性与自我发展水平密切相关：与自我的关系影响着个体对现实我的认知；与他人和社会的关系影响着个体社会我的形成与评价；与超越性存在的关系影响着个体对理想我的认知。显然，不同层面的自我是精神性发展的不同阶段在自我认知维度的体现。⑥ 精神性有统合的

① 郭斯萍，陈四光.精神性：中西方心理学体系结合的对象问题[J].南京师大学报社科版，2012(3)：110—117页。

② Cook，C. C. H.(2004). Addiction and spirituality. Addiction，99，539—551.

③ O'Neill，D. P. and Kenny，E. K.(1998). Spirituality and chronic illness. Journal of Nursing Scholarship，30(3)：275—281.

④ Miller，W. R.，& Thoresen，C. E.(2004). Spirituality，religion and health：An emerging research field. American Psychologist，58(1)：24—35.

⑤ Meraviglia M G.(1999). Critical Analysis of Spirituality and its Empirical Indicators：Prayer and Meaning in Life[J]. Journal of Holistic Nursing，17(3).

⑥ 郭斯萍，马娇阳.精神性：个体成长的源动力——基于中国传统文化的本土思考[J].苏州大学学报教科版，2014(1)：6—13页。

功能,这种统合以连续性为基础,包括个体与自我的连结、与他人的关系,及与超越性力量的融合。精神性的统合功能与个体自我经验的统合,现实我、理想我和社会我的协调一致,拥有同一而稳定的人格,以及对过去、现在和未来的延续感保持稳定等密切相关。① 只有内部自我统一和谐,对自己有着全面正确的认知,个体才能更好的体察自我的精神世界,将自我的精神状态和需求与现实相结合,以实现精神性的发展。同时,精神性的发展又能促进个体不断的超越自我,追求自我与他人、与自然的和谐统一。②

综合心理学领域有关人格、精神(性)和自我的研究来看,精神(性)似乎是联接人格与自我的中间桥梁:人格完善与独立离不开精神(性)发展与自我整合之间的和谐共进,而自我则是人格结构中最核心的部分。因此,从心理学角度看,青年精神的建构就是青年独立人格的塑造,而对自我的教育则是独立人格塑造的重中之重。具体而言,开展对青年的自我教育,促进青年的人格完善的可选路径是:首先,提高青年的自我认知(self-cognition)能力。自我认知是进行自我教育的首要环节,它能帮助青年迅速找到人生价值的准确定位。所谓自我认知就是对自己的洞察和理解,包括自我观察和自我评价。自我观察是指对自己的感知、思维和意向等方面的觉察;自我评价是指对自己的想法、期望、行为及人格特征的判断与评估。恰当地认识自我,实事求是地评价自己,是自我调节和人格完善的重要前提。其次,锻炼青年的自我调控(self-regulatory)能力。自我调控能力是构建和谐自我、管理情绪,营造积极心态的法宝。高水平自我调控力意味着善于掌控自我,调节情绪,对生活中矛盾和事件引起的反应能适可而止的排解,能以乐观的态度、幽默的情趣及时地缓解紧张的心理状态。最后,培养青年的自我激励(Self-Motivation)能力。自我激励建立在客观的自我评价与反思的基础之上,直接推动个体对自我的超越,正如德国管理学者斯普林格(Springer)所说:“强烈的自我激励是成功的先决条件。”因而,自我激励是自我教育的重要环节,它对自我教育效果起到一个检验和反馈的作用。

---

① Schneiders S M. (1998). The Study of Spirituality: Contours and Dynamics of Adiscipline[J]. Christian Spirituality Bulletin, 6(1).

② 郭斯萍,马娇阳. 精神性:个体成长的源动力——基于中国传统文化的本土思考[J]. 苏州大学学报教科版,2014(1):6—13 页。

二、青年精神之建构：道德自律与公正

人格完善与独立仅能说明其只是为个体的道德与社会发展创造了心理发展的前提条件(认识的、情感的和意志的)。① 从伦理学与道德认知心理发展的视角来看，青年精神还应体现在其道德水平的发展从他律发展为自律，并最终到达公正阶段。

所谓道德是奠基在一定经济利益基础上的上层建筑的特殊意识形态，从规范意义讲，它是人们道德关系和道德行为普遍规律的反映，是一定社会或阶级从社会整体利益出发而形成的概括的、调节人与人之间关系的、为人们普遍遵循的行为准则。这种规范准则，不仅调节着社会生活中个人与个人、个人与集体、集体与集体之间的利益关系，同时也调节着婚姻家庭生活、职业生活、社会公共生活中人与人之间的利益关系。青年的道德生活是指在一定的道德意识指导下有目的的社会活动，包括道德行为、道德评价、道德教育、道德修养以及其他具有善恶价值并应承担道德责任的活动。② 青年对社会道德要求的认识、接纳、转化过程就是道德主体自觉意识的形成过程，也是道德主体能力不断提高的过程。道德实现作为一个过程需要经历“他律-他律与自律的结合-自律”的发展阶段。在道德行为的过程中，道德主体要不断校正自己的行为方向，去除任何有悖自己道德目标实现的杂念和障碍，坚定不移地按照自己认定的道德目标前行。在实施道德行为之后，主体还要认真检验自己的行为效果，总结得失并评估其价值，为下一步行动确立方向。因此可以说，在道德行为的整个过程中，一直都彰显着道德自律的作用。道德行为必定是在道德意识的指导下实施，道德意识又在道德行为中得到进一步的提高。在一定意义上也可以说，道德行为的实施就是道德自律不断得以显现的过程，二者属于同一意义上的两个范畴。③

马克思主义认为，道德是社会关系特别是经济关系的产物，是人类脱离动物界并组成社会之后，基于维护社会利益，保证社会秩序，调整人类社会关系的需

① [罗]F. 马赫列尔著. 青年问题和青年学[M]. 北京：社会科学文献出版社，1986：180 页。

② 汪蓉有. 青年道德教育论[M]. 北京：中国社会科学出版社，2004：20—21 页。

③ 马永庆. 道德自律的特性解读[J]. 伦理学研究，2009(5)：51—55 页。

要而产生的。它一经形成,必然带有某种超越于个体特殊性的社会普遍性,它反映的是社会共同的客观要求,内含社会共同意志,是一种外在于人的客观必然性;它对人起着约束和导向作用,规范着人的行为,防止人的任性和妄为,以求社会处于和谐状态,有秩序地运转。这就是道德他律。道德他律在形式上表现为道德规范、道德义务等,其实质是客观的社会利益关系、社会客观要求对道德主体的约束和导向。但道德毕竟是人的一种活动,人是活动的主体,人在活动中充分发挥其主体性,用理性审视、过滤自己的动机、愿望、需要、意图,并通过对外在于自身之外的道德规范的确证与认同,将社会赋予自身的道德律令转化为自己内心的法则,并自觉按照这种法则约束自己,处理社会关系,从而把外在必然性转化为内在自觉性,把社会道德要求转化为内在道德需要,由被动地接受、遵循道德规范变为主动地接受、遵循。这就是道德自律。道德自律是作为人即道德主体的一种自主、自愿、自决的活动,是反映人的自身本质的一种主体性活动。

关于道德他律与自律,著名认知发展心理学家皮亚杰(Jean Piaget)则认为,他律道德是个体根据外在的道德法则进行判断,他只注意行动的外部结果,不考虑行为的动机,他的是非标准取决于是否服从面人的命令或规定,是一种受自身之外的价值标准所支配的道德判断。而当个体能从客观动机出发,用平等或不平等、公道或不公道等新的标准来判断是非时,就已演变为一种具有的主观的价值所支配的道德判断,即属于自律水平的道德。在皮亚杰看来,还有比自律水平更高级的道德阶段,即当道德观念从利他主义角度去考虑时,就产生了关于公正的观念。公正观念不是一种判断是或非的单纯的规则关系,而是一种出于关心与同情的真正的道德关系。也就是说,在依据规则判断时隐含考虑到他人的一些具体情况,从关心和同情出发去判断道德关系。公正观念是一种高级的平等关系,这种道德观念已经能够从内部对个体的道德判断起着决定性的作用。

综上可见,从伦理学角度来看,不论是法律他律,还是道德规范他律,都只有转化为人们内心的道德自律才能发挥最大的作用,因此,道德自律是青年道德发展的最高阶段和精神基础。而从道德认知心理发展角度来看,自律道德还仅是一种从他人动机角度进行道德是非判断的水平,只有到达公正阶段后,才会从利他主义角度去关心和同情他人的处境,进行客观公正的道德是非判断,因此,道德公正才是青年道德发展的高级阶段和精神基础。结合这两个角度,我们可以认为，青年精神在道德领域的核心体现应该是其自律精神与公正精神的凸显。因此，从这个意义上看，青年精神的建构应是青年的道德自律与公正精神的培育。不过，由于民主社会道德准则的制定本身要体现公正、合理（既要体现社会全体成员的公共意志和利益，又要体现权利与义务的统一），①因而，道德自律精神的发展本身会促进青年道德是非判断中客观公正观念的形成。所以，对于青年道德自律与公正精神的培育，我们可以自律精神的培养为核心任务，尝试如下建构路径：首先，提高道德认知水平。道德认知是促使道德信念形成的基础，是自律道德的导向性机制，是道德内化和行为的先导。其次，锻炼学生的道德意志。道德意志是指人们在履行道德义务或责任中克服内心障碍和外部困难的能力和毅力，在行动中表现出果敢、自制、坚决和坚持不懈的精神。它是自律道德的关键环节。再次，培养良好的行为习惯。道德行为习惯是指稳定而持续的，在某种情境中自然出现的道德行为方式。行为经过反复实践就会形成习惯，习惯的形成对于自律有非常重要的意义，它可以使偶然行为转变成必然行为，不经常的行为变成经常一贯的行为。它是道德自律的重要条件。②

三、青年精神之建构：文化自觉与自信

思想文化领域通常是社会革命最先发生的阵地，而青年群体又往往是思想文化革命的领军人。例如，法国的文艺复兴运动从兴起到发展长达一个世纪之久，启蒙思想涉及宗教、哲学、伦理学、政治学、经济学、文学艺术、史学、美学和教育等各个领域，出现了各种学说体系和大批著名青年代表人物，广及欧洲许多国家，这次启蒙运动作为成熟的反封建、反教会的进步思潮登上历史舞台，不仅为未来的政治革命制造了舆论，而且为法国创建了高度的精神文明。而中国的新文化运动则由胡适、陈独秀、鲁迅、钱玄同、李大钊等一些受过西方教育（当时称为新式教育）的知识青年发起的一次“反传统、反孔教、反文言”的思想文化革新、文学革命运动，他们用民主与科学的文化思想启迪了人们的心灵，为马克思主义在中国的传播和五四爱国运动的爆发奠定了思想基础，他们用文化自觉与自信

① 魏长领. 因果报应与道德公正[J]. 河南师范大学学报哲社版，2012(11)：34—38页。

② 郑廷坤. 论道德自律及其培养途径[J]. 河南师范大学学报哲社版，2002(3)：114—116页。

推动了中国近代社会的进步，这便是青年之精神的出场。

1997年，中国著名社会学家费孝通在北大社会学人类学研究所开办的第二届社会文化人类学高级研讨班上首次提出文化自觉论，他说："生活在一文化中的人对其文化有'自知之明'，明白它的来历、形成的过程、所具有的特色和它发展的趋向，自知之明是为了加强文化转型的自主能力，取得决定适应新环境、新时代文化选择的自主地位。"①文化自觉的提出是为了应对全球化的发展趋势而提出的解决人与人之间关系的方法，即在处理与异域文化相接触的态度时，要有广阔的胸怀和对他人的理解，同时要反思自己的文化，明白它的来历，这样才能取长补短，促进世界和平。从费孝通的话可以看出，文化自觉主要有三层内蕴：第一层是指文化自觉建立在对"根"的找寻与继承上，即文化认同；第二层是建立在对'真'的批判与发展上，即文化反思与批判；第三层是对发展趋向的规律把握与持续指引上，即文化传承与创新。这种文化自觉是对文化地位作用的深刻认识、对文化发展规律的正确把握、对发展文化历史责任的主动担当。有人认为，"文化自觉在社会发展的文化过程中，具体表现为人的求真精神、求善精神和求美精神，使人牢记人的目的在于人自身，关心人，热爱人，关注全人类的发展和进步，从而使人成为一种具有崇高境界的真正全面自由发展的主体"。② 而笔者认为，与文化自觉的三层内蕴相对应所表现出的是人的民族精神、批判精神和创新精神，有了这三种精神就有了文化自觉与自信，这就是文化领域中青年精神之精髓。

民族精神是对本土文化的认同与坚持，它能够体现文化自信，具体表现为对中华文化的发展前途充满信心、对中国特色社会主义文化发展道路充满信心、对社会主义文化强国充满信心。对民族精神的培养首先要注重对青年的人文教育，即对本民族哲学、文学、历史等知识的学习，从中吸取思想营养，逐步树立正确的三观。其次要加强对青年的社会主义核心价值观的教育，即围绕公民的权利、义务关系，向学生传输公民对待个人与国家、与社会、与他人关系的道德观念、价值

---

① 费孝通.反思·对话·文化自觉[J].北京大学学报哲社版，1997(3)。

② 陈军科.理性思维：文化自觉的本质特征[J].北京师范大学学报：社会科学版，2003(5)：71—76页。

取向与行为规范。最后还要营造良好的校园文化环境氛围。包括软硬件建设。在软件建设上,要清除文化污染,净化校园,塑造积极向上的校园精神。①

批判精神是对异域文化精髓的“扬”与本土文化糟粕的“弃”,它在青年中不时在场,并极大推动了或说改变了中国的历史,同时它也是推动青年走上中国历史舞台的重要因素。青年批判精神的养成并非一朝一夕之事,而是在其成长过程中受到多种因素促成,例如,在民族文化传统的教育中增加理性批判的成份;在代际关系的处理中,上一辈对青年一代的价值观念的更多包容;主流文化对青年文化的更多开放等,都是批判精神的培养途径。②

创新精神是对本土文化的改良或改造,使其充满持续发展的生命力。事实证明,具备创新精神的青年才俊在中国发展的各个历史阶段、各行各业都发挥出了推动社会发展的巨大力量。创新精神已成为一个国家的发展动力。然而,现实发现青年学生创新意识普遍不足,这一点与理性批判不足的文化传统相对应的。因此,创新教育迫在眉睫,可以尝试从如下途径着手,首先,突出基于青年学生个性的创新能力培养;其次,树立创新教育的思想并营造创新教育的环境;最后,开展通识教育与专业教育丰富青年学生的知识储备,为创新成果的诞生奠定良好的基点。③

四、青年精神之建构:信仰坚守与追求

在精神世界的心理、认知、伦理和精神四个层面中,精神属于高级意识内容,具有超我性、超前性和超现实性,其利益在于一种超越时空的领悟、憧憬和把握。其囊括的审美、信念、信仰和理想四个领域的关系是:理想主要偏重于实际的目标,是主体的具体目标与设计,以信仰和信念为基础,而信仰和信念更多地倾向于情感,信念与信仰表现为一种不断深入与递进的关系。信念往往是针对具体事物的,当它上升为对宇宙总体性和普遍性的观念和态度时,信念就成为信仰。因此,信仰是一种整体性的精神活动,它以人的最高信念为核心,形成完整的精

① 唐小静.论青年学生民族精神的培养[J].广东省社会主义学院学报,2009(2):86—89页。

② 彭瑾,于德弘.试论当代青年批判精神的培养[J].江淮论坛,2007(1):100—110页。

③ 罗钧恒.论青年学生创新精神培养研究[J].今日南国,2009(5):90—91页。

神导向,并调动各种精神因素为它服务。信仰是人类意识对包括宇宙背景在内的生存条件、生存历史、生存结局的全面审视与反思,是对自身与外界关系的自觉体认与主观调整,“它是人类的最高意识形式,在人的精神世界中占据统摄地位并具有支配作用的信念,是人们关于社会最高理想和人生最佳境界的信念”。① 可见,信仰作为人的精神支柱,支配着人的精神生活和社会活动。青年是一个与众不同的群体,他们之所以在历史舞台以先进、激进、新鲜、革命的形象出场,对社会的变革与发展产生重要而深远的影响,除了在人格、道德和文化领域成为其他群体的精神领袖之外,更为重要的是他们追求和坚守崇高的信仰,为之而付诸实践,奋斗终身、至死不渝,用强大的缘自信仰的精神力量感染和影响着其他人群。例如,“五四精神”就是青年用他们对民主与科学、马克思主义的信仰和追求影响了一代又代中国青年的精神归属与行动选择。

心理学家荣格曾说,“就像人的身体需要盐一样,人类的心灵从记忆难及的洪荒时代就感受到一种信仰的需要。信仰的力量源自信仰能够满足主体精神需要的属性”。可见,信仰对于青年精神的铸就不可或缺。如是,信仰到底是指什么?《辞海》中对信仰的定义是:“对某种宗教,或对某种主义极度信服和崇拜,并以之为行动的准则”。②《现代汉语词典》中这样解释信仰:“信仰是对某人或某种主张、主义、宗教极度相信和尊敬,拿来作为自己行动的榜样或指南。”刘建军教授认为:“信仰是人们对其认定体现着最高生活价值的某种对象的始终不移的信赖和执著不渝的追求。”③檀传宝教授认为:“信仰是指包括宗教信仰在内的所有对于终极价值的确认,其基本形态有三:宗教信仰,政治信仰和人生信仰。”④……有关信仰的内涵,宗教学、人类学、社会学、政治学、经济学等都有基于学科特点和学术范畴的界定,而相对去学科化的概念是指,在一定历史时期和社会发展阶段,人们基于“真假善恶”的理性认识和价值判断基础上,对个体生存境遇与社会发展前途及其关系的自我超越活动与终极关切状态。⑤

---

① 王晓朝.金规则是一种道德信仰[J].学术月刊,2003(4):15—17页。

② 李素菊.青年信仰与宗教文化[M].北京:东方出版社,2009:3页。

③ 刘建军.马克思主义信仰论[M].北京:中国人民大学出版社,1998:1页。

④ 檀传宝.信仰教育与道德教育[M].北京:教育科学出版社,2002:200页。

⑤ 郭根,范明英.当代中国信仰的结构性表征与建设之维[J].社科纵横,2013(1):108—111页。

依据信仰的概念,也就是说,倘若青年对当下社会的“真假善恶”无法获得理性认知与价值判断,就会对个体的生存境遇与社会发展前途及其关系等的认知处于迷茫状态,其结果极大可能是自我迷失与人生颓废。这就产生了一种精神现象——信仰危机。当这种信仰危机从极少数个体扩大化到整个青年群体时,就会演变为一种严重的社会问题或社会危机。例如,1774 年,歌德的《少年维特之烦恼》一经问世就引发了德国青少年维特式自杀风潮。这既是社会问题的反映,也是青年信仰危机的表现,与当时特定的社会背景息息相关。当时的欧洲正处在从封建制度向资本主义过渡的转折时期,经过文艺复兴、宗教改革和启蒙运动,新兴市民阶级已经觉醒,青年一代更是感情激荡,他们对自己政治上无权和社会上受歧视的地位深感不满,强烈渴望打破等级界限,建立符合自然的社会秩序和平等的人与人的关系,他们提出“个性解放”和“感情自由”等口号以反对封建束缚,以“个人的全面而自由的发展”为理想。然而,在法国大革命之前,封建贵族的势力仍很强大,资产阶级在与它的较量中大多失败了,德国的情况更为不妙。因此,面对着黑暗腐朽的社会现实,心怀无从实现的理想和信仰,年轻软弱的资产阶级中普遍滋生出悲观失望、愤懑伤感的情绪。在这种时代氛围下产生的《少年维特之烦恼》,不只述说出了年轻的资产阶级的理想,揭示了他们与社会现实之间的矛盾,并让多愁善感、愤世嫉俗的年轻的主人公为这理想的破灭而悲伤哭泣,愤而自杀,以示抗议。这就使得当时的一代青年在“维特”身上照见了自己的影子,纷纷仿效。

教育即建构。① 为了消除社会危机或信仰危机,信仰重建或信仰教育非常重要。要想提出有效的、具有针对性的教育措施,必须对不同类型的信仰加以区别,分别找出影响各种信仰形成的主客观因素,然后寻找出解决之道。例如,依据信仰的形态,信仰危机可表现为政治信仰危机、宗教信仰危机、道德信仰危机、法律信仰危机和人生信仰危机(如教育信仰危机、职业信仰危机、学术信仰危机、科学信仰危机)等。不同信仰危机都会有各自形成的特点和应对方法(限于篇幅便不在此赘述),但秉持一个整合的(社会-文化-心理-教育的)应对理念已逐渐成为当前学界的共识。此外,依据信仰的结构,信仰危机可表现为信仰对象的统

① 谭继培. 教育即建构—教育建构论[D]. 西南大学学位论文 2011 年。

摄性(权威性)削弱或丧失以及信仰方式的扭曲或倒错(表现为信仰方式与信仰对象、信仰观念、社会基本制度的不契合)。有学者认为,在舒缓和解决信仰危机中,调整和变革信仰方式是一个低成本、低风险但有成效的做法,同时也有助于信仰主体及信仰观念的提升,对社会信仰重建具有推进作用。①

青年精神代表了青年群体的整体形象与风貌,它是一个从心理发展、伦理道德、文化生活和精神信仰等维度立体建构的产物。每个维度建构的青年精神既有联系又有区别,从本质上看,青年精神的先进性和革命性体现在其处理与自我、与他人、与社会、与自然和超越性存在(神圣)的关系之中;从各维度特点来看,人格完善与独立更侧重与自我的关系,道德自律与公正更侧重与他人的关系,文化自觉与自信更侧重与社会的关系,信仰坚守与追求更侧重与自然和超越性存在(神圣)的关系。随着时代的发展与社会的变迁,青年精神的内涵表述也会随之发生变化,比如一个世纪前中国"五四精神"是爱国、进步、民主、科学,而当下"新五四精神"蕴意则非常多元,有人说是"自信、包容、诚信、信任",有人说是"开拓创新、锐意进取,有责任感和使命感",还有人说是"敢想、敢为、敢担当,敢于活出属于自己的动静,敢于去开创自己的未来"。然而,不管青年精神的内涵表达如何演变,每一代青年都应努力成为时代的弄潮儿、社会的精神领袖和国家的栋梁之才。

---

① 王宏维.信仰危机·信仰对象·信仰方式[J].华南师范大学学报社科版,2003(4):29—36页。

参考文献

唐荣:《元教育学》,人民教育出版社 2002 年版。

朱永平编著:《组织行为学》,人民邮电出版社 2003 年版。

陆玉林:《论青年的意义构成》,人大复印资料《青少年导刊》2011 年第 2 期。

高志敏:《终身教育、终身学习与学习化社会》,华东师范大学出版社 2005 年版。

高志敏等:《成人教育社会学》,石家庄:河北教育出版社 2006 年版。

夏中义:《大学人文读本——人与自我(序言)》,广西师范大学出版社 2002 年版。

张敏:《思想政治教育视域下大学生精神成人研究》,陕西师范大学博士学位论文 2011 年版。

郭斯萍,陈四光:《精神性:中西方心理学体系结合的对象问题》,载《南京师大学报社科版》2012 年第 3 期。

郭斯萍,马娇阳:《精神性:个体成长的源动力——基于中国传统文化的本土思考》,苏州大学学报教科版,2014(1)。

[罗]F. 马赫列尔著:《青年问题和青年学》,社会科学文献出版社 1986 年版。

廖小平:《论代际伦理及其关涉视域和基本原则》,载《复旦学报(社会科学版)》2004(2)。

李小鲁:《教育本质新探》,载《现代哲学》2007 年第 5 期。

黎陆昕:《青年研究的应用价值探寻》,载《中国青年研究》2011 年第 5 期。

孙阳春:《论教育理论研究思维方式的转换》,东北师范大学学位论文 2003 年版。

[美]班克特著:《谈话闻法:东西方心理治疗的历史》,李宏昀等译,上海社会科学院出版

社2006年版。

万美容：《青年学概论》，中国人民大学出版社2016年版。

高中建：《中国青年研究学科化进程三十年》，载《中国青年研究》2009年第5期。

费梅苹：《次生社会化：偏差青少年边缘化的社会互动过程研究》，上海人民出版社2010年版。

费孝通：《反思·对话·文化自觉》，载《北京大学学报哲社版》1997年第3期。

陈军科：《理性思维：文化自觉的本质特征》，载《北京师范大学学报》（社会科学版）2003年第5期）。

［瑞］维雷娜·卡斯特著：《怒气与攻击》，章国锋译，生活·读书·新知三联书店2003年版。

夏曾佑：《中国古代史》，河北教育出版社2003年版。

丁建君：《论封建专制文化对我国民主宪政思想的影响》，载《学术交流》2005年第6期。

张灵：《奴性：文化心理学视域下的诠释》，载《学理论》2009年第27期。

李亦园、杨国枢主编：《中国人的性格》，江苏教育出版社2006年版。

唐彦：《犯罪心理与矫治新论》，中国政法大学出版社2003年版。

马永庆：《道德自律的特性解读》，《伦理学研究》2009年第5期。

张美超、陆爱桃、高敏、霍丽娟、洪秀秀、田海平：《合取谬误的情绪唤醒机制：文理科生间的差异比较》，载《心理研究》2015年第8期。

陈万柏，张耀灿主编：《思想政治教育学原理》，高等教育出版社2015年版。

杨芷英主编：《思想政治教育心理学》，中国人民大学出版社2014年版。

［美］孙隆基著：《中国文化的深层结构》，广西师范大学出版社2006年版。

晏辉：《教育回归生活世界的基本方式》，载《华东师范大学学报（教育科学版）》2006年第3期。

邹兴明、李芳英：《走出生活世界"研究之困境"》，载《河北学刊》2004年第2期。

李全生：《布迪厄场域理论简析》，载《烟台大学学报（哲学社会科学版）》2002年第4期。

［美］桑普森，劳布：《汪明亮等译.犯罪之形成：人生道路及其转折点》，北京大学出版社2006年版。

衣家奇、姚华：《恢复性司法：刑事司法理念的重构性转折》，载《云南大学学报法学版》2006年第2期。

［挪］约翰·加尔通著：《和平论》，陈祖洲，刘成等译，南京出版社2006年版。

杨永，赵田亮：《基督教、佛教的和平主义思想比较探析》，载《理论探讨》2006年第7期。

学诚：《佛教的和平观》，载《法音》2003年第3期。

毛丽娅:《〈太平经〉蕴含的和平思想》,载《宗教学研究》2009 年第 3 期。

马明良:《伊斯兰教的和平观》,载《文化》2004 年第 6 期。

宋广玉:《南大专家"市民学堂"讲述"和平学"更需重视"结构暴力"危害》,载《南京日报》2009 年 12 月 6 日第 A02 版。

刘玉琼:《正视我国贫富差距扩大的问题》,载《理论与改革》2005 年第 2 期。

郭根,范明英:《当代中国信仰的结构性表征与建设之维》,载《社科纵横》2013 年第 1 期。

谭继培:《教育即建构——教育建构论》,西南大学学位论文 2011 年。

魏长领:《因果报应与道德公正》,载《河南师范大学学报哲社版》2012 年第 11 期。

郑廷坤:《论道德自律及其培养途径》,载《河南师范大学学报哲社版》2002 年第 3 期。

张灵:《我国未成年犯罪呈低龄化趋势》,载《京华时报》2015 年 4 月 21 日。

井世洁:《城市青少年犯罪原因的实证研究——以上海市 S 区为例》,载《青少年犯罪问题》2009 年第 5 期。

汪蓉有:《青年道德教育论》,中国社会科学出版社 2004 年版。

郭文才:《高学历母亲教子过严》,载《中国妇女报》2002 年 5 月 15 日第 5 版。

黄永兰等:《父母文化程度与养育方式关系的研究》,载《中国儿童保健杂志》2003 年第 5 期。

崔会如:《论青少年犯罪的文化背景》,载《青少年犯罪问题》2002 年第 4 期。

刘俊杰:《犯罪亚文化对青少年犯罪的影响及对策》,载《群文天地》2002 年第 12 期。

陈福祥:《"复杂范式"视域下的成人教育研究思维方式》,载《河北大学成人教育学院学报》2007(12)。

唐小静:《论青年学生民族精神的培养》,载《广东省社会主义学院学报》2009 年第 2 期。

彭瑾,于德弘:《试论当代青年批判精神的培养》,江淮论坛 2007(1)。

罗钧恒:《论青年学生创新精神培养研究》,今日南国 2009(5)。

王晓朝:《金规则是一种道德信仰》,学术月刊 2003(4)。

李素菊:《青年信仰与宗教文化》,东方出版社 2009 年版。

刘建军:《马克思主义信仰论》,中国人民大学出版社 1998 年版。

檀传宝:《信仰教育与道德教育》,教育科学出版社 2002 年版。

陈向明:《质的研究方法与社会科学研究》,教育科学出版社 2000 年版。

(美)雅克. 蒂洛,基思. 克拉斯曼:《伦理学与生活》,程立显等译,世界图书出版公司,2008 年版。

(英)罗伯特. G. 伯吉斯:《教育研究伦理学》,卜玉华等译,北京大学出版社,2012 年版。

《青年伦理学》,载《道德与文明》1988(5)。

龚群：《青年伦理学概要》，载《青年论坛》，1989(8)。

黄盈盈、潘绥铭：《中国社会调查中的研究伦理：方法论层次的反思》，载《中国社会科学》2009(2)。

风笑天：《定性研究与定量研究的差别及其结合》，载《江苏行政学院学报》，2017(3)。

盛智明：《超越定量与定性研究法之争》，载《公共行政评论》2015(4)。

陆根书等：《中外教育研究方法比较——基于国内外九种教育研究期刊的实证分析》，高等教育研究，2016(10)。

黄娜、何齐宗：《青少年社会公德意识教育》，载《教育学术月刊》2011 年第 6 期。

理查德・普林：《教育研究的哲学》，北京师范大学出版社，2008。

陆玉林：《青年研究：学科逻辑与问题意识》，载《当代青年研究》2007(5)。

凌小萍等：《论网络伦理问题产生的根源》，载《南宁职业技术学院学报》2003(1)。

廖小平：《伦理的代际之维》，湖南师范大学学位论文，2003。

吕倩：《浅析人生态度及其在人生中所起的重要作用》，载《西南农业大学学报(社会科学版)》2011 年第 5 期。

刘成：《"和平学研究的新进展"笔谈》，载《史学月刊》2016 年第 7 期。

万志全：《论人与人生》，大连海事大学出版社 2002 年版。

Lewis R. Aiken：《态度与行为：理论、测量与研究》，何清华等译，中国轻工业出版社 2008 年版，第 4 页。

本书编写组：《思想道德修养与法律基础》，高等教育出版社 2010 年版。

梁漱溟：《我的人生哲学》，当代中国出版社 2014 年版。

金生鈜：《教育：思想与对话》(第 1 辑)，教育科学出版社 2005 年版。

吴连连：《现代西方哲学与社会思潮述评》，武汉理工大学出版社 2002 年版。

况志华等：《管理心理学》，南京师范大学出版社 2007 年版。

劳伦斯・斯滕伯格著：《青春期》，上海社会科学院出版社 2007 年版。

管健：《社会心理学》，南开大学出版社 2011 年版。

王宏维：《信仰危机・信仰对象・信仰方式》，华南师范大学学报社科版 2003(4)。

李洁：《大学生人生态度结构及量表统计分析》，载《国家行政教育学院学报》2013 年第 7 期。

马斯洛：《人性能达到的境界》，马良诚等译，陕西师范大学出版社 2010 年版，第 59 页。

薛雷：《当代大学生人生态度的现状分析及教育引导》，载《吉林省教育学院学报》2009 年第 10 期。

何元庆：《社会转型期大学生人生观现状的调查研究》，安徽师范大学硕士学位论文 2006

年版。

许加元:《城乡大学生人生价值观差异的初步研究》,载《太原师范学院学报(社科版)》2006 年第 1 期。

陶国泰等:《独生与非独生儿童心理发展的纵向分析:南京十年追踪研究》,载《中国心理卫生杂志》1999 年第 4 期。

张小远等:《独生与非独生子女大学生心理健康状态和素质的对照研究》,载《南方医科大学学报》2006 年第 10 期。

佘丹丹等:《独生子女与非独生子女的大学适应性情况调查》,载《医学研究与教育》2011 年第 4 期。

王挺等:《高校学生干部的人格特质》,载《中国健康心理学杂志》2010 年第 1 期。

陶金花等:《高校学生干部人格特质和应对方式调查研究》,载《中国健康心理学杂志》2010 年第 11 期。

张铭:《高校学生干部心理健康状况研究》,载《中国社会医学杂志》2008 年第 4 期。

畅相韦:《不同学生应对方式的比较研究》,载《长春教育学院学报》2014 年第 7 期。

包陶迅等:《贫困与富裕家庭儿童社会适应的比较研究》,载《中国健康心理学杂志》2011 年第 6 期。

梁漱溟:《我的人生哲学》,当代中国出版社 2014 年版。

吕春梅:《当代大学生人生价值观取向探析》,载《思想政治研究》2010 年第 6 期。

周莉等:《我校大学生身心健康的相关性分析》,载《首都医科大学学报》2009 年第 12 期。

张云喜:《恋爱经历对大学新生自我概念及人生观的影响》,载《四川理工学院学报(社会科学版)》2013 年第 5 期。

王希华:《失恋对大学生恋爱态度和心理健康的影响》,载《中国健康心理学杂志》2011 年第 5 期。

姜德红:《高校学生党员基本素质调查及对策研究》,载《改革与开放》2010 年第 3 期。

孙云晓等:《男孩危机是一个客观存在的事实》,载《青年研究》2010 年第 6 期。

理查德·格里格等:《心理学与生活》,王垒等译,人民邮电出版社 2003 年版。

杨韶刚等:《父母文化程度与职业对青少年道德同一性的影响研究》,载《教育导刊》2009 年第 5 期。

吴敏等:《父母文化程度、职业、期望值及教育方式等因素对大学生心理健康水平的影响》,载《郑州大学学报(医学版)》2007 年第 6 期。

陈向明:《旅居者和“外国人”—留美中国学生跨文化人际交往研究》,教育科学出版社 2006 年版。

刘淳松:《大学生心理健康水平与家庭背景因素的关系》,载《云梦学刊》2004 年第 2 期。

[美]马斯洛:《展现人格力量》,冯化平编译,内蒙古人民出版社 2003 年版。

[美]贾雷德·戴蒙德:《昨日之前的世界》,中信出版社 2014 年版。

李川云等:《老化态度问卷的编制及其初步试用》,载《中国心理卫生杂志》2003 年第 1 期。

李洁. 大学生人生态度现状与转化策略[J]. 青年研究,2014(5)。

黄金银等:《高职护生对老年护理专业及老年人态度的调查》,载《护理与康复》2013 年第 7 期。

王宗华等:《护理研究生对老年人及老年护理知识和态度的调查》,载《现代医药卫生》2011 第 3 期。

马明良. 伊斯兰教的和平观[J]. 文化,2004(6)。

宋广玉. 南大专家"市民学堂"讲述"和平学"更需重视"结构暴力"危害. 南京日报,2009 年 12 月 6 日第 A02 版。

刘成. "和平学研究的新进展"笔谈[J]. 史学月刊,2016(7)。

毛丽娅.《太平经》蕴含的和平思想[J]. 宗教学研究,2009(3)。

学诚. 佛教的和平观[J]. 法音,2003(3)。

杨永等. 基督教、佛教的和平主义思想比较探析[J]. 理论探讨,2006(7)。

余杰:《人生三境》,舒晴编,《青春温情》,黄山书社 2007 年版。

蒋丽等:护理本科生老年观及服务老年人态度的调查,载《护理学杂志》2013 年第 9 期。

桂瑶瑶:当代大学生对老年人态度与行为的现状分析及其培育研究,南昌大学硕士学位论文 2009 年。

[美]约瑟夫·米库西,《青少年的家庭治疗》,李春玲译,同济大学出版社 2007 年版。

刘云娥等:《英国护士对老年人的态度及相关影响因素的调查研究》,载《护理研究》2014 年第 10 期。

蒋丽等:《护理本科生老人观及服务老年人态度的调查》,载《护理学杂志》2013 年第 9 期。

黄金银等:《高职扩生对老年护理专业及老年人态度的调查》,载《护理与康复》2013 年第 7 期。

王宗华等:《护理研究生对老年人及老年护理知识和态度的调查》,载《现代医药卫生》2011 年第 3 期。

王瑶:《高中文理科生认知风格与英语阅读策略的相关研究》,蒙古师范大学硕士学位论文 2015 年。

王挺,沈永健:《高校学生干部的人格特质》,载《中国健康心理学杂志》2010 年第 1 期。

陶金花,田芳:《高校学生干部人格特质和应对方式调查研究》,载《中国健康心理学杂志》

2010年第11期。

张铭:《高校学生干部心理健康状况研究》,载《中国社会医学杂志》2008年第4期。

徐叶彤等:《体育锻炼与城乡大学生身心健康差异研究》,载《甘肃联合大学学报(自科版)》2004年第3期。

李士保等:《城乡大学生应对方式与父母教养方式的关系及影响因素研究》,载《中国行为医学科学》2016年第5期。

王道明:《大学生宗教信仰的现状、成因及对策》,载《中国电力教育》2011年第8期。

[日]井上滕也等:《老年心理学》,江丽临译,上海翻译出版公司1986年版。

王东莉:《论恋爱对大学生人格发展的影响》,载《青年研究》1993年第7期。

查尔斯. 科尔等著:《死亡课——关于死亡、临终与丧亲之痛》,榕励译,中国人民大学出版社2011年版。

周华珍:《家庭富裕程度对青少年健康的影响分析》,载《山东青年政治学院学报》2012第6期。

周海旺等:"上海老年人口生活质量的变化趋势与对策研究",载《人口与发展》2009年第1期。

吴康宁:《教育研究应研究什么样的"问题"——兼谈"真"问题的判断标准》,载《教育研究》2002年第11期。

安德鲁・瑞格比. 和平、暴力与正义. 和平研究的核心概念[J]. 学海,2004(3)。

徐冰聘:《叙事研究方法述要》,载《教育理论与实践》2005年第8期。

刘淳松:《大学生心理健康水平与家庭背景因素的关系》,载《云梦学刊》2004年第2期。

郑颖:《场独立——场依存认知风格研究现状及其教育意义》,载《今日南国》2010年第7期。

薄新微:《老年群体的层级结构与养老保障模式研究》,吉林大学学位论文2007年版。

陈佩枉、林杏足:《自我建构的多元开展——从个体、关系到脉络》,载《辅导季刊》(台湾)2006年第1期。

唐君毅:《人生三书・道德自我之建立》,中国社会科学出版社2005年版。

柳潇,曹清燕,周紫薇:《道德自我:青少年道德人格发展的核心》,载《理论界》2005年11期。

沈文虹:《小学生道德自我发展的研究》,苏州大学学位论文2008。

杨国荣:《论道德自我》,载《上海社会科学院季刊》2001年第2期。

段慧兰、陈利华:《道德自我内涵及特点分析》,载《求索》2010年第11期。

杨国枢、陆洛:《中国人的自我》,重庆出版社2009年版。

杨国枢：《中国人的心理与行为：本土化研究》，中国人民大学出版社 2004 年版。

杨国枢：《中国人的价值观国际研讨会论文集》，台北汉学研究中心 1992 年版。

杨国枢：《中国人之孝道观的概念解析：中国人的心理》，台湾桂冠图书出版公司 1989 年版。

叶光辉、杨国枢：《中国人的孝道——心理学的分析》，重庆大学出版社 2009 年版。

杨中芳：《如何理解中国人》，重庆出版社 2009 年版。

费孝通：《乡土中国》，人民出版社 2008 年版。

王玉波：《历史上的家长制》，台北古风出版社 1988 年版。

阿德勒：《自卑与超越》，顾天天译，重庆出版社 2015 年版。

[奥]魏宁格著：《性与性格》，肖聿译，译林出版社 2011 年版。

金耀基：《中国社会与文化》，牛津大学出版社 1993 年版。

丁英华等：《当前青少年犯罪现象的基本特点与生成演化》，载《青少年犯罪问题》2011 年第 3 期。

阎慧萍等：《网络结社：未成年人犯罪新趋势》，载《检察日报》2009 年 11 月 17 日。

田成有：《中国农村宗族问题与现代法在农村的命运》，载《法律科学》1996 年第 2 期。

周涛：《"持续专业发展"研究初探》，载《职业技术教育》2009 年第 8 期。

David R. Shaffer：《发展心理学——儿童与青少年》，中国轻工业出版社 2005 年版。

周涛：《人力资源开发专业人员持续专业发展研究》，华东师范大学博士学位论文 2011 年。

杨秀玉、孙启林：《实习教师的专业社会化研究》，载《外国教育研究》2007 年第 11 期。

[美]Peterson 著：《职业生涯发展与规划》，高等教育出版社 2008 年版。

徐国庆：《STW：当前西方职业教育研究热点及意义》，载《上海教育》2001 年第 16 期。

孟慧，李永鑫著：《无价之"薪"：工作中的心理管理》，北京大学出版社 2007 年版。

马力著：《个人与组织：职业发展的双赢模式》，华东理工大学出版社 2007 年版。

克努兹.伊列雷斯著：《我们如何学习—全视角学习理论》，孙玫璐译，教育科学出版社 2010 年版。

赵蒙成：《工作场的学习：概念、认知基础与教学模式》，载《比较教育研究》2008 年第 1 期。

赵蒙成：《非正式学习论纲》，载《比较教育研究》2008 年第 10 期。

高志敏、宋其辉：《成人学习研究考略——基于梅里安的追述》，载《河北大学成人教育学院学报》2006 年第 1 期。

刘进田：《文化哲学导论》，法律出版社 1999 年版。

张岱年、成中英等著：《中国思维偏向》，中国社会科学出版社 1991 年版。

理查德·普林著:《教育研究的哲学》,李伟译,北京师范大学出版社 2008 年版。

吴庆麟等编著:《认知教学心理学》,上海科技出版社 2000 年版。

文崇一、萧新煌:《中国人:观念与行为》,江苏教育出版社 2006 年版。

徐健:《传统的"学习文化"对英语教学的影响》,载《中国保险管理干部学院学报》2003 年第 3 期。

杨芷英主编. 思想政治教育心理学[M]. 中国人民大学出版社,2014:124 页。

陈万柏等. 思想政治教育学原理[M]. 高等教育出版社,2015:223 页。

刘晓华:"论学习文化对亚洲学生在英语国家课堂参与的影响",载《咸宁学院学报》2006 年第 4 期。

袁振国. 当代教育学[M]. 教育科学出版社,2010:98 页。

大卫·巴拉什等. 积极和平——和平与冲突研究[M]. 刘成等译,南京出版社,2007:6—7 页。

约翰·加尔通. 和平论[M]. 陈祖洲等译. 南京出版社,2006:45、59 页。

孟慧,李永鑫著:《无价之"薪"生活中的心理管理》,北京大学出版社 2007 年版。

陈华文:《文化学概论》,上海文艺出版社 2001 年版。

刘进田:《文化哲学导论》,法律出版社 1999 年版。

习近平. 习近平谈治国理政[M]. 北京外文出版社,2014:265 页。

房广顺等. 马克思主义世界和平观以及其在中国的发展[J]. 中国社会科学研究论丛,2014(3)。

王喆:《信息技术课程的价值再认——一个文化学研究的视角》,东北师范大学硕士学位论文 2006 年版。

黄沁茗:《武汉市民文化》,武汉水利电力大学硕士学位论文 2001 年版。

[意]马丽亚·蒙台梭利. 教育与和平[M]. 喻华慧译,中国发展出版社,2017 年版。

王正青等. 冲突时代的和平教育国外学者研究综述[J]. 外国教育研究,2009(11)。

詹姆斯·多尔蒂. 争论中的国际关系理论[M]. 邵文光译,世界知识出版社,1987:136 页。

Allan, L. J., & Johnson, J. A. (2009). Undergraduate attitudes toward the elderly: The role of knowledge, contact and aging anxiety. Educational Gerontology.

Anne Y. Branscum et al. (2013). Changing Millennials'Attitude Toward Older Adults. JFCS—105—1—11—Branscum_Scholarship#1_130002. qxp 3/19/13.

Aline M. Peace Education in America(1828—1990)[M]. New Jersey: The Scarecrow Press, 1993:3.

Beverly Williams. (2007). Undergraduate Nursing Students'Knowledge of and Attitudes

Toward Aging:Comparison of Context-Based Learning and a Traditional Program. Journal of Nursing Education. March 2007,46,(3).

Bousfield,C. ,& Hutchison,P. (2010). Contact,anxiety,andyoung people's attitudes and behavioral intentions towards the elderly. Educational Gerontology,36.

Leonard,R. ,& Crawford,J. (1989). Two approaches to seeing people with disabilities. Australian Journal of Social Issues,24.

Javis,Peter(1987):Adult Learning in the Social Context. New York: Croom Helm. 8.

Elizabeth Fussell. 2002. The Transition to Adulthood in Aging Societies. Annals of the American Academy of Political and Social Science,Vol. 580,Early Adulthood in Cross-National Perspective.

Anna E. Kornadt,Peggy Voss,Klaus Rothermund. (2013). Multiple standards of aging: gender-specific age stereotypes.

Irwin Katz et al.. 1991,Gordon Allport's "The Nature of Prejudice",Political Psychology, Vol. 12(1).

Betty A. Reardon. 1998,Comprehensive peace education: Educating for global responsibility,New York: Teachers College Press.

Auster,C. J,Ohm. S. C. 2000,"Masculinity aid femininity in contemporary society:A reevaluation using the Berm Sex- Role Inventory",Sex Roles. 43(4).

Bayer, K. (2005). Cosmetic surgery and cosmetics: Redefining the appearance of age. Generation, 29(3).

Barrett AE,von Rohr C . 2008. Gendered perceptions of aging: an examination of college students. International Journal of Aging & Human Development . 67.

Beauchamp TL,Childress J. 1994. Principles of Biomedical Ethics ,New York /Oxford: Oxford University Press.

Bandura,A. &Walters,R. H. 1963. Social learning and personality development. New York:Holt ,Rinehart,&Winston,Inc..

Lederach J. P. Missionaries Facing Conflict and Violence: Problems and Prospects[J]. Missiology An International Review,1992,20(1).

Ian M. Harris. Peace Education Theory[J]. Journal of Peace Education,2004(1).

David W. Johnson et al. Essential Components of Peace Education[J]. Theory into Practice,2005(44).

Kelman H. Interactive Problem Solving as a Metaphor for International Conflict Resolution: Lessons for the Policy process, Peace and conflict[J]. Journal of peace psychology, 1999, 5 (3).

Mayton, Daniel M. Ⅱ, 1999. Weedman, Jonathon, Sonnen, Jennifer, Grubb, Celeste, Hirose, Masa, The Teenage Nonviolence Test: Internal Consistency and Stability, Reports-Research.

Armstrong-Esther, C. A., Sandilands, M. L., & Miller, D. 1989. Attitudes and behaviors of nurses towards the elderly in an acute care setting. Journal of Advanced Nursing, 14.

Derek Heater. Peace through Education: The Contribution of the Council for Education in World Citizenship[M]. London: The Falmer Press, 1984:25.

Glasspoole, L. A., & Aman, M. G. 1990. Knowledge, attitudes, and happiness of nurses working with gerontological patients. Journal of Gerontological Nursing, 16(2).

Mark D. Olson. 2007. Assessing attitudes toward older adults and interest in Gerontology among social work students. Dissertation submitted to the Ellen Whiteside McDonnell School of Social Work for the degree of PH. D.

Irwin Katz, Gordon w. 1991. Allport's "The Nature of Prejudice", Political Psychology, 12 (1).

Hale, N. 1998. Effects of age and interpersonal contact on stereotyping of the elderly. Current Psychology: Developmental, Learning, Personality, Social, 17(1).

Cook et al., 2002, "Some ways in which neighborhoods, nuclear families, friendship groups, and schools jointly affect changes in early adolescent development", Child Development. 73(4).

Lynn, D. B. 1974, The father: His role in child development. Monterey, CA: Cole.

Cole, Thomas R&Stevenson, David G. 1999/2000. The meaning of aging and the future of social security. Generations; Winter. 23(4).

Couper, D., & Pratt, F. 1999. Learning for a longer life. A guide to aging education for developers of K-12 curriculum and instructional materials. Denton, TX: National Academy for Teaching and Learning about Aging, University of North Texas.

Chochinov, H. M. 2002. Dignity-conserving care-a new model for palliative care: Helping the patient feel valued. Journal of the American Medical Association, 287(17).

Chin-Shan Huang. 2011. Aging education elementary school textbooks in TaiWan. Educational Gerontology.

Cherry, K. E., Allen, P. D., Jachson, E. M., Hawley, K. S., & Brigman, S. 2010. Knowledge of normal and pathological memory aging in college students, social workers, and health care professionals. Educational Gerontology, 36.

Damron-Rodriguez, J., Kramer, B., & Gallagher-Thompson, D. 1998. Effects of geriatric clinical rotations on health professionstrainees' attitudes about older adults. Gerontology & Geriatrics Education, 19.

Emily Grundy. 1991. Age-Related Change in Later Life. Population Studies, Vol. 45, Population Research in Britain: Supplement.

Georges Minois. 1990. History of Old Age. University of Chicago Press.

Gilbert, C. N., & Ricketts, K. G. 2008. Children's attitudes toward older adults and aging: A synthesis of research. Educational Gerontology, 34(7).

Gallagher S, Bennett KM, Halford JCG. 2006. A comparison of acute and longterm healthcare personel's attitudes towards older adults. International Journal of Nursing Practice, 12(5).

Gething L, Fethney J, Mckee K, et al. 2002. Knowledge, stereotyping and attitudes towards self ageing. Australasian Journal on Ageing, 21.

Greenberg, J., Schimel, J., & Mertens, A. 2002. Ageism stereotyping and prejudice against older persons. Denying the face o f the future. Cambridge, Massachusetts: The MIT Press.

Kubler-Ross, E., 1969. On Death and Dying. New York: Macmillan.

Templer, D. I., Lavoie, M., Chalgujian, H., and Thomas-Dobson, S., 1990, "The Measurement of Death Depression," J. Clinical Psych., 46(10).

Hatch, L. R. 2005. Gender and ageism. Generations, 29(3).

Harrison, Carolyn Ann. 1994. Aging and women's search for meaning after midlife. Dissertation submitted to the faculty of the Claremont Graduate School for the degree of Ph. D. in the Graduate Faculty of Education.

F. N. Arnhoff, H. I. Leone and I. Logge. 1964. "Cross-Cultural Acceptance of Stereotypes Toward Aging, "Journal of Social Psychology, 63.

J. S. Clay, 'Immortal and Ageless Forever', CJ 77(1981—82); eadem, The Wrath of Athena(Princeton, NJ, 1983).

J. Winter. 1980. The Fear of Population Decline in Western Europe 1870—1940. In R. Hiorns(Ed) Demographic Patterns in Developed Societies. Taylor and Francis Ltd., London: 19.

Jones D. and Minichiello, V. 1991. A Survey of Gerontology Articles in Physiotherapy Journals. Australian Journal of Physiotherapy.

Joseph T. Drake. 1957. Some Factors Influencing Students' Attitudes toward Older People. Social Forces, 35(3).

Jachson, E. M. , Cherry, K. E. Smitherman, E. A. , & Hawley, K. S. 2008. Knowledge of memory aging and Alzheimer's disease in college students and mental health professionals. Aging & Mental Health, 12(2).

Jane A. Simington. 1996. Attitudes towards the Old and Death, and Spiritual Well-being. Journal of Religion and Health, 35(1).

Kalavar, J. M. 2001. Examining ageism: Do male and female college students differ? *Educational Gerontology*, 27(6).

Kitchener K. S. & Kitchener R. P. Social Science Research Ethics: Historical and philosophical issues. 0inMertens, D. M. & P. E. Ginsburge(ed.). The handbook of social research ethics(London: Sage), 2008.

Kruse, A. , & Schmitt, E. 2006. A multidimensional scale for the measurement of agreement with age stereotypes and the salience of age in social interaction. Ageing and Society, 26.

Kim S. H. 2009. Older people's expectations regarding ageing, health-promoting behavior and health status. Journal of Advanced Nursing, 65(1).

Kite ME, WagnerLS. 2002. Attitudes toward older adults. In: Nelson TD(ed) Ageism: stereotyping and prejudice against older persons. The MIT Press, Cambridge.

Klein, D. A. , Council, K. J. , & McGuire, S. L. 2005. Education to promote positive attitudes about aging [J]. Educational Gerontology, 31.

Knox VJ, Gekoski WL, Kelly LE. 1995. The age group evaluation and description(AGED) invertory: A newinstrumentfor assessing stereotypes of and attitudes toward age group. International Journal of Aging and Human Development, 40.

Kogan N. 1961. Attitudes toward old people: the development of a scale and an examination of correlates. Journal of Abnormal and Social Psychology, 62.

Kerry A. et al. 2014. Measuring anxiety about aging across the adult lifespan. International Psychogeriatrics, 26(1).

Henkel, A. 2006, Increasing student involvement in cognitive aging research. Educational Gerontology, 32.

Hirshbein, L. D. 2001. Poular view of old age in America, 1900—1950. Journal of the American Geriatrics Society, 49.

Howard E. Jensen. Sociological Aspects of Aging. Public Health Reports(1896—1970), 73 (7)(Jul. , 1958).

Heyman, J. C. , Gutheil, I. A. , White-Ryan, L. , Phipps, C. , & Guishard, D. 2008. Aging in the undergraduate curriculum: Faculty perspectives. Educational Gerontology, 34(5).

Iversen, T. N., Larsen, L, & Solem, P. E. 2009. A conceptual analysis of ageism. Nordic Psychology, 61(3).

Laidlaw, K., Power, M. J., Schmidt, S., & the WHOQOL-OLD Group. 2007. The attitudes to ageing questionnaire (AAQ): Development and psychometric properties. International Journal of Geriatric Psychiatry, 22.

Linweaver et al.. 2009. Expectations about memory change across the life span are impacted by aging stereotypes. Psychol aging, 24(1).

Levy, B. R. 2003. Mind matters: Cognitive and physical effects of aging self-stereotypes. Journal of Gerontology: Psychological Sciences, 58(4).

Levy, B. R., Slade, M. D., Kunkel, S. R., & Kasl, S. V. 2002. Longevity increased by positive self- erceptions of aging. Journal ofPersonality and Social Psychology, 83.

Murphy, J. 1982. The Power of Your Subconscious Mind. New York: Prentice-Hall.

Markson, E. W., & Pratt, F. E. 1996. Sins of commission and omission: Aging-related content in high school textbooks. Gerontology & Geriatrics Education, 17(1).

Meshel, D., & McGlynn, R. 2004. Intergenerational contact, attitudes, and stereotypes of adolescents and older people. Educational Gerontology, 30(6).

Patton, Michael. 2002. Qualitative Interviewing. Qualitative Research and Evaluation Methods. Thousand Oaks, CA: Sage Publications.

Markus H R, Kitayama S. 1991. Culture and the self; implications for cognition, emotion, and motivation. Psychological Review, 98(2).

SingelisJ. M. 1994. The measurement of independent and interdependent self-construals. Personality and Social Psychology Bulletin, 20, (58).

Gudykunst, W. B., Matsumoto, Y. Jing-Toomey, s., Nishida, T., Kim, K., &Heylllan, s., 1996. The influence of cultural lndividuatism collectivism, self-eonstmats, and individual values on communication styles across cultures Human Communication Research, 22.

Okoye, U. O. 2004. Knowledge of aging among secondary school students in South-Eastern Nigeria. Educational Gerontology, 30.

Oyedeji. 1992. Education for the Elderly: Coping with Learning in Adult Years. International Review of Education. Education and the Elderly, 38(4).

Peter Stearns. 1976. Old Age in European Society: The Case of France. New York.: Holmes and Meier.

Scott, T. , Minichiello, V. , & Browning, C. 1998. Secondary school students'knowledge of and attitudes towards older people: Does an education intervention programme make a difference. Ageing and Society, 18.

Scott Anthony Trudeau. 2009. Elder perceptions of higher education and successful aging. Dissertation submitted to the Boston College Lynch School of Education for the degree of PH. D. in the Department of Educational Administration and Higher Education Program in Higher Education.

Sparling, J. & Lowman, B. 1983, "Parent information needs as revealed through interests, problems, attitudes and preferences", In R. Haskins & D. Adams(Eds.), Parent education and public policy. Norwood, NJ: Ablex.

Sheffler, S. J. 1995. Do clinical experiences affect nursing students'attitudes toward the elderly? *Journal of Nursing Education*, 34.

Sheffler, S. J. 1998. Clinical placement and correlates affecting student attitudes toward the elderly. *Journal of Nursing Education*, 37.

Solomon H. Katz. 1978. Anthropological Perspectives on Aging. Annals of the American Academy of Political and Social Science, 438, Planning for the Elderly.

Thane, Pat. 1990. The debate on the declining birthrate in Britain: the menace of an ageing population, 1920s—1950s. Continuity and Change, 5(2).

Thane, Pat. 2003. Social histories of old age and aging. Journal of Social History.

Troyansky. Old Age. Retirement and the social contract.

O'Neill, D. P. and Kenny, E. K. 1998. Spirituality and chronic illness. Journal of Nursing Scholarship, 30(3).

Miller, W. R. , &Thoresen, C. E. 2004. Spirituality, religion and health: An emerging research field. American Psychologist, 58(1).

MeravigliaM G. 1999. Critical Analysis of Spirituality and its Empirical Indicators: Prayer and Meaning in Life. Journal of Holistic Nursing, 17(3).

Schneiders S M. 1998. The Study of Spirituality: Contours and Dynamics of Adiscipline. Christian Spirituality Bulletin, 6(1).

John Braithwaite. 2001. Youth Development Circles. Oxford Review of Education, 2.

Frederic M. Thrasher. 1934. Social Backgrounds and Informal Education, Journal of Educational Sociology, 7(8), Social Backgrounds and Informal Education.

Thomas J, La Belle. 1982. Formal, Nonformal and Informal Education: A Holistic Perspective on Lifelong Learning, International Review of Education, 28(2), Formal, Nonformal and Informal Structures of Learning.

Heather Metz. ,2008. Restorative Justice and Educating for Peace. Submitted in partial fulfillment of the requirements for the degree of Master of Arts in Education with a concentration in Social Justice from Prescott College.

Hweidi, I. M. , & Al-Obeisat, S. M. 2006. Jordanian nursing students' attitudes toward the elderly. *Nurse Education Today*, 26.

Orthner, D. K. & Ferguson, D. 1976, "Single-parent fatherhood: An emerging life style", The Family Coordinator. 25(4).

O'Hanlon, A. M. , & Brookover, B. C. 2002. Assessing changes in attitudes about aging: Personal reflections and a standardized measure. Educational Gerontology, 28(8).

Carmel, S. , Cwikel, J. , & Galinsky, D. 1992. Changes in knowledge, attitudes, and work preferences following courses in gerontology among medical, nursing, and social work students. Educational Gerontology, 18(4).

Cottle, N. R. , & Glover, R. J. 2007. Combating ageism: Change in student knowledge and attitudes regarding aging. Educational Gerontology, 33(6).

Mendes, H. A. 1976, "Single fathers", The Family Coordinator. 25(4).

Nash, J. 1965, "The father in contemporary culture and current psychological literature", Child Development. 36(1).

Lansky, L. M. 1967, The family structure also affects the model: Sex-role attitudes in parents of preschool children. Merrill- Palmer Quarterly, 13.

Josselyn, I. M. 1965. Cultural Forces, motherliness, and fatherliness. American Journal of Orthopsychiatry, 26.

Richard M. S & Craig W. S. 1981, "Child Rearing and Single parent Fathers", Family Relations. 30(3).

Yoav S. Bergman. 2013. Cross-cultural ageism: ageism and attitudes toward aging among Jews and Arabs in Israel. International Psychogeriatrics, 25.

Zhou, L-Y. 2007. What college students know about older adults: A cross-cultural qualitative study. *Educational Gerontology*, 33 (10).

结　　语

美国著名社会学家默顿认为，经验研究至少执行四个主要功能以帮助决定理论的发展，这四个功能是：开创理论、重整理论、扭转理论、廓清理论。在社会科学研究中，只有通过理论化的过程，才能使所形成的经验研究引导我们通向新的理论建构。而当新理论形成，只要再有经验出现的地方，新理论都发挥着重要的作用——它可以激发经验的产生、帮助塑造经验以及对经验进行解释。本书便是笔者多年来从事青年教育和青年研究的经验发挥开创理论、重整理论、扭转理论和廓清理论等这四种功能的新理论成果，而该新理论成果又将继续与新经验的出现协调发展。

依据经验和理论之间相互依存、相互补充、相互渗透、相互转化，共同构成社会科学研究的整体的原理，本书框架分为上下两篇。上篇理论篇是笔者依据学科建构原理，对教育视域中青年研究的目的、对象、内容、方法、伦理等基本理论问题进行了探索，并且还探讨了教育视域中青年研究的场域、路径、思维等特色理论问题。笔者希望对这些理论问题的澄清能够更好地指导当下和未来的青年教育研究实践。

下篇实践篇的专题研究是在上篇理论的指导之下所进行的青年教育研究的各种尝试。由于日常生活状态的研究不属于青年思想政治教育范畴，因此下篇专题研究只关注青年的社会生活状态和精神生活状态（即青年生活世界的外显文化表征,具体指青年与经济、政治、法律、教育、科技、人口等社会文化要素之间互动而形成的相应的物质文化、制度文化和精神文化等文化产物),以及青年生活世界的深层次结构(即青年的思维方式、价值观念和行为心理)。除专题二中大学生和平观研究是刘敏同学在笔者指导下实施完成以外,其他每一项研究笔者都亲历了从确定选题到设计研究方案(包括研究目的、对象、方法、内容、路径及框架),再到研究实施并形成研究结论的全过程。

当然,之所以会有这样一部作品的呈现,最初的想法非常简单而直接,就是想为思想政治教育专业的硕士研究生提高自身青年学基础理论素养以及青年研究实践能力而提供一本阅读材料或是参考书目。随着该书的体系逐渐成型,笔者便萌生了另一个小小的大野心,即希望这样一个教育视域中的青年与青年研究的理论与实践的构架,能够为青年教育学的学科体系建设提供理论与方法论的支持,推动青年教育学的生成由可能变成现实;而青年教育学学科体系的建立,又可以进一步完善并丰富青年学学科分支体系,继而又促进青年学的学科建设与发展。

众所周知,学科建设的要素除了构成科学学术体系的各个分支以及一定研究领域生成的专门知识(方法论体系与理论体系)以外,还要有具有从事科学研究工作的专门的人员队伍和设施。因此,虽然笔者也非常清楚,仅靠一己之力来成就这个野心的可能性是微乎其微,而且略显粗陋的本书似乎也承担不起这天降大任,但是出于心中怀有对学术的敬仰与憧憬,即便它仅仅是浩瀚学术海洋中的沧海一粟,笔者也依然希望生本弱小的它能够在投身汪洋学海的那一刻,或许真的就可以激起丝丝涟漪,以起到抛砖引玉的效用,由此而吸引更多的对青年和青年研究感兴趣的教育研究者能够加入到探索未知世界的队伍中,共同推动青年教育学学科体系的建设,并促进青年教育及其研究的实践与发展,进而又丰富并夯实青年学学科建设的根基!

图书在版编目(CIP)数据

教育视域中的青年与青年研究:理论与实践/李洁著.
—上海:上海三联书店,2020.1

ISBN 978-7-5426-6914-8

Ⅰ.①教… Ⅱ.①李… Ⅲ.①青年—研究—中国
Ⅳ.①D432.6

中国版本图书馆CIP数据核字(2019)第288601号

教育视域中的青年与青年研究:理论与实践

著　　者　李　洁

责任编辑　钱震华
装帧设计　陈益平

出版发行　上海三联书店
　　　　　(200030)中国上海市漕溪北路331号
印　　刷　上海昌鑫龙印务有限公司

版　　次　2020年4月第1版
印　　次　2020年4月第1次印刷
开　　本　700×1000　1/16
字　　数　240千字
印　　张　15
书　　号　ISBN 978-7-5426-6914-8/D·441
定　　价　68.00元